"戏"润童年 "剧"力生长

幼儿园戏剧主题活动

"Drama" Runs Childhood　"Drama" Power Growth

Kindergarten Drama Theme Activities

主编　陈玉华

东南大学出版社·南京

内容简介

本书基于幼儿园戏剧教育实践，立足各界关心的幼儿园课程建设问题，提炼出融合性、生长性幼儿园戏剧课程理念，并以此指导实践。本书重点介绍了小班、中班、大班三个年龄段共 9 个戏剧主题活动方案，以丰富翔实的活动实例来阐释幼儿园戏剧主题活动的内容来源、主题架构、资源利用等，以及区域游戏、集体活动、剧场体验等系列活动的推进过程。最后，通过 11 个项目化活动案例，进一步阐述戏剧主题活动的融合性组织策略及引发幼儿主动生长的指导、评价策略。这是对幼儿园戏剧课程建设从理论到实践的一种创新性实践探索。

本书可供幼儿园一线教师、热爱戏剧教育的教育工作者阅读，也可供相关专业高等院校师生参考。

图书在版编目（CIP）数据

"戏"润童年"剧"力生长：幼儿园戏剧主题活动 / 陈玉华主编. -- 南京：东南大学出版社, 2024.
6. -- ISBN 978-7-5766-1491-6

Ⅰ. G613.5

中国国家版本馆CIP数据核字第2024YF3900号

责任编辑：宋华莉　责任校对：子雪莲　封面设计：小舍得　责任印刷：周荣虎

"戏"润童年　"剧"力生长：幼儿园戏剧主题活动
"Xi" Run Tongnian "Ju" Li Shengzhang: You'eryuan Xiju Zhuti Huodong

主　　　编	陈玉华
出 版 发 行	东南大学出版社
社　　　址	南京市四牌楼 2 号，邮编：210096
出 版 人	白云飞
网　　　址	http://www.seupress.com
电 子 邮 件	Press@seupress.com
经　　　销	全国各地新华书店
印　　　刷	南京新世纪联盟印务有限公司
开　　　本	787 mm × 1 092 mm　1/16
印　　　张	20.75
字　　　数	356千字
版　　　次	2024年6月第1版
印　　　次	2024年6月第1次印刷
书　　　号	ISBN 978 - 7 - 5766 - 1491 - 6
定　　　价	168.00元

本社图书若有印装质量问题，请直接与营销部联系，电话：025-83791830。

编委会

主　编

陈玉华

副主编

邵　玉　张铃萍　褚　静　周　洋

编　委

倪素芳　江雪娜　周大伟　沐娇阳
钱嘉涵　宋　芬　顾蓓蕊　芮芝芬
杨梦娜　朱佳玉　耿佳艳　鲁进红
张　洁　冯天瑶　朱文婷　姚承敏

专家序
戏剧游戏：伴随儿童幸福成长

这是一本很有见地的著作，既有学术的前瞻，又有普适性的实践指导意义。主编陈玉华园长，是一位资深的幼儿教育专家。我与陈园长相识比较早，薛家镇中心幼儿园我也到过多次，虽然最近几年没有联系，但印象依然那么清晰。天真活泼的儿童、笑逐颜开的老师和洋溢着欢乐气氛的校园历历在目。春节前，忽然接到陈园长的电话，多少有点意外，说是她与团队写了一本书，想让我看看，我当然很高兴。现如今，幼儿园园长出色的不少，但能著书立说的不多。翻看这本书稿，我有一种分外的惊喜，一位幼儿园园长带领着团队于戏剧活动居然有这样专业化的研究，构建了如此有声有色的幼儿课程体系。

薛家镇中心幼儿园是一所乡镇幼儿园，其幼儿园戏剧活动研究，能于强手如林中脱颖而出，这殊为不易。一个项目，能够锲而不舍的研究；一块学术园地，能够精心耕耘十年，没有左顾右盼，没有浅尝辄止，这一坚守，这份执着，更为不容易。十年磨一剑，这本书便是多年心血的结晶。这是一本有丰富文化意蕴的著作，也是一本将理论紧密联系实际的著作。在当前"双减"、破除教育内卷，阻止幼儿教育小学化的背景下，这本著作尤有其独到的价值。薛家镇中心幼儿园的戏剧游戏，始终伴随着儿童的幸福成长。"让儿童有一个幸福的童年，有生命的舒展"，是陈玉华幼儿教育的核心理念。

在《爱弥儿》中，让一雅克·卢梭呼吁："要爱护儿童，帮他们做游戏，使他们快乐，培养他们可爱的本能。"他尖锐地发问："你们当中，谁不时刻依恋那始终是喜笑颜开、心情恬静的童年？你们为什么不让天真烂漫的儿童享受那稍纵即逝的时光，为什么要剥夺他们绝不会糟踏的极其珍贵的财富？他们一生的最初几年，也好像你们一生的最初几年一样，是一去不复返的，你们为什么要使那转瞬即逝的岁月充满悲伤和痛苦呢？"

游戏是儿童的天性，年幼儿童天生就会参与游戏，这是他们成长和发展过程中的必然活动。游戏不仅是一种娱乐活动，更是提高儿童认知、情感和社交能力的重要途径。通过游戏，儿童可以模拟和体验各种情境，培养创造力、想象力，提高自我认知和社交技能。游戏被定义为自发、愉快、自由的活动，不受物质利益驱使，具有固定规则和有序性。在游戏中，儿童可以体验到自主选择、探索、合作和竞争的乐趣，这对其全面发展至关重要。

在《人：游戏者》中，作者胡伊青加说："对文明生活起巨大推动的那些力量，包括法律、商业、艺术，以及思想、智慧与科学，所有这些力量都根植于游戏土壤之中。"而"儿童和动物之所以游戏，是因为他们喜欢玩耍，在这种喜欢中就有着他们的自愿"。游戏具有想象的价值，是欲望的想象性满足的一种形式。通过游戏，儿童可以探索和体验各种角色、情境和解决方案，满足内在的欲望和好奇心，促进思维和情感的发展。让儿童有一个幸福的童年，这是儿童教育的天职，尤其是幼儿教育。帮助儿童游戏、陪伴儿童游戏、参与到儿童游戏中，正是教师的职责与仁爱之心的体现。教育离不开游戏，教师应满足儿童的意愿，因势利导设计游戏课程，寓教于乐，引导儿童幸福成长，充分彰显教育智慧。

幼儿戏剧就是一种儿童游戏，也是儿童能够多感官参与的学习方式。在戏剧表演中，幼儿通过视觉、听觉、触觉等感官的参与，全面感知和理解角色、情境和故事，从而促进综合感知、表达和理解能力的发展。在教师的指导下，幼儿通过戏剧活动可以真正实现自我构建。他们扮演不同的角色、模拟不同的情境，通过亲身经历和体验来探索和认知世界，培养自我意识、自信心和自我表达能力。幼儿戏剧活动鼓励幼儿动手、动脑及具身参与。在戏剧表演过程中，幼儿需要动手制作道具、动身表现角色特征、动脑思考情节发展，这种全方位的参与可以促进幼儿的身心发展和智力成长。

幼儿戏剧在薛家镇中心幼儿园的开展，是由一个认识到不断深化的过程；幼儿戏剧活动课程的构建，始终伴随着不断探索与反思。为什么选择幼儿戏剧？陈玉华园长的初衷是，希望寻觅到一个能涵养幼儿灵性、让幼儿幸福成长的有效教育载体。从2012年启动"多元阅读"，到2014年幼儿戏剧的定向研究；从听、说、读、演等多元方式涵育阅读兴趣，到融合语言、社会、艺术、健康等多个领域的幼儿戏剧，着力点在培养幼儿的想象力和创造力，为幼儿适应未来社会赋能。薛家镇中心幼儿园的幼儿戏剧，力求从以教师为中心转为幼儿自主性和创造性的有效发挥，从成人本位转向儿童中心，打通过程性戏剧教育与剧场教育的通道，实现教育过程与结果、戏剧教育工具论与本体论的融合。

虞永平教授说："幼儿的学习是在具体的活动中进行的，是通过动作、通过现实接触具体的和感性的形象来学习的。所以，设计幼儿园课程必须考虑课程的内容是否具有经验化的可能，即课程内容能否在具体的、生动的活动中，在幼儿积极的操作、探索、体验等过程中被有效地接受。正是从这个意义上说，幼儿园课程并不是系统的学科知识本身，系统的学科知识要成为幼儿园课程，就必须经历经验化的加工过程，使课程现实地、适当地以幼儿的活动和经验过程加以呈现。"幼儿园戏剧活动作为一种具体的、感性的学习形式，符合幼儿学习的特点和需求。通过戏剧活动，幼儿可以在积极的操作、探索和体验中学习，培养多方面的能力和素养。薛家镇中心幼儿园的戏剧课程在设计中，注重经验化、具体化的原则，以更好地满足幼儿的学习需求和发展潜力。

通过跨学科整合，薛家镇中心幼儿园开创戏剧生长新范式，让幼儿在戏剧活动中获得感性与理性的全面和谐发展。2019年，"小藤蔓幼儿戏剧研究工作室"成立，意味着幼儿戏剧活动研究有了理论的自觉，戏剧内容密切关联儿童生活，戏剧目标从重身体表现转向重情感体验，戏剧形式多样，评价转向多元过程性。项目化学习理念植入戏剧区域游戏，工作坊式的区域游戏满足了幼儿戏剧体验的真实需求。幼儿有机会通过制作道具、排练表演、与同伴互动等活动，培养动手能力、操作能力和群体合作能力。陈园长说："近十年的幼儿戏剧教育研究与实践，受益最大的当数我们的孩子，通过对比性评价与分析发现，我园孩子在语言表达、社会性发展、想象创造、交往合作等方面的能力得到明显提升。"

蒙台梭利认为，人有双重胚胎期，一个是肉体胚胎期，在母体中度过，当胎儿降生到这个世界，肉体胚胎期就宣告结束了。与此同时，他们将开始一个新的发展时期，就是"精神胚胎期"，即6岁之前的童年期。在这个阶段，儿童对于周围环境的一切都充满好奇和渴望，通过体验和观察环境，并与环境互动，他们能够快速、深入地吸收各种信息和经验。这种亲身体验和情感联系对于儿童的认知和情感发展至关重要，能帮助他们建构自己内部的精神世界。薛家镇中心幼儿园的幼儿戏剧活动研究，是对蒙台梭利教育思想的充分验证：儿童天性中蕴含着巨大的潜能和能量，是儿童个体发展的基础。通过与周围环境的互动，儿童的潜能得以释放和发展，逐渐展现出独特的才能和能力。儿童的潜能需要得到挖掘、培养和引导，通过适当的教育、关爱和支持，可以帮助他们充分地展示潜能，为未来的成长和发展奠定坚实基础。

　　"在万物中人类有人类的地位，在人生中儿童期有儿童期的地位，所以必须把人当人看待，把儿童当儿童看待。"卢梭这一名言是人们所熟知的。重视儿童在人生发展阶段中的特殊地位，将其作为教育的出发点，是保证教育不伤害个体天性的重要保障。儿童在认知、情感、社交等方面与成人有着显著的差异，因此需要针对性地设计教育方式和内容，而非简单地将成人教育模式强加于儿童。幼儿戏剧活动是儿童游戏的样式，也是为儿童所喜闻乐见的教育模式。苏霍姆林斯基说："教育的理想是让所有的儿童都成为幸福的人。"读陈玉华园长和她团队的这本著作，我真切地感受到幼儿戏剧的魅力，感受到幼儿教师的敬业精神。童年是人生最幸福的时光，教育是人类最幸福的活动，校园应成为师生共同生长的乐园，在这里师生享有共同的幸福生活的体验。

2024年2月5日

编者序
幼儿园融合性、生长性戏剧活动实践之旅

幼儿教育是人生的启蒙教育,在此阶段如能培育幼儿独立自信、积极主动、善于创造的良好品质,将对其一生的发展产生深远影响。作为一名在幼儿教育前线工作三十多年的幼教人,我一直怀揣着一份教育理想,希望寻觅到一个能滋养幼儿灵性、让幼儿幸福成长的有效教育载体。而今,终于挖掘到幼儿戏剧这一优秀项目,历经十年的探索与实践,我园的戏剧主题活动方案集将飨读者。此刻,我内心涌动着期待婴儿呱呱坠地般的喜悦,我愿带着读者一起回顾我们艰辛而又充满乐趣的研究之旅。

一、寻寻觅觅——初探幼儿戏剧

我园历来重视教科研工作,有着浓郁的科研氛围。早在 2012 年初,为了丰富我园课程实施,我们启动了"幼儿园多元阅读的实践研究"这一课题,旨在让幼儿通过听、说、读、演等多元方式涵育阅读兴趣。在此研究过程中,我们尝试让幼儿通过故事表演的方式来深化对文学作品的理解,并通过剧场演出向家长展示成果,这也是幼儿戏剧的初步探索期。通过此阶段的活动实施我们反思到了一些问题,如剧场表演以教师排演为主,不太关注幼儿的过程性体验,幼儿的自主性、创造性未能得到有效发挥。但如何破解这些问题,让幼儿戏剧从成人本位转向儿童中心,一时我们也找不到实践层面的有效操作方法与路径,因而集体陷入了迷思。

二、豁然开朗——明晰研究方向

到了 2014 年 6 月,一次偶然的机会,我们有幸参加了在江苏省常州市某小学举办的一场创造性教育戏剧全国研讨会,此时创造性戏剧的教育理念跃入我们的视野。我们了解到戏剧这一载体契合了儿童具身学习的特点,符合幼儿爱扮演的游戏天性,

且融合语言、社会、艺术、健康等多个领域，非常适合幼儿整合融通地学习，尤其是戏剧活动中想象力、创造力的培养可以为幼儿适应未来社会赋能。此刻我们的思路豁然开朗！后续在幼儿戏剧教育方面做专门的实践研究，既可解决上一轮"多元阅读"课题研究中关于幼儿故事表演存在成人本位的瓶颈问题，又可据此撬动园所课程整体变革。

三、重定航标——丰富戏剧教育理解

明晰实践方向后，我们组织老师检索了幼儿戏剧教育相关理论。发现目前国内外戏剧教育范式已基本形成，可借鉴的教学方式很多，但幼儿戏剧课程建构方面欠缺系统性；另外，欧美及国内研究戏剧教育时基本将过程戏剧与剧场教育相分离。我们觉得在幼儿园戏剧教育的本土化研究和实践创新方面有空间，随后我们邀请了毕业于英国华威大学戏剧专业的苏毅老师来园对老师开展了近一年的浸润式培训，让老师们对戏剧教育的内涵与方法有了切身体悟。有了此基础后，在跨学科整合理论、建构主义理论和杜威"教育即生活"理论启发下，我们对幼儿戏剧教育开展新的尝试。一是要丰富幼儿戏剧教育形式，建构更加开放的园本戏剧活动样式与课程；二是将融合性、生长性理念植入幼儿戏剧，打通过程性戏剧教育与剧场教育的通道，实现教育过程与结果、戏剧教育工具论与本体论的融合。同时，摒弃"剧本先行、教师中心"的活动模式，开创"幼儿中心、师幼共建"的戏剧生长新范式，让幼儿在戏剧活动中获得感性与理性的全面和谐发展。

四、深耕研究——变革戏剧教育实践

在融合性、生长性戏剧教育理念的引领下，我们深耕幼儿戏剧实践研究。2019年，集团专门成立了"小藤蔓幼儿戏剧研究工作室"，由领衔人褚静老师带着工作室成员深入园区现场开展即时教研，共同解决老师们实践中遇到的一系列问题。通过不懈的努力与坚持，我们的项目终于实现了一系列突破，逐步向理想的状态靠近。例如，戏剧内容从绘本走向儿童生活，戏剧目标从重身体表现转向戏剧认知、能力、情感等多维目标的实现，戏剧形式从单一戏剧演出走向戏剧小游戏、戏剧主题活动、工作坊区域游戏、剧场体验活动、戏剧节等多形态、多样式活动，戏剧评价从以教师为主体转向多元过程性评价等。我们始终坚持在实践中创生，我们认为最有分量的突破有以下三点：

1. 创生了"框架+即兴"的主题架构新模式

研究之初,我们尝试参照综合主题活动的思路来规划戏剧主题活动,预设了与该主题相关的五大领域活动内容,但经过近一个月的课程实践,依然无法自然对接表演剧场。后来,我们转换思路,以终为始,尝试了"框架+即兴"的方式,创生了新的戏剧主题架构模式。此过程中,老师先带着孩子依据主题按戏剧"起、承、转、合"的特质,讨论出戏剧活动的主要脉络与线索,规划出4个子主题。接下来,老师带着孩子围绕每个子主题即兴开展情节创编、角色塑造与场景建构,利用身体、语言展开想象与创造。最后,让孩子们在工作坊式的区域中自主体验与游戏。这种"框架+即兴"模式与美国基思·索耶教授提出的"框架+即兴"能实现深度学习的理论高度契合,这也进一步增强了我们的实践自信。这种主题建构模式的转变也解决了戏剧过程与结果有效融合的难题。幼儿经过一个月的过程性体验与学习,能自主地将经验整合,最后顺畅自如地走向戏剧表演。

2. 创生了"工作坊式区域游戏"新模式

在戏剧研究初探期,我们的戏剧区域游戏是领域式的,分为语言区、美工区、益智区、表演区等区域,但我们发现各区域游戏内容并不关联,无法更好地支持幼儿开展戏剧体验。于是,我们将项目化学习理念植入戏剧区域游戏,将其调整为剧本创编坊、创意制作坊、音乐创玩坊、戏剧表演坊。每个工作坊都由幼儿自主选择,围绕戏剧活动的相关任务来拟定计划、小组合作、动手动脑、深度体验。区域之间也形成联动,如道具坊的幼儿依据表演坊下的订单来制作相应道具,剧本创编坊即兴创编的剧本被拿到表演坊演绎。因此,工作坊式的区域游戏更加突显了戏剧活动的本体特质,满足了幼儿戏剧体验的真实需求。

3. 创生了"人人参与、多角色体验"的剧场活动新模式

剧场表演是幼儿戏剧活动的高光事件。最初,园部会集中一天时间组织各班在多功能厅进行展演。此活动中,幼儿主要体验了演员角色。那怎样让剧场活动发挥更大教育效能,提供更多学习契机呢?我们也进行了探索。最终,我们将此活动分解成剧目宣传、剧场布置、表演观演、剧目评价4个子项目,时间拉长至一周,每位幼儿都可参与到海报、门票制作与售卖、本班剧场席位安排、班内演出与走班观演中。在观剧后,还会组织幼儿自评与互评。在此过程中,幼儿人人参与,体验了剧务、导演、演员、观众、评论家等多重角色,进而使剧场教育的价值与意义被充分挖掘与放大。

五、采撷硕果——辐射戏剧教育经验

近十年的幼儿戏剧教育研究与实践，受益最大的当数我们的孩子，通过对比性评价与分析发现，我园孩子在语言表达、社会性发展、想象创造、交往合作等方面能力得到明显提升。更让我们惊喜的是，戏剧活动还对我园几名特殊儿童产生了辅助性疗愈作用。其次受益的是我们的老师，老师的儿童观、课程观、教育观在戏剧研究中均得到明显转变，面对生成性课程的不确定性更加从容，课程建设与开发能力明显提升；在此过程中园所的课程特色进一步彰显，办园内涵进一步提升。在此期间，我园先后被国家级、市级媒体宣传报道 8 次，接待全国同行现场观摩 5600 多人次。2023 年，本人也受邀参加国际戏剧教育大会、中国教育学会论坛，分享了我园戏剧教育实践经验。

幼儿戏剧教育实践是一场充满曲折与艰辛的研究之旅，更是一场充满未知与乐趣的探索之旅。我们愿把在实践中体验到的这份快乐，传递给更多热爱幼儿戏剧教育的读者。在本书中，我们重点择取了小、中、大三个年龄段中的 9 个主题活动实施方案和 11 个戏剧游戏活动推进案例，期望通过这些案例，给幼教工作者在实施班本化戏剧活动过程时一些参照与启示。同时也期望通过本书的出版，与读者一起探讨幼儿戏剧活动的价值及有效实施方式等话题，从而更深入地思考学前教育究竟要培养怎样的儿童、怎样培育影响儿童一生发展的重要能力等教育根本问题。

最后，借此书的出版，向指导过我们戏剧实践的苏毅老师、叶水涛先生，市、区教研员庄春梅、张丽霞、徐志国老师，及为此研究倾注全部心力的集团全体老师致以最诚挚的感谢！

陈玉华

2024 年 2 月 1 日

前言

　　幼儿具有与生俱来的戏剧游戏天性,他们喜欢模仿与假装游戏,善于通过以物代物、模仿等游戏行为来表现生活与想象。戏剧符合幼儿具身学习的特点,能够支持幼儿在虚拟的游戏情境中,主动参与、亲身体验、同伴互动,以角色的身份进行思考讨论与价值判断,尝试解决问题,从而重构自身的经验。联合国教育、科学及文化组织在其2021年的报告中指出:"教育不仅要让他们具备与他人合作的能力,发展他们的能动性、责任感、同理心、批判性和创造性思维,还要让他们掌握全方位的社交和情感技能。"因此,戏剧不仅符合幼儿的天性,更有利于幼儿发挥多元智能,提高问题解决能力、创新能力、共情能力,以及培养审美情操等的发展,具有全人教育的价值,契合未来社会对儿童发展的要求。

　　在幼儿戏剧教育实践中,我们尊重儿童的主体地位,遵循儿童学习与发展的节律,将融合性、生长性的理念植入其中,通过戏剧助力儿童进行整合融通的学习,获得身、心、灵全面和谐的发展,从而实现全人的教育。其中的融合性包含三个方面的内涵:一是幼儿学习领域的融合,即融合语言、艺术、社会、科学、健康等领域;二是戏剧体验过程与戏剧表演的融合,即将日常的即兴创作过程和以"剧场"形式为主的表演活动相融合;三是价值取向的融合,将戏剧的工具论和本体论相融合,不仅发挥戏剧对幼儿各领域经验发展的工具作用,更凸显戏剧对幼儿艺术审美提升的本体价值。此外,生长性观念源于杜威所提出的"教育即生长"的理念。我们认为孩子是有能力的学习者和创造者,具有与生俱来的生长力量。它包含三个方面的内涵:一是强调幼儿主体性的生长,即戏剧活动要以幼儿为中心,遵循幼儿的自然生长规律,激发幼儿自身向上的力量;二是注重幼儿经验生长的过程,不以表演结果为导向,支持幼儿经历戏剧体验、表达与创作的过程;三是促进幼儿全面的生长,不应把戏剧教育的目标狭隘为促进幼儿戏剧表演能力的发展，而是注重幼儿在戏剧活动中的多元认知、多元能力、多元品质、多元价值观的生长，使幼儿成长为感性与理性相融合的完整儿童。

实践中，幼儿园戏剧活动的常见样式有戏剧小游戏、戏剧教学活动、戏剧主题活动等。其中的戏剧小游戏，一般是通过感知、想象、造型、模仿等游戏，引导幼儿运用声音与语言、肢体与表情等进行即兴的表达表现，可以与幼儿的一日生活相融合。戏剧教学活动则是教师作为引导者运用绘本、故事等素材，创设虚拟的游戏情境或问题情境，借助戏剧范式的运用，引导幼儿进行想象、表达、交流等，从而丰富拓展幼儿对角色的体验与理解、情节的想象与创造、价值的体认与思辨的一种活动形式。戏剧主题活动是依从故事发展的起承转合，架构戏剧主题框架，师幼围绕角色、情节、场景等关键戏剧元素和关键性问题开展戏剧教学、区域游戏、剧场活动，实现戏剧创作、表达、表演的自然过渡与一体融合。正如序言中所述，我园独创的"框架＋即兴"的戏剧主题架构与实施模式，实现了过程与结果的有机融合，独创的剧场体验活动也是戏剧主题实施的高光活动，幼儿不仅实现了多角色的参与体验，也享受了多元成长的收获感，获得身体心灵的和谐发展。

目录
CONTENTS

幼儿园戏剧主题活动 篇

小班戏剧主题《小兔乖乖》 002

小班戏剧主题《谁咬了我的大饼》 024

中班戏剧主题《黑白俱乐部》 048

中班戏剧主题《猫头鹰喔喔呼!》 068

中班戏剧主题《十二生肖》 096

大班戏剧主题《小蛋壳奇遇记》 122

大班戏剧主题《年兽来了》 151

大班戏剧主题《花木兰》 178

大班戏剧主题《了不起的小红鸟》 203

戏剧活动案例 篇

用心研"剧","研"之有悟 228

传统文化润童心,"戏"创精彩"剧"成长 235

"衣"心"衣"意 裁出美好 242

以"版"为媒 "画"见倾心 248

植入项目化理念,推动幼儿深入探究 256

多元途径驱动幼儿剧本创编 264

自主创编 "剧"显"本"色 268

剧场体验,玩转戏剧走班表演游戏 274

大班音乐创玩坊游戏创新与实践 285

户外游戏场 戏剧新天地 293

影出精彩 演绎成长 302

幼儿园戏剧主题活动

篇

小班戏剧主题《小兔乖乖》

参考绘本：小良. 小兔乖乖 [M]. 北京：教育科学出版社，2015.

主题分析与架构

一、主题来源与核心价值

安全教育一直是幼儿教育的重中之重。在幼儿园小班的防拐防骗演练中，大部分幼儿会被"陌生人"的甜言蜜语、美食玩具所"诱骗"。基于此现象，我们拟通过戏剧主题活动《小兔乖乖》，让幼儿在游戏体验、角色扮演、想象创编等活动中，懂得不能轻易相信陌生人的话，并且学会保护自己。

二、幼儿基础分析

小班幼儿好奇心强、自我保护意识弱，面对陌生人的诱惑，容易上当受骗，即便知道对方是坏人时，也不知该如何进行自我保护。出于幼儿爱模仿、爱游戏，喜欢扮演自己所熟悉的角色形象的特点，生动的戏剧情境和充满趣味的游戏体验，可以帮助幼儿在即兴扮演中学习自我保护的方法。

三、主题目标

1. 在角色扮演和情境体验中，了解"坏人"的不同诱骗方式，懂得自我保护的方法。
2. 能在戏剧情境中，通过即兴扮演的方式创编小兔智斗大灰狼的情节，并模仿角色之间的对话，大胆表达。

3.能在旁白的提示下，根据故事情节，借助场景、道具，运用简单的肢体动作与语言表演故事内容。

4.尝试借助简单的美术工具，运用搓、撕、卷、贴等方式对大灰狼、小兔等角色服饰、头饰和场景道具进行简单制作。

5.在戏剧表演的过程中能够明确自己的角色，并逐步培养参加戏剧活动的兴趣爱好，体验戏剧表演的乐趣。

四、分幕线索构架与价值分析表

分幕	核心价值	戏剧冲突
第一幕 好饿的大灰狼	感受兔妈妈和兔宝宝之间浓浓的爱意	饥饿的大灰狼发现了兔妈妈，但为了能吃到更多的兔子，于是偷偷地跟着兔妈妈回了家
第二幕 兔妈妈出门了		兔妈妈要出门，小兔们独自留在家中
第三幕 不上你的当	不轻信陌生人的话，不接受陌生人的物品，不给陌生人开门	大灰狼要进门，小兔们想办法拆穿大灰狼的伪装
第四幕 赶跑大灰狼	感受兔宝宝的机智和兔妈妈为救小兔而不畏强者的勇敢	小兔们成功赶跑了大灰狼，和兔妈妈团聚在一起

五、戏剧主题课程实施网络图

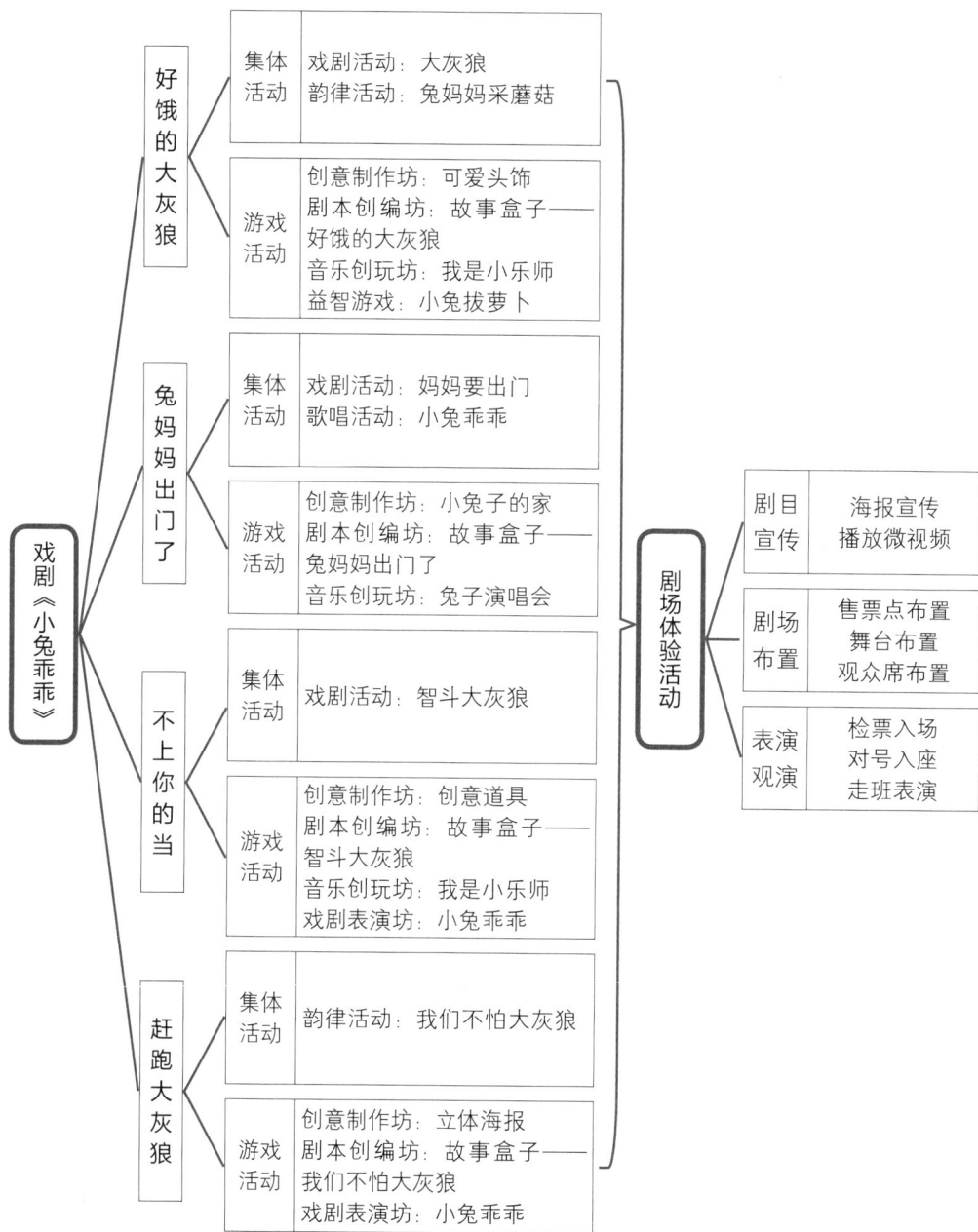

戏剧《小兔乖乖》	好饿的大灰狼	集体活动	戏剧活动：大灰狼 韵律活动：兔妈妈采蘑菇
		游戏活动	创意制作坊：可爱头饰 剧本创编坊：故事盒子——好饿的大灰狼 音乐创玩坊：我是小乐师 益智游戏：小兔拔萝卜
	兔妈妈出门了	集体活动	戏剧活动：妈妈要出门 歌唱活动：小兔乖乖
		游戏活动	创意制作坊：小兔子的家 剧本创编坊：故事盒子——兔妈妈出门了 音乐创玩坊：兔子演唱会
	不上你的当	集体活动	戏剧活动：智斗大灰狼
		游戏活动	创意制作坊：创意道具 剧本创编坊：故事盒子——智斗大灰狼 音乐创玩坊：我是小乐师 戏剧表演坊：小兔乖乖
	赶跑大灰狼	集体活动	韵律活动：我们不怕大灰狼
		游戏活动	创意制作坊：立体海报 剧本创编坊：故事盒子——我们不怕大灰狼 戏剧表演坊：小兔乖乖

剧场体验活动	剧目宣传	海报宣传 播放微视频
	剧场布置	售票点布置 舞台布置 观众席布置
	表演观演	检票入场 对号入座 走班表演

六、戏剧主题资源利用与环境创设

1. 资源盘点

资源类型	资源内容	资源利用的可能性
绘本资源	《小心，大灰狼来了！》	绘本画面中狼的外形特征较明显，如尖牙齿、粗尾巴、灰毛发等，可以丰富幼儿对狼形象的认知经验
	《逃家小兔》	绘本讲述了兔妈妈和小兔子玩语言捉迷藏的简单故事。其画面温馨、富有童趣，小兔子的经历就像幼儿与爸爸妈妈一起做亲子游戏一样，给足了一种妙不可言的安全感
	《不要随便跟陌生人走》	这是一本儿童安全教育绘本，讲述了在遇到陌生人的情况下小朋友该如何处理、应对危险的一些办法。该绘本能够帮助幼儿初步建立自我保护的意识
	《我不跟你走》	绘本以主人公露露独自一人站在街头等家长来接她为线索，过程中多名陌生人前来搭讪要送她回家，但都被露露拒绝了。通过绘本培养幼儿自我保护意识，赋予幼儿自我保护能力，预防悲剧发生
视频资源	关于大灰狼、小兔子的电影	通过视频欣赏了解大灰狼、小兔的特征和喜好，丰富认知经验
	童话剧小视频	通过视频欣赏，了解戏剧表演中的角色、道具、服装等基本戏剧元素

2. 环境创设

（1）材料投放：一是提供支持幼儿戏剧游戏的材料，如与本主题相关的角色手偶、皮影等材料，帮助幼儿熟悉和讲述故事情节；二是创设各工作坊游戏材料库，根据幼儿创作需要在过程中动态调整材料，激发幼儿的艺术表现力与创造力。

（2）环境准备：创设有关《小兔乖乖》的主题环境，如布置小兔子之家、大灰狼之家、小树林等场景；创设区域环境、课程角，使环境与幼儿产生互动。

大厅环境创设

班级课程角创设

七、戏剧主题教学活动

分幕	活动内容	预设活动意图
第一幕 好饿的大灰狼	戏剧活动：大灰狼	通过"墙上角色"，调动幼儿对狼形象的已有经验，了解大灰狼的基本形象特征
	韵律活动：兔妈妈采蘑菇	跟随音乐节奏，借助图谱，尝试用肢体表现小兔蹦跳、采蘑菇的动作
第二幕 兔妈妈出门了	戏剧活动：妈妈要出门	在即兴扮演的过程中，探讨如何确定是兔妈妈敲门的方法，在交流讨论中感受兔妈妈对小兔子的爱
	歌唱活动：小兔乖乖	学唱《小兔乖乖》，感受音乐的旋律并理解歌词，通过学唱歌曲知道不给陌生人开门，只有妈妈回来了才能开门
第三幕 不上你的当	戏剧活动：智斗大灰狼	在教师入戏、照镜子等环节中，让幼儿即兴创编与表现智斗大灰狼的情节，使其懂得不能随便给陌生人开门、学会保护自己的道理
第四幕 赶跑大灰狼	韵律活动：我们不怕大灰狼	借助图谱，理解A、B两段音乐，并能随乐用动作表现兔妈妈追逐、驱赶大灰狼的情景

八、主题区域游戏创设表

区域名称	游戏名称	游戏目标	投放材料	观察与指导要点
创意制作坊	制作动物头饰	尝试使用粘、画、涂等方式制作角色的头饰，体会多种色彩的运用及多元材料的创造	颜料、卡纸、彩纸、彩笔、纸杯、纸盘、胶水等	鼓励幼儿运用多种材料制作头饰，并观察幼儿能否按照自己的想法大胆制作
	制作创意道具	尝试运用多种材料制作森林背景、小兔的家、大树等道具，萌发多元创作和表达意识	彩泥、各种废旧盒子、颜料、笔、素描纸、KT 板等	观察并指导幼儿运用不同的材料制作道具
	制作立体海报	尝试运用多种材料为戏剧宣传海报做简单装饰	各种纸、棉签、油画棒、超轻黏土、低结构材料及装饰性材料等	重点观察幼儿如何利用这些材料装饰海报
剧本创编坊	故事盒子	根据故事盒子进行故事内容的串联，并尝试讲述，体验阅读的乐趣	《小兔乖乖》故事图片若干、故事盒子场景、相关故事类绘本	观察幼儿在游戏过程中能否根据想象进行简单讲述
音乐创玩坊	我是小乐师	能结合图谱，运用常见的乐器（或自制乐曲）进行打击乐演奏	小乐器、各种自制小乐器（奶粉罐、擀面杖、塑料袋、易拉罐等）、节奏图谱	观察幼儿是否能正确使用乐器并根据乐曲节奏进行演奏
	兔子演唱会	能根据图谱，完整演唱歌曲，并尝试歌曲表演	主题音乐、歌词图谱	观察并指导幼儿根据音乐节奏演唱相应图谱内容
戏剧表演坊	小兔乖乖	能根据故事情节，在音乐的提示下，借助服装、头饰、道具等进行戏剧表演	动物头饰、服饰及演出背景、背景音乐	观察幼儿是否能够在旁白或音乐的提示下进行表演
益智游戏	小兔拔萝卜	1. 感知 5 以内的数量，给 5 以内的圆点卡片匹配等量实物 2. 能按大小标记将萝卜进行简单归类	情境底板、大小标记卡、点卡、大小胡萝卜卡片若干	1. 观察幼儿是否能够根据任务卡完成任务 2. 观察幼儿是否能够按照萝卜的不同特点进行分类

主题活动展开

一、集体活动

<h2 style="text-align:center">戏剧活动：大灰狼</h2>

活动目标

1.通过"墙上角色"，进一步了解大灰狼的形象特征。

2.能在旁白提示下，通过即兴扮演来表现大灰狼行走、觅食等动作姿态。

3.体验角色扮演和戏剧游戏带来的快乐。

活动准备

材料准备：画纸、铃鼓、兔妈妈头饰。

活动过程

（一）暖身活动：热闹的森林

1.互动提问，唤醒经验。

提问：森林里可热闹啦，住着很多小动物，你们猜猜看都会有谁呢?

小结：有可爱的小兔子，凶猛的大老虎，会飞的小鸟，呱呱叫的青蛙……

2.交代要求，集体游戏。

游戏玩法：大家跟着铃鼓走动起来，当铃鼓声停止时请变成一种小动物。

（组织要点：本环节，一是关注幼儿倾听指令与身体控制的能力；二是关注幼儿对动物形象的想象力与创造力。）

（二）主题活动

1. 倾听大灰狼"嚎叫声"音频，唤醒幼儿对大灰狼形象的已有经验。

提问： 谁来了？你是怎么知道的？

（组织要点：当幼儿通过音频猜出是大灰狼后，教师可以引导幼儿学一学大灰狼的嚎叫声，为接下来模仿大灰狼的环节做足经验铺垫。）

2. 通过"墙上角色"塑造大灰狼的形象特征。

（1）互动交流，绘制大灰狼的"墙上角色"。

提问： 你见过的大灰狼是什么样子的？（幼儿回答后，教师将大灰狼的局部特质绘制出来。）

（2）想象创造，模仿大灰狼的局部特征。

提问： 你能用你的身体变成大灰狼的锋利的爪子（或其他部位）吗？

（组织要点：本环节鼓励幼儿大胆想象，表述对大灰狼角色的认知，并用动作、表情等来表现大灰狼的角色特征。）

3. 通过"旁述默剧"表现大灰狼行走、觅食等动作姿态。

（1）教师讲述旁白，幼儿结合旁白内容进行即兴扮演。

旁白： 一天，大灰狼迈着重重的步伐出去找吃的，它的肚子饿极了。它钻进草丛，东瞧瞧，西看看。它使劲搬起石头，想看看有没有好吃的。它揪住小草，奋力爬上山坡……突然发现一只兔妈妈在采蘑菇。

（2）互动提问，提升幼儿游戏经验。

提问： 刚刚你是怎么表演大灰狼的？谁能一起学一学？我们一起再来玩一玩。

（组织要点：采用"旁述默剧"的方式，引导幼儿在情境中大胆地表现大灰狼的动作和神态，挖掘有效资源，达到经验共享。）

4. 游戏互动，丰富大灰狼形象特征。

（1）集体猜想，了解大灰狼的狡猾。

提问： 大灰狼并没有立刻吃掉兔妈妈，而是跟踪它回了家，这是为什么呢？

（2）播放音频，了解大灰狼的内心想法。

小结： 这真是一只狡猾的大灰狼，它蹑手蹑脚跟着兔妈妈，想吃到更多的兔子。

（3）集体游戏，表现大灰狼狡猾的角色形象。

游戏玩法： 教师扮演兔妈妈，所有幼儿扮演大灰狼悄悄跟在兔妈妈身后，当兔妈妈回头时，大灰狼需保持不动。

（组织要点：重点关注幼儿是否能专注、细致地观察兔妈妈的行为，并能在兔妈妈回头时快速反应定格不动。教师可通过启发式语言引导幼儿每次定格时改变造型，以此更好地伪装，不被兔妈妈发现。）

（三）结束活动

结语：大灰狼能成功跟到兔妈妈的家吗？它又发现了什么秘密？下次我们再来听故事。

韵律活动：兔妈妈采蘑菇

活动目标

1. 欣赏乐曲，借助图谱理解乐曲表达的内容。
2. 能够跟随音乐表现出小兔蹦跳、采蘑菇的动作。
3. 体验韵律活动带来的乐趣。

活动准备

材料准备：大灰狼头饰、音乐《小兔和狼》、音乐《永恒的瞬间》。

活动过程

（一）欣赏音乐，猜想音乐表达的内容

导语：今天，我带来了一首好听的音乐，请大家听一听、想一想兔妈妈可能在做什么？（播放音乐，幼儿倾听。）

提问：你觉得在这段音乐中兔妈妈在做什么呢？

小结：兔妈妈正在采蘑菇呢！

（组织要点：幼儿联想的内容取决于他们自身的经验基础，因而每个人对音乐的感受也有所不同，所以本环节教师应尊重幼儿的每一种想法，并给予肯定。）

（二）借助图谱，熟悉乐曲节奏与结构

1. 引入故事，了解乐曲表达的内容。

故事：兔妈妈一蹦一跳地来到了森林里，它发现了许多的蘑菇，决定把它们都采

回家。

提问：兔妈妈是怎样一蹦一跳的？兔妈妈又会怎么采蘑菇呢？

小结：兔妈妈双脚合并一步一步往前跳。兔妈妈拿着篮子，这也采采，那也采采，一个一个慢慢采。

2. 欣赏音乐，了解乐曲结构。

过渡：兔妈妈到底是怎么做的？请大家一起看一看。（互动提问，引出音乐图谱。）教师跟随音乐表现兔妈妈采蘑菇的动作。

提问：我刚刚都做了哪些动作？（幼儿回答后，教师出示对应图谱。）

小结：兔妈妈蹦蹦跳跳地来到森林，然后一朵一朵地采了许多蘑菇。

（组织要点：在本环节中教师可多次播放音乐引出全部图谱，让幼儿在反复倾听中进一步理解图谱与音乐的对应关系，并结合故事帮助幼儿了解音乐结构，使其知道先做什么，后做什么。）

（三）结合图谱，集体表演"兔妈妈采蘑菇"

要求：我们要听好音乐，跟着兔妈妈一起有节奏地去采蘑菇吧。

（组织要点：在本环节中教师要关注幼儿是否能跟随音乐进行集体表演，如果幼儿不能准确地进行动作的变换，教师可借助语令进行提示。）

图谱

戏剧活动：妈妈要出门

活动目标

1.通过观察画面、交流讨论、角色扮演，感受兔妈妈对小兔子的爱。

2.在即兴扮演的过程中，探讨小兔子如何确定是兔妈妈敲门的方法。

3.体验角色扮演的乐趣。

活动准备

材料准备：兔妈妈头饰，相关活动课件。

活动过程

（一）暖身活动：小兔一家

导语： 今天我们玩一个"小兔一家"的游戏，我们听着铃鼓声走动起来，当铃鼓声停止时，就要变成一种小兔子。（如：红眼睛的小兔子、短尾巴的小兔子、长耳朵的小兔子……）

（二）主题活动

1.观察画面，猜测画面内容，感受兔妈妈对小兔子的爱。

提问： 兔妈妈要出门了，你觉得兔妈妈会对小兔子说什么?

小结： 兔妈妈非常担心独自在家的小兔子，交代了很多事情。

2.助教入戏，一起讨论如何确定回来的是兔妈妈。

助教教师扮演兔妈妈，幼儿扮演兔宝宝进行互动游戏。

兔妈妈： 宝贝们，妈妈要出门采蘑菇了，你们在家可以做些什么呢? 如果妈妈回来了，你们怎么知道是妈妈呢?

兔宝宝： ……

兔妈妈： 那我回来的时候就唱"小兔子乖乖……"，你们只要听到歌声，就帮妈妈开门。

3.集体扮演，表演妈妈敲门的场景。

（1）教师入戏并扮演兔宝宝，和幼儿扮演的小兔子们一同在家里即兴游戏。

（2）助教教师扮演的兔妈妈敲门唱歌。

（组织要点：本环节需要两位教师相互配合，帮助幼儿快速进入角色。当兔妈妈出门时，教师在入戏兔宝宝的过程中可以带领幼儿进行即兴扮演，丰富情节与对话。）

（三）结束活动

小结：宝贝们，今天妈妈回来的时候，你们记住了我们的约定，一下子就听出了妈妈的声音，都是妈妈的好宝贝。

歌唱活动：小兔乖乖

活动目标

1.感受歌曲活泼、欢乐的旋律，借助图谱学唱歌曲。

2.体验歌唱活动的乐趣。

活动准备

材料准备：音乐《小兔乖乖》、小兔贴纸、兔妈妈发箍，以及老虎、狮子、狐狸图片。

活动过程

（一）谈话导入，引出歌曲

导语：孩子们还记得昨天兔妈妈出门前唱的歌吗？

小结：没错，这首歌的名字叫《小兔乖乖》。

（组织要点：以谈话的形式唤醒幼儿前期与兔妈妈约定的开门方式，并引出歌曲，为接下来的活动做铺垫。）

（二）借助游戏，学唱歌曲

1.借助"点兵点将"游戏，在反复倾听中学唱歌曲第一段。

游戏玩法：教师一边唱歌一边有节奏地依次点小朋友，当歌曲结束时被老师点到名字的小朋友就是小兔子，并贴上一个兔宝宝的标志。

2.在"猜动物"的游戏中学唱歌曲第二段。

游戏玩法：教师模仿各种动物声音（如：小猴、小象、大灰狼、大熊）歌唱第二段歌曲的前半部分，让幼儿猜测会是谁敲门，并引导幼儿唱出第二段的后半部分。

提问： 你猜猜是谁在敲门？要不要开门？小兔子应该怎么唱呢？

（组织要点：教师可根据幼儿对歌曲的掌握情况反复游戏，并鼓励幼儿在熟悉歌曲后试着在游戏中跟唱。）

（三）情境表演，分角色演唱歌曲

1.师幼合作，完整演唱歌曲（教师扮演兔妈妈和大灰狼，幼儿扮演小兔子）。

过渡： 现在我来扮演大灰狼，你们扮演小兔子。当我唱到"我要进来"，你们就唱"不开不开就不开……"。

2.幼幼合作，完整演唱歌曲（一部分幼儿扮演兔妈妈和大灰狼，另一部分扮演小兔子）。

要求： 扮演兔妈妈和大灰狼的小朋友，要注意语气和声音，让小兔子们一下子就能听出来喔！

（组织要点：以多元形式帮助幼儿巩固歌曲。在演唱的过程中，提升幼儿肢体表现能力及与同伴合作能力。）

《小兔乖乖》歌谱

戏剧活动：智斗大灰狼

活动目标
1. 通过活动，知道不能随便给陌生人开门，懂得保护自己。
2. 在游戏体验中，即兴创编与表现智斗大灰狼的情节。
3. 喜欢参加戏剧活动，体验角色扮演的乐趣。

活动准备
材料准备：相关课件幻灯片、纱巾、小兔子头饰、小兔子家门道具。

活动过程

（一）暖身活动：走走停停
游戏玩法：幼儿跟随铃鼓有节奏地在场地上自由行走，当铃鼓声停止，教师发出指令"变成一个……"，幼儿表现大灰狼的不同造型。（如可怜的大灰狼、狡猾的大灰狼、饥饿的大灰狼、凶狠的大灰狼、睡觉的大灰狼等。）

（组织要点：以暖身游戏"走走停停"导入活动，激发幼儿的兴趣。在肢体模仿大灰狼造型的过程中，提升幼儿肢体表现能力。）

（二）主题活动
1. 结合绘本内容，回顾故事情节。
故事内容：一只饥饿的大灰狼跟踪兔妈妈来到小兔家，它想趁兔妈妈出门时，想办法把小兔子骗出来吃掉。可是不管大灰狼用美味的胡萝卜蛋糕还是把自己装扮成兔妈妈的样子，小兔子都没上当。大灰狼不死心，瞧，它今天又来了。

2. 通过教师入戏、游戏体验，创编小兔子对付大灰狼的办法。
过渡：兔妈妈今天出门采蘑菇去了，那小兔们在家会发生什么事呢？我们一起来演一演。
（1）教师入戏，角色扮演，即兴创编对付大灰狼的情节。
（2）自选角色，助教老师和幼儿一同扮演兔宝宝。
（3）合作表演，即兴扮演创编对付大灰狼的办法，引发角色之间的对话。

3. 通过游戏体验，生发哄骗大灰狼把尾巴伸进来的情节。
（1）教师入戏，体验"夹尾巴"的乐趣。

游戏要求： 教师扮演大灰狼，小朋友们扮演小兔子，使其尝试用手来夹大灰狼尾巴。

（2）集体扮演大灰狼，个性表演大灰狼被夹尾巴后的动作及语言。

提问： 被夹住尾巴的大灰狼会怎么样呢？又会说什么呢？

小结： 我看见有的大灰狼痛得大叫，双手还捂住自己的尾巴呢。

（3）互动游戏，在创编、模仿的过程中拓展经验。

游戏玩法： 教师扮演大灰狼，幼儿当镜子进行模仿（第一轮游戏）。请个别幼儿扮演大灰狼，其他幼儿当镜子进行模仿（第二轮游戏）。

（组织要点：此环节运用师幼互动的方式，让幼儿创编对付大灰狼的办法，最后智斗大灰狼，感受小兔子的机智。同时此环节进一步凸显了自我保护主题价值。）

（三）结束活动

提问1： 你们喜欢这些小兔子吗？为什么？

提问2： 当看到一只凶狠的大灰狼在家门口，兔妈妈会怎样？为什么？

小结： 原来，即便再柔弱的兔妈妈，当发现自己的宝宝遇到危险时，都会勇敢地站出来，保护自己的孩子。

韵律活动：我们不怕大灰狼

活动目标

1.借助图谱，理解 A、B 两段音乐分别表达的情境。

2.能够跟随音乐用动作表现兔妈妈追逐、驱赶大灰狼的情景。

3.体验韵律活动带来的乐趣。

活动准备

材料准备：大灰狼和兔妈妈的头饰、音乐《我们不怕大野狼》。

活动过程

（一）倾听乐曲，猜测乐曲中发生的故事

过渡： 正当大灰狼想破门而入的时候，兔妈妈回来了，接下来又会发生什么事呢？故事就藏在一首音乐里，让我们一起听听吧。

提问：音乐听完了，你们觉得兔妈妈回来后发生了什么？

小结：原来，兔妈妈为了保护自己的宝宝，勇敢地举起木棒赶走了大灰狼。

（二）欣赏乐曲，尝试创编动作

1.师幼共同创编动作。

提问：你们觉得兔妈妈会怎么追逐大灰狼？又会怎样驱赶它呢？谁来学一学？（幼儿模仿后，教师可在其基础上加以改善，并带领全体幼儿一起模仿。）

2.教师将幼儿的动作表征记录形成图谱。

3.鼓励幼儿结合图谱大胆表达表现（根据幼儿动作，提炼动作要领）。

（三）完整表演，用动作表现兔妈妈驱赶大灰狼的情节

过渡：现在我们都是兔妈妈，让我们跟着音乐一起赶跑大灰狼吧。

结束语：我们的兔妈妈真是太勇敢了，跟着音乐把大灰狼赶走了，保护了小兔子们，然后幸福地生活在一起。

（组织要点：鼓励幼儿大胆用肢体动作表现，激发幼儿跟随音乐做肢体动作的兴趣。）

二、区域游戏活动

创意制作坊

游戏目标

1.尝试用涂、撕、粘、捏等方式表现自己观察到或想象的角色。

2.通过欣赏图片、步骤图等了解物品的简单制作过程，并尝试用不同的材料制作头饰、服装等。

游戏材料

半成品材料	发箍、帽托、草帽、无纺布衣服、围裙、T恤
装饰类材料	羽毛、黏土、毛球、卡纸、玉米粒、吸管、毛根、彩色亮片、彩纸、纽扣
低结构材料	蛋托、彩色垃圾袋、纸杯、棉花、瓶盖、纱巾、纸盘、纸筒、吸管、贝壳、木棒
工具	剪刀、勾线笔、彩色马克笔、颜料、胶棒、颜料盘

游戏过程

游戏一：制作动物头饰

剪出小兔的胡须

尝试戴一戴

贴上狼的五官

狼的头饰做好了

游戏二：制作创意道具

给小兔的家刷上颜色

按一按蘑菇

装饰道具1

装饰道具2

游戏三：制作立体海报

做个兔耳朵装饰立体海报

立体海报完成啦

剧本创编坊

游戏目标

1.倾听故事，尝试将听到的故事内容用涂画的方式记录下来并讲一讲。

2.借助故事盒子，在游戏情境中尝试用简单的语言讲述熟悉的故事情节。

游戏材料

空白剧本、勾线笔、油画棒、白纸、各种动物、场景图、打孔机等。

游戏过程

游戏：故事盒子

结合戏剧盒子讲述绘本

我来做兔妈妈，你做大灰狼

音乐创玩坊

游戏目标

1. 能结合图谱,借助道具、头饰等多形式演唱歌曲《小兔乖乖》。
2. 尝试用生活中常见的物品敲敲打打,为乐曲配音。
3. 体验音乐游戏的快乐。

游戏材料

生活类材料	锅、碗、瓢、盆、铲子
乐器类材料	蛙鸣板、碰铃、铃鼓、三角铁、沙锤
低结构材料	奶粉罐、玻璃瓶、旺仔桶、木头

游戏过程

游戏一:我是小乐师

我们一起来配乐

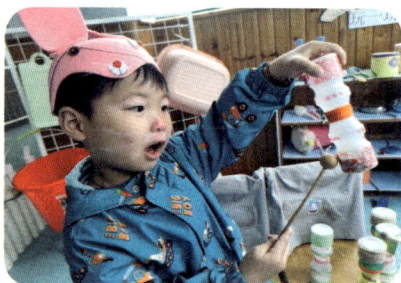

小沙锤"沙沙沙"

游戏二:兔子演唱会

给场上的小演员伴奏

兔子演唱会

戏剧表演坊

游戏目标

1.能根据故事情节，在音乐的提示下，借助服装、头饰、道具等进行戏剧表演。

2.体验角色扮演的乐趣。

游戏材料

舞台布局、表演音乐、道具（大树、小兔的家）、服饰。

游戏过程

游戏：小兔乖乖

兔妈妈去采蘑菇

大灰狼来敲门

益智区游戏

游戏目标

1. 感知 5 以内的数量，学习给 5 以内的圆点卡片匹配等量实物。

2. 能按大小标记将萝卜集中放在一起，并进行简单归类。

游戏材料

情境底板、大小标记卡、点卡、大小胡萝卜卡片若干。

游戏过程

游戏：小兔拔萝卜

贴任务卡

按任务卡放相应的萝卜

三、剧场体验活动

剧目宣传

设计观演门票

开始售票啦

剧场布置

布置小舞台

摆放观演区座位

表演观演

快乐的小兔一家

小心大灰狼

主题实施小结

　　在戏剧《小兔乖乖》的主题活动实施过程中，幼儿在虚拟的戏剧情境中、在趣味的角色扮演中、在丰富的游戏活动中，其语言表达能力、想象创造能力、解决问题能力等方面均得到了初步提高。如在韵律活动中，教师利用戏剧手段帮助幼儿不断学习和积累戏剧经验。通过观察、讲述和模仿的方式，借助戏剧策略，让幼儿对大灰狼的角色形象有了深度了解；通过多个戏剧游戏的串联，生发戏剧情节与角色对话。与此同时，教师能根据主题活动推进渗透安全教育的内容，利用情节的推进引发幼儿思考。最终，孩子懂得了面对"大灰狼"这样的陌生人，要如何机智应对，同时学会了自我保护的方法。

（本主题活动由黄烨、贾小霞、崔巍、张朦朦、朱亚璐提供）

小班戏剧主题《谁咬了我的大饼》

参考绘本：徐志江. 谁咬了我的大饼 [M]. 南京：南京师范大学出版社，2013.

主题分析与架构

一、主题来源与核心价值

本主题来源于幼儿非常喜欢的绘本《谁咬了我的大饼》，该绘本讲述了一只小猪发现自己的大饼被咬后，为了找到咬大饼的"嫌疑人"，逐个询问了周围的动物，比对大饼上的咬痕后，大家都被排除了嫌疑。最后，小猪发现"嫌疑人"竟然是它自己。故事中憨态可掬的动物形象、丰富有趣的绘本图画、简单生动的故事内容都深深地吸引着小班的孩子们。幼儿能够在和小猪一起比对咬痕寻找"嫌疑人"的过程中丰富科学认知，学习如何细心观察、分析问题及寻找答案等。

二、幼儿基础分析

通过问卷调查，我们了解到小班幼儿熟悉常见动物的外形特征，但对动物的牙齿和咬痕并不了解。在戏剧能力方面，小班上学期的幼儿从未经历过戏剧主题，但是在日常的戏剧小游戏中发现，他们非常喜欢扮演各种角色，能用简单的肢体动作和语言进行角色扮演，但肢体动作大多以上肢为主，语言也较为简短、不够连贯。

三、主题目标

1. 理解《谁咬了我的大饼》的故事内容，懂得在生活中发现问题时要细心地观察后再寻找答案。

2. 能在语言支架的帮助下，根据不同动物的咬痕特征，在即兴扮演的过程中创编角色之间的简单对话。

3. 能通过律动、歌唱、即兴游戏等方式，表现小鸟、小兔、鳄鱼、河马等动物角色的出场情境。

4. 在区域游戏中，尝试运用多种材料对角色头饰、服饰和演出道具、场景进行简单的装饰。

5. 能在旁白、音乐、服装、道具的提示下，明确自己所扮演的角色并完成表演，体会戏剧表演的乐趣。

四、分幕线索构架与价值分析表

分幕	核心价值	戏剧冲突
第一幕 小猪做大饼	在小猪做大饼的情境中，感受小猪做大饼的不易和对大饼的喜爱之情	小猪做好的大饼被咬了一口
第二幕 大饼被咬了	理解小猪发现心爱大饼被咬后的难过心情，以及决定要找出"嫌疑人"的决心	
第三幕 寻找"嫌疑人"	懂得发现问题后要细心观察、分析问题、寻找答案	通过比对咬痕没有找到"嫌疑人"，最后发现竟然是自己
第四幕 一起做大饼	感受朋友之间相互帮助和分享的乐趣	在验证咬痕的过程中，大饼被吃光了

五、戏剧主题课程实施网络图

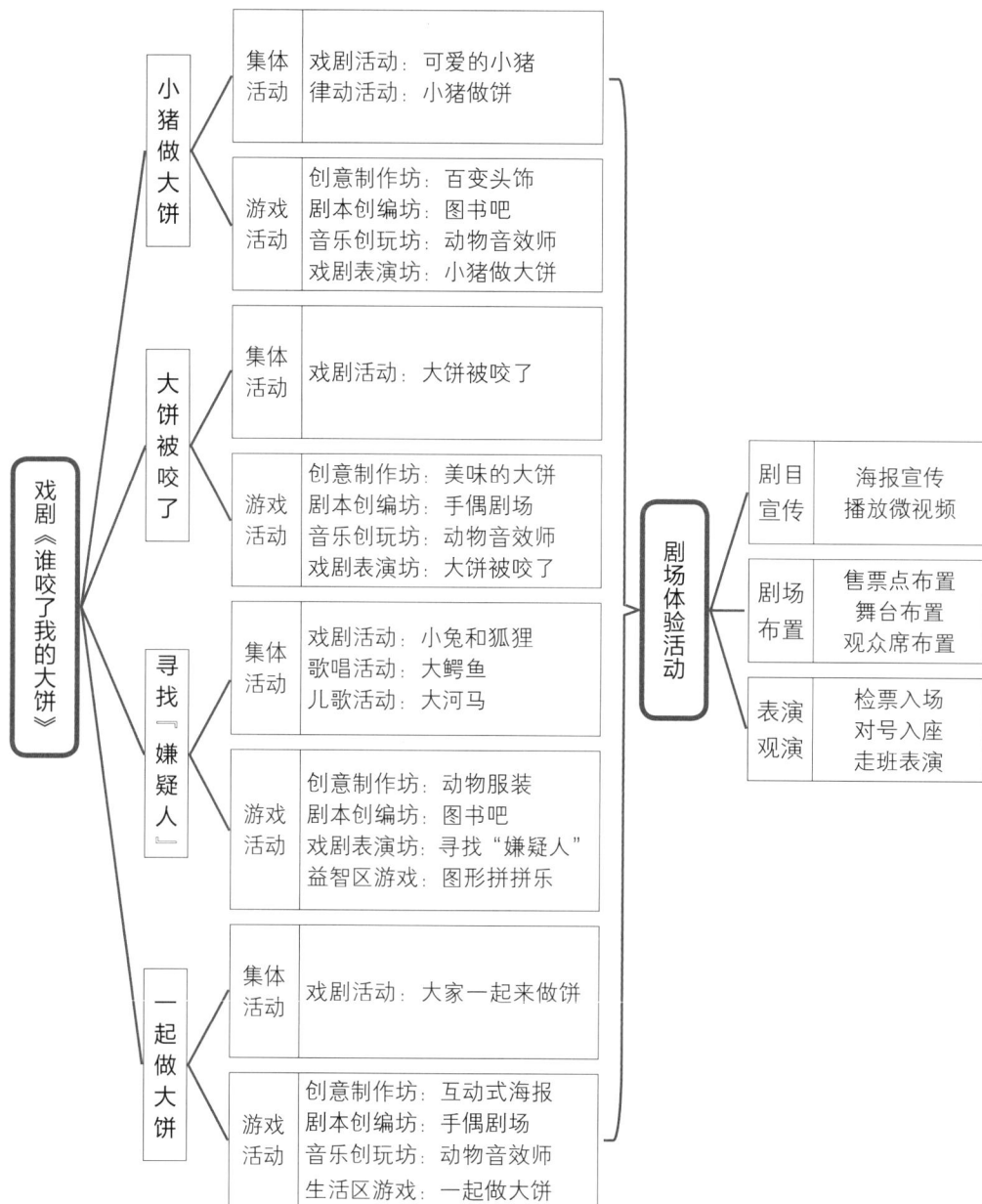

戏剧《谁咬了我的大饼》

小猪做大饼
- 集体活动
  - 戏剧活动：可爱的小猪
  - 律动活动：小猪做饼
- 游戏活动
  - 创意制作坊：百变头饰
  - 剧本创编坊：图书吧
  - 音乐创玩坊：动物音效师
  - 戏剧表演坊：小猪做大饼

大饼被咬了
- 集体活动
  - 戏剧活动：大饼被咬了
- 游戏活动
  - 创意制作坊：美味的大饼
  - 剧本创编坊：手偶剧场
  - 音乐创玩坊：动物音效师
  - 戏剧表演坊：大饼被咬了

寻找"嫌疑人"
- 集体活动
  - 戏剧活动：小兔和狐狸
  - 歌唱活动：大鳄鱼
  - 儿歌活动：大河马
- 游戏活动
  - 创意制作坊：动物服装
  - 剧本创编坊：图书吧
  - 戏剧表演坊：寻找"嫌疑人"
  - 益智区游戏：图形拼拼乐

一起做大饼
- 集体活动
  - 戏剧活动：大家一起来做饼
- 游戏活动
  - 创意制作坊：互动式海报
  - 剧本创编坊：手偶剧场
  - 音乐创玩坊：动物音效师
  - 生活区游戏：一起做大饼

剧场体验活动
- 剧目宣传
  - 海报宣传
  - 播放微视频
- 剧场布置
  - 售票点布置
  - 舞台布置
  - 观众席布置
- 表演观演
  - 检票入场
  - 对号入座
  - 走班表演

六、戏剧主题资源利用与环境创设

1. 资源盘点

资源类型	资源内容	资源利用的可能性
绘本资源	《谁的牙？》	该绘本是一本关于牙齿的科学书，故事中通过"比一比""猜一猜"，展现了不同动物的牙齿形状，并向读者科普了动物长什么样的牙齿与其吃的食物有关。书中还展现了很多小动物的牙齿，可以迁移到戏剧活动中，开发角色扮演类游戏和讲述类游戏
	《动物大世界》	该绘本以生动科学的语言向读者介绍了生活中常见的各类动物和奇珍异兽，画面精美写实，可以丰富幼儿相关的科学认知经验
	《糊涂的猪小弟》	该绘本中的小猪十分糊涂，做了很多糊涂的事，与本主题中的小猪形象相契合，可用于"情节创编"活动中，丰富幼儿的戏剧表达与创作，加深幼儿对小猪糊涂性格的理解
视频资源	《动物世界》等纪录片	了解不同种类的动物，知道动物的特征

2. 环境创设

（1）材料投放：一是提供与本主题相关的角色手偶、故事围裙等材料；二是提供低结构装饰材料促使幼儿参与道具服装的制作。

（2）环境准备：创设与《谁咬了我的大饼》相关的主题环境、区域环境，使幼儿与环境能充分互动。

大厅环境创设

班级课程角创设

七、戏剧主题集体活动

分幕	活动内容	预设活动意图
第一幕 小猪做大饼	戏剧活动： 可爱的小猪	通过"墙上角色"、旁述默剧的方式，并根据生活经验，尝试用肢体动作表现小猪的典型形象特征，如贪吃的小猪、在泥里打滚的小猪等
	韵律活动： 小猪做饼	根据生活经验创编小猪做饼的步骤，并跟随音乐有节奏地进行韵律活动
第二幕 大饼被咬了	戏剧活动： 大饼被咬了	引发猜测，在照镜子的游戏中通过模仿、想象、创造，感受小猪发现大饼被咬后的心情及内心独白
第三幕 寻找"嫌疑人"	戏剧活动： 小兔和狐狸	创设小兔和狐狸在草地上玩游戏的情境，创编小猪询问小兔和狐狸的情节及对话
	歌唱活动： 大鳄鱼	通过歌唱活动的形式让幼儿了解鳄鱼的生活习性及其典型的外形特征
	儿歌活动： 大河马	学念儿歌并尝试用肢体动作表现大河马的形态特征
第四幕 一起做大饼	戏剧活动： 大家一起来做饼	根据故事情境创编小猪和小动物们一起做饼时的表情和肢体动作；加入音乐后，能够跟随音乐有节奏地做动作，感受一起做饼的快乐氛围

八、主题区域游戏创设表

区域名称	游戏名称	游戏目标	投放材料	观察与指导要点
创意制作坊	百变头饰	了解角色形象及其特点，尝试运用贴、捏、撕等方式制作头饰	各种颜色的纸张、彩笔、剪刀及其他装饰材料	鼓励幼儿运用多种材料制作头饰，并观察幼儿能否按照自己的想法大胆制作
	美味的大饼	根据故事情节，运用各种材料尝试制作"美味的大饼"，并能够进行想象装饰	各种彩纸、剪纸、气球、剪刀、胶水、稻草、KT板、超轻黏土	指导幼儿运用不同的材料制作道具
	互动式海报	能使用材料进行海报制作，体验创造的乐趣及成功后的喜悦	各种颜色的海报纸、勾线笔、油画棒、棉签、颜料、超轻黏土及其他装饰材料	关注幼儿是否能用勾线笔尝试画出小动物的形象并涂色；利用其他材料对海报进行装饰
	动物服装	能运用多种材料进行服装装饰	无纺布、勾线笔、油画棒、其他装饰材料	关注幼儿是否可以充分利用各种材料，发挥其创造力、想象力进行服饰创作
剧本创编坊	图书吧	自主阅读，了解故事内容，知道小猪和小动物们之间发生的事情，从而进一步提高语言表达能力	相关图书、白纸、勾线笔	关注幼儿是否能够结合画面讲述简单的内容和对话
	手偶剧场	1.理解故事内容，尝试用指偶分角色表演故事《谁咬了我的大饼》 2.体验用指偶讲故事的乐趣	动物指偶，剧情提示卡	关注幼儿是否能够自由结伴、分配角色，根据剧情要求，佩戴好指偶进行表演
音乐创玩坊	动物音效师	1.尝试用乐器和生活中的材料制造小动物出场的音效 2.与同伴共同进行律动游戏和歌唱游戏	乐器，动物的图示卡	关注幼儿制造音效的方法，即能否选取乐器制造出音效
戏剧表演坊	谁咬了我的大饼	1.了解故事内容，知道故事中的主要角色，并尝试自主选择喜欢的角色进行扮演 2.能根据故事情节的发展尝试进行即兴表演	各种动物头饰、大饼模型、森林背景	引导幼儿自主商量各自喜欢的角色；根据故事发展的顺序，引导幼儿有序出场，表达角色之间的对话
益智区游戏	图形拼拼乐	1.认识并能区分圆形、方形、三角形 2.能将不同的图形拼搭组合成一个新的图形	各种戏剧角色造型拼搭底板若干、几何图形板若干	关注幼儿对图形的认知情况，即能否根据造型选择需要的几何图形
生活区游戏	一起做大饼	1.能在教师指导下运用材料制作大饼 2.喜欢制作活动	鸡蛋、面粉、香肠、锅具等	关注幼儿能否根据制作步骤进行制作，关注幼儿在制作过程中的工具使用

主题活动展开

一、集体活动

戏剧活动：可爱的小猪

活动目标

1. 通过游戏，了解小猪的外形特征及生活习性。
2. 能大胆地用肢体动作表现小猪的角色形象。
3. 感受戏剧活动的乐趣。

活动准备

材料准备：图片、小猪轮廓图。

活动过程

（一）暖身活动：小动物来了

导语： 在一片森林里住着许多可爱的小动物，会有谁呢？它们在干什么？

游戏玩法： 幼儿跟随铃鼓节奏走动，当铃鼓停时幼儿定格并扮演动物角色。教师随机采访，幼儿介绍自己所扮演的动物。（如"我是小兔子，我在啃萝卜。"）

（二）主题活动

1. 通过"墙上角色"，了解小猪的外形特征。

提问： 你见过小猪吗？它们是什么样子的？谁来学一学？（教师根据幼儿的讲述

与模仿将小猪的局部特征绘画出来。）

2.通过观察交流、游戏体验，了解并表现小猪的生活习性。

（1）观察图片，了解小猪的生活习性。

提问：小猪每天都生活得很开心，它会做些什么呢?

小结：小猪是杂食动物，会吃各种东西；小猪还很贪玩，有时候会四处奔跑，有时候喜欢在水里游泳，有时还会在泥地里打滚呢! 玩得累了，它还会边睡觉边打呼噜……

（2）旁述默剧，即兴扮演小猪的生活场景。

旁白：太阳出来了，小猪睁开眼睛，伸个懒腰准备去泥潭里玩啦! 小猪找到一片泥潭一下子跳进去，踩来踩去真有趣，滚来滚去真好玩。这时候传来大灰狼的叫声，小猪立马静止不动变成大泥块，大灰狼没有发现小猪只好离开了。小猪玩累了，打了个哈欠，准备回家睡大觉。

（组织要点：采用旁述默剧的方式，引导幼儿在情境中大胆表现在泥潭玩耍的小猪，以及大灰狼来时保持不动的小猪，通过有效抓取幼儿行为差异进行经验共享。）

（三）结束活动

结语：今天，我们认识了可爱的小猪，和小猪一起玩了游戏。此外，小猪还很喜欢做饼，它会怎么做饼呢? 我们下节活动一起去看一看。

韵律活动：小猪做饼

活动目标

1.熟悉乐曲，能大胆表现"揉、压、撒、烤"等制作大饼的动作。
2.体验韵律活动的乐趣。

活动准备

材料准备：音乐《哦，苏珊娜》、相关幻灯片。

知识准备：通过生活坊做饼体验，了解做大饼的基本步骤。

活动过程

（一）欣赏音乐，结合情境理解乐曲结构

1. 谈话导入，唤醒做大饼的经验。

导语： 孩子们，你们还记得小猪吗？小猪不仅喜欢玩游戏，还喜欢做大饼呢！

提问： 美味的大饼是怎么做出来的？你能学一学吗？

（组织要点：通过谈话活动，调动幼儿已有做饼经验，并在幼儿的模仿中提取基本动作，为后续熟悉乐曲做好铺垫。）

过渡： 现在我也迫不及待想做一块大饼了，请大家看看我是怎么做的？

2. 欣赏音乐，熟悉乐曲结构。

（1）教师随乐做动作，使幼儿初步感知音乐。

教师语令： 准备开始、揉面团、压一压、撒调料、烤一烤。

（2）通过互动提问，引出乐曲图谱。

提问： 我刚刚是怎么做大饼的？我先做的什么？后做的什么？（教师根据幼儿的回答出示对应图谱。）

结合图谱，幼儿初次尝试合拍表演做饼情节。教师随乐结合图谱和语令，引导幼儿进行随乐表演。

（组织要点：本环节的重点是借助基础动作帮助幼儿稳定节奏，并结合图谱了解乐曲结构。）

（二）集体表演，结合图谱表现做饼情节

1. 师幼共同表演做大饼的情节。

过渡： 森林里还有很多小动物想尝尝小猪做的大饼，你们愿意帮忙吗？让我们一起做饼吧。

2. 结合幼儿表演的困难点进行摘句练习。如：在撒调料的动作中，鼓励幼儿手指张开，表示撒的动作。

3. 在做不同口味大饼的情境中巩固练习。

提问： 你们还吃过什么口味的大饼呢？我们来做一做吧！

（组织要点：本环节的重点为关注幼儿是否能够合拍完成表演。有困难的动作，教师可结合语令帮助幼儿进行摘句练习、稳定节奏，并通过做不同口味的大饼，帮助幼儿进一步巩固。）

（三）活动延伸

结语： 小猪辛辛苦苦做了这么大一块饼，它很喜欢，都舍不得吃！但是它太累了，决定先睡一觉。等它睡醒之后会发生什么事呢？

戏剧活动：大饼被咬了

活动目标

1. 通过"走走停停"游戏，表现不同心情的小猪形象。
2. 在角色扮演、照镜子的游戏中，想象并模仿小猪发现大饼被咬后伤心、愤怒的行为。

活动准备

材料准备：相关幻灯片、小猪头饰、自制大饼。

活动过程

（一）暖身活动：走走停停

导语： 小猪睡了一觉，醒来后发现自己辛苦做的大饼被咬了一口，心情会怎样呢？

要求： 幼儿跟随铃鼓有节奏地在场地上自由行走，当铃鼓声停止，教师发出指令"变成一个……"，幼儿表现不同心情的小猪（如开心的小猪、生气的小猪、愤怒的小猪、伤心的小猪等）。

（组织要点：教师在幼儿表现不同心情的小猪过程中，及时抓取他们的差异并提升其肢体表现能力。）

（二）主题活动

1. 在"教师入戏"互动中，理解小猪发现大饼被咬后的心情。

教师入戏小猪： 我辛辛苦苦做的大饼，我都没有舍得吃，怎么能不经过我的同意就吃我的大饼呢？……到底是谁咬了我的大饼？

教师出戏提问： 小猪睡醒之后发现了什么？它的心情怎么样？

小结： 小猪一觉醒来发现大饼被咬了，它有点伤心、有点愤怒，还有点生气。

（组织要点：本环节通过教师入戏的方式，引导幼儿感受小猪从充满期待准备吃大饼到发现大饼被咬之后的心情变化。）

2. 通过"照镜子"游戏，表现小猪发现大饼被咬后的内心独白。

游戏玩法： 一人扮小猪创编动作与对话，其他人扮镜子进行模仿。

先师幼互动游戏，再幼幼互动游戏。

（组织要点：本环节通过"照镜子"游戏，引导幼儿在师幼互动、幼幼互动的过程中观察、模仿、想象，表现小猪发现大饼被咬后的心情与形态。）

3. 出示被咬大饼，猜测是谁咬了大饼。

提问：请观察这个大饼上的咬痕，猜猜看到底是谁咬了大饼呢？

过渡：大家猜测都有可能，我们看看小猪先去找了谁？

4. 通过手偶表演小猪询问小鸟的过程，推动情节发展。

提问：小鸟刚才的咬痕和之前的一样吗？

小结：小鸟的咬痕是小小的三角形，和之前大饼的咬痕不一样，所以不是小鸟咬的。

（三）结束活动

结语：小猪还会去问谁？可以试着跟同伴说一说。

戏剧活动：小兔和狐狸

活动目标

1. 能根据情节线索，创编小猪询问小兔和狐狸的情节及对话。
2. 体验戏剧游戏的乐趣。

活动准备

材料准备：小猪头饰、狐狸头饰、大饼道具、相关幻灯片、森林场景道具。

活动过程

（一）暖身活动：小动物来了

导语：在一片青草地上，有几只小动物正在玩耍……

游戏玩法：根据铃鼓声开始走动，铃鼓停时，介绍自己（如"我是×××，我喜欢……"），并能用肢体动作表现自己的特征及正在做的事情。

（二）主题活动

1. 讲述故事内容，回顾小猪遇到小鸟的情节。

2. 通过戏剧小游戏，创编小兔和狐狸做游戏的情节。

（1）游戏互动，丰富小兔和狐狸一起游戏的情节。

过渡： 小猪来到了森林里，遇到了小兔和狐狸正在玩游戏。它们会玩什么呢？让我们一起扮演小兔和狐狸玩一玩吧！

（2）教师入戏，创编小猪与小兔、小猪与狐狸的对话。

助教扮演小猪上场（幼儿以小兔和狐狸的角色身份与小猪即兴对话）。

助教（小猪）： "狐狸，狐狸，是你咬了我的大饼吗？"

教师（狐狸）： "不是，不信你看，啊呜——我咬下的是大大的三角形。"

助教（小猪）： "小兔子，是你咬了我的大饼吗？"

幼儿（小兔）： "不是我咬的，你看，我有两颗大大的门牙。"

（组织要点：在互动游戏的过程中可根据幼儿的即兴回答选择适宜的游戏内容，并在此过程中有意识地丰富兔子和狐狸的互动。助教入戏小猪时，可以鼓励幼儿运用小猪与小鸟对话的经验，创编小猪与小兔、小猪与狐狸的对话。）

（三）结束活动

结语： 原来大饼也不是狐狸和小兔咬的，狐狸的咬痕是大大的三角形，小兔的咬痕是它大大的门牙印。那到底是谁咬的呢？我们下次再看。

歌唱活动：大鳄鱼

活动目标

1. 理解歌曲内容，能用自然的声音演唱歌曲。

2. 在唱唱跳跳中体验歌唱活动的乐趣。

活动准备

材料准备：图谱、钢琴伴奏。

知识准备：了解鳄鱼的特征和习性。

活动过程

（一）游戏导入，了解鳄鱼的外形特征

导语： 小猪今天又会去找谁呢？你们看！（教师出示鳄鱼影子图片）

小结： 原来是鳄鱼，它有长长的嘴巴、尖尖的牙齿、短短的腿和长长的尾巴，平时还喜欢晒晒太阳呢！

（组织要点：以猜鳄鱼影子游戏导入活动，激发幼儿的兴趣，使其对鳄鱼的形象有初步的了解。）

（二）借助图谱，学唱歌曲

（1）欣赏音乐，理解歌词内容。

过渡： 这里有一首好听的歌曲讲的就是大鳄鱼，让我们一起听一听吧！

（2）回忆歌词，引出图谱。

提问： 你听到歌曲里的鳄鱼是什么样子的？（教师根据幼儿回答出示对应图谱）

借助图谱，学唱歌曲。

摘句练习，巩固难点。

（组织要点：教师关注幼儿在学唱过程中的难点，摘句巩固练习。）

（三）通过多种形式学唱歌曲

（1）"藏图谱、学唱歌"游戏。

游戏玩法： 教师把简单的图谱藏起来，幼儿回忆歌词内容，演唱歌曲。

（2）根据歌词内容创编动作。

提问： 小鳄鱼大大的嘴巴是什么样子的呢？谁愿意来试一试？

小结： 我们可以伸长手臂，一开一合来模仿鳄鱼大大的嘴巴。

（组织要点：在游戏中回忆歌词内容，熟悉歌曲后再加入动作表现。）

（四）结束活动

结语： 小猪拿着大饼来到了河边碰到了小鳄鱼。鳄鱼说它的嘴巴长长的，肯定不是它咬的。那小猪后面还会遇到谁呢？我们之后再看。

大鳄鱼

1=F2/4

<u>5 3</u> <u>5 3</u> | <u>5 3</u> 1 | <u>2 4</u> <u>3 2</u> | 5 — |
我 是 一 只 大 鳄 鱼， 大 呀 大 鳄 鱼。

<u>5 3</u> <u>5 3</u> | <u>5 3</u> 1 | <u>2 4</u> <u>3 2</u> | 1 — |
尖 尖 牙 齿 大 嘴 巴， 大 呀 大 嘴 巴。

<u>2 2</u> <u>4 4</u> | 3 <u>1 5</u> | <u>2 4</u> <u>3 2</u> | 5 — |
短 短 腿 呀 长 尾 巴， 长 呀 长 尾 巴。

<u>5 3</u> <u>5 3</u> | <u>5 3</u> 1 | <u>2 4</u> <u>3 2</u> | 1 —‖
爱 在 河 边 晒 太 阳， 晒 呀 晒 太 阳。

《大鳄鱼》歌谱

儿歌活动：大河马

活动目标

1. 在游戏过程中学习儿歌，并尝试多形式地朗诵儿歌。

2. 感受和同伴一起进行儿歌游戏的快乐。

活动准备

经验准备：幼儿对河马的外形特征和习性有初步了解。

材料准备：儿歌图谱、河马轮廓图、勾线笔、画板。

活动过程

（一）回忆故事内容，引出河马

故事： 小猪为了知道是谁咬了它的大饼，分别去问了小鸟、小兔、狐狸和鳄鱼，为了证明不是自己咬的大饼，小动物都咬了一口大饼，小猪对比了咬痕发现都不是它们。瞧，今天，小猪又会去问谁呢？

（组织要点：通过绘本简单回忆故事内容，通过提问引出河马。）

（二）整体欣赏，学习儿歌

1. 通过"墙上角色"，了解河马特征。

提问： 猜猜这是谁？你是怎么知道的？

过渡： 大家猜的都很有道理，其实这是河马。

提问：河马到底是什么样子的呢？（教师根据幼儿讲述，在轮廓图中补充绘画出河马的特征。）

小结：原来河马有小小的耳朵、大大的嘴巴、短短的腿和尾巴。

（组织要点：在此环节中，幼儿根据轮廓图可能会猜与河马体型相似的动物，此时教师不要急于否定，而是追问幼儿"你为什么觉得是××呢"，从而鼓励幼儿大胆表达自己的想法。当幼儿充分表达观点后，教师再揭开谜底，通过"墙上角色"，帮助幼儿进一步了解河马的外形特征和习性。）

过渡：我这里还有一首关于大河马的儿歌，让我们一起来听一听吧！

2. 欣赏儿歌，理解儿歌内容。

（1）教师朗诵儿歌。

提问：你们都听到了什么？（教师根据幼儿回顾的儿歌内容翻出相应图谱。）

（2）理解儿歌难点。

提问：我们洗完澡都是干干净净的，为什么河马洗澡会洗了一身的烂泥巴呢？

小结：原来厚厚的泥巴包裹在河马的身上，不仅可以防止皮肤在烈日下被晒伤，还能防止蚊虫叮咬呢！

3. 在藏图游戏中学习儿歌。

游戏玩法：教师请幼儿闭上眼睛后藏起一张图谱，再请幼儿睁开眼睛后猜测被藏起的图谱内容，并在多次倾听儿歌的过程中进行验证，从而在反复倾听的过程中学会儿歌。

4. 在点兵点将游戏中巩固儿歌。

游戏玩法：教师边念儿歌边点幼儿，最后点到谁，谁就可以去翻开一张图谱，并将对应儿歌内容念出。（游戏可重复2-3遍。）

小结：图谱都被你们找出来了，藏在图谱里的儿歌你们也能念一念吗？

5. 加动作表演儿歌。

（组织要点：通过多种形式学念儿歌，并运用图谱巩固儿歌内容。）

（三）结束活动

提问：小猪拿着大饼来到湖边碰到了大河马，它会说什么呢？

小结：是呀，河马的嘴巴大大的，大饼肯定不是河马咬的。那大饼究竟是谁咬的呢？小猪又会怎么做呢？我们下节课再来看吧。

附儿歌：

大河马

大河马，嘴巴大，短耳短腿短尾巴，

爱洗澡呀爱洗澡，洗了一身烂泥巴。

戏剧活动：大家一起来做饼

活动目标

1. 在"帮助小猪做大饼"的情境中，即兴创编角色对话和做饼情节，使幼儿懂得朋友之间要相互关心与分享。

2. 体验戏剧活动中即兴扮演的乐趣。

活动准备

材料准备：小猪头饰、大饼道具。

活动过程

（一）暖身活动：走走停停

游戏玩法： 跟着铃鼓的节奏走，拍得慢走得慢，拍得快走得快，当听到"做一块大大的饼"时，我们就要停下来做一块大大的饼。

（二）主题活动

1. 在"教师入戏"的情境中，发现大饼是小猪自己咬的真相。

教师入戏小猪： 到底是谁咬了我的大饼呢？我现在好饿呀，要不我也来吃一口大饼吧。（老师做出咬的动作，并从大饼道具上取下一块，露出咬痕。）

教师出戏提问： 是谁咬了小猪的大饼？你是怎么发现的？

小结： 原来大饼上的咬痕是小猪自己的，真是太粗心了！

2. 在"角色圈"的游戏中，尝试安慰伤心的小猪。

游戏玩法： 教师扮演小猪，幼儿纷纷表达对小猪的安慰。

（组织要点：在幼儿表达对小猪的安慰时，教师针对有价值的内容可以随机回应。）

3.在"做大饼"的情境中，创编角色对话。

过渡： 没了大饼的小猪又难过又饿，让我们一起扮演小动物们帮小猪一起做大饼吧！

（组织要点：幼儿扮演不同的小动物，教师扮演小猪，在即兴表演的过程中生发情节与角色对话。）

4.在圆圈游戏中，表现做大饼的情节。

（1）放食材，做不同口味的大饼。

提问： 面饼压好了，你们想做什么口味的大饼呢？可以放什么食材呢？

幼儿在圆圈中自主表现放食材的各种动作。

（2）烤大饼。

提问： 大饼做好了，现在我们该做什么呢？

小结： 烤，烤，烤大饼，烤了一个大大的饼。（边走边变大圆圈。）

（组织要点：在游戏过程中，关注幼儿是否能够生发一些创造性的表现，并及时给予评价。）

5.在话题讨论中，懂得朋友之间要互相分享。

提问： 大饼做好了，可是这个大饼应该给谁吃呢？为什么？

小结： 好朋友应该要一起分享。

（组织要点：此环节中要倾听幼儿的内心想法，教师无需去评价对错，可以让更多的孩子分享不同看法，从而去影响他人。）

（三）结束活动

结语： 还想做一个什么口味的饼？下次我们再来玩一玩。

二、区域游戏活动

创意制作坊

游戏目标

1.能根据戏剧表演的需要，尝试用多种材料，按照喜欢的方式对头饰、服装、场景等进行创作。

2.喜欢艺术创作活动。

游戏材料

半成品材料	发箍、帽托、草帽、无纺布衣服、围裙、T恤
装饰类材料	羽毛、黏土、毛球、卡纸、玉米粒、吸管、毛根、彩色亮片、彩纸、纽扣
低结构材料	蛋托、彩色垃圾袋、纸杯、棉花、瓶盖、纱巾、纸盘、纸筒、吸管、贝壳、木棒
工具	剪刀、勾线笔、彩色马克笔、颜料、胶棒、颜料盘

游戏过程

游戏一：百变头饰

彩泥铺满纸碗表面

选择材料装饰鳄鱼头饰

游戏二：美味的大饼

尝试给大饼刷底色

大饼做好啦

游戏三：互动式海报

制作可爱小猪的形象

把动物角色装饰在底板上

游戏四：动物服装

把羽毛粘贴在无纺布背心上

调整服装让它更合身

剧本创编坊

游戏目标

1. 通过阅读绘本，了解故事的主要内容和情节发展。
2. 通过摆一摆、贴一贴、画一画的方式简单创编单幅画面。
3. 结合创编内容，尝试用较清楚的语言进行讲述。

游戏材料

勾线笔、卡通场景图片、剪刀、胶棒、贴图。

游戏过程

游戏一：图书吧

阅读相关绘本　　　　　　　　　　　尝试画一画故事内容

游戏二：手偶剧场

小观众们为剧本内容提出想法　　　　同伴合作在手偶剧场进行创编

音乐创玩坊

游戏目标

1.尝试用乐器和生活中的材料制造小动物出场的音效。

2.与同伴共同进行律动游戏和歌唱游戏。

游戏材料

生活类材料	锅、碗、瓢、盆、铲子
乐器类材料	蛙鸣板、碰铃、铃鼓、三角铁、沙锤、双响筒
低结构材料	奶粉罐、玻璃瓶、旺仔牛奶罐、木头
道具类材料	图谱、音乐、大树道具

游戏过程

游戏：动物音效师

跟着图谱一起玩歌唱游戏吧

自制乐器模拟故事中的音效

戏剧表演坊

游戏目标

1.了解故事内容，知道故事中的主要角色，并尝试自主选择喜欢的角色进行扮演。
2.能根据故事情节的发展尝试进行即兴表演。

游戏材料

舞台布局、表演音乐、道具（如大树、小猪的家、大饼、小草、小花）、服装、头饰。

游戏过程

游戏：谁咬了我的大饼

自主选择喜欢的角色

我们一起演一演吧

益智区游戏

游戏目标

1. 认识并能区分圆形、方形、三角形。

2. 能将不同的图形拼搭组合成一个新的图形。

游戏材料

戏剧角色拼图底板（如小兔、小树、房屋）、各种形状的磁力图形。

游戏过程

游戏：图形拼拼乐

选择适合的图形　　　　　　尝试进行底图拼贴填充

生活区游戏

游戏目标

1. 能在教师指导下将所用材料进行混合，制作大饼。

2. 喜欢参与生活美食制作活动。

游戏材料

面粉、鸡蛋、煎锅等做饼材料。

游戏过程

游戏：一起做大饼

切蔬菜为做饼做准备

美味的饼做好啦

三、剧场体验活动

剧目宣传

观看表演需要凭票入场哦

每人购票都能获得伴手礼

剧场布置

我们一起来布置吧

精彩的表演即将开始

表演观演

"小猪"正在开心地做着大饼

我们都想来说一说看完表演的感受

主题实施小结

在戏剧《谁咬了我的大饼》的主题活动实施过程中，幼儿经历了集体活动、区域游戏、剧场体验等活动。在集体活动中，通过教师入戏、"墙上角色"、角色圈等，使幼儿感知小猪、河马等剧中角色的形象特点，理解故事的情节发展过程，并在即兴扮演、旁述默剧表演的过程中创编对话，使其懂得在生活中发现问题后要细心地观察、寻找答案。在区域游戏活动中，幼儿尝试制作动物头饰与服饰等，发展审美想象、动手制作的能力；通过围裙剧场、手偶剧场的游戏体验，幼儿即兴创编角色对话，发展语言表达能力；在音乐创玩坊与戏剧表演坊中，幼儿尝试选择小乐器为小动物匹配出场音效，表演故事内容，发展音乐感受、肢体表达等能力。在剧场体验活动中，幼儿体验售票员、演员、观众等多元的角色，了解剧场礼仪，感受戏剧表演的快乐。

教师在戏剧主题的开展中，遵从了孩子的年龄特点和需求，注重儿童的戏剧体验和感受，并在戏剧教学、戏剧表演中采取"抓资源、促互动、重鼓励"的策略，促进幼儿多元能力的发展。但在如何启发幼儿能更自主地创造和表达方面还应多加学习与探讨，让戏剧之路走得更扎实。

（本主题活动由卢言青、丁露静、朱红、吕彩云、恽涵琦提供）

中班戏剧主题《黑白俱乐部》

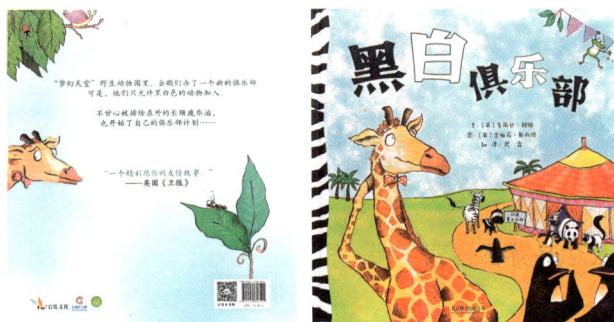

参考绘本：爱丽丝·赫敏.黑白俱乐部 [M].北京：北京联合出版公司，2017.

主题分析与架构

一、主题来源与发展价值

该主题来源于绘本《黑白俱乐部》，该绘本讲述了一只长颈鹿想要参加企鹅举办的黑白俱乐部，可由于自己没有黑白皮毛而被拒绝。但是长颈鹿并没有因此而放弃，它多番尝试，最终创办了可接纳所有小动物的高矮俱乐部。在该主题活动中，幼儿可以通过情节体验、角色扮演，在虚拟的情境中接触到同伴相处时可能存在的各种问题，并尝试解决问题，从而学会如何与同伴友好相处。

二、幼儿基础分析

在社会交往方面，中班幼儿喜欢和熟悉的朋友一起玩，但在同伴交往的过程中缺乏主动性，如果被同伴拒绝加入游戏时，往往不会主动想办法融入其中；而在戏剧方面，已积累了一定的戏剧经验，喜欢参与戏剧活动。

三、主题目标

1.通过戏剧主题活动，理解长颈鹿为了能够融入集体而多番尝试、不言放弃的行为，懂得如何与同伴友好相处。

2.通过即兴扮演、场景建构等方式，创编、表演长颈鹿创办俱乐部的情节，并能大胆演绎。

　　3.能大胆尝试运用多种材料设计与制作俱乐部相关场景、角色的头饰与服装，并关注作品的实用性与美观性。

　　4.在戏剧游戏过程中，能与同伴协商制订游戏计划、明确游戏分工，尝试合作表演，体验戏剧活动带来的快乐。

　　5.能在老师的协助下，小组合作完成剧目宣传、剧场布置、观演表演等剧场体验活动，遇到问题时能想办法去解决或主动寻求老师的帮助。

四、分幕线索构架与价值分析表

分幕	核心价值	戏剧冲突
第一幕 发现派对	知道要大胆表达自己的想法与需求	长颈鹿想参加黑白俱乐部
第二幕 拒之门外	不会因为被拒绝而气馁，能积极想办法解决问题	企鹅拒绝长颈鹿加入俱乐部
第三幕 巧开派对	懂得学会包容与接纳自己的不同，知道朋友越多越快乐	长颈鹿决定自己开个俱乐部
第四幕 动物狂欢	同伴之间要学会宽容大度，接纳他人	企鹅也想参加高矮俱乐部

五、戏剧主题课程实施网络图

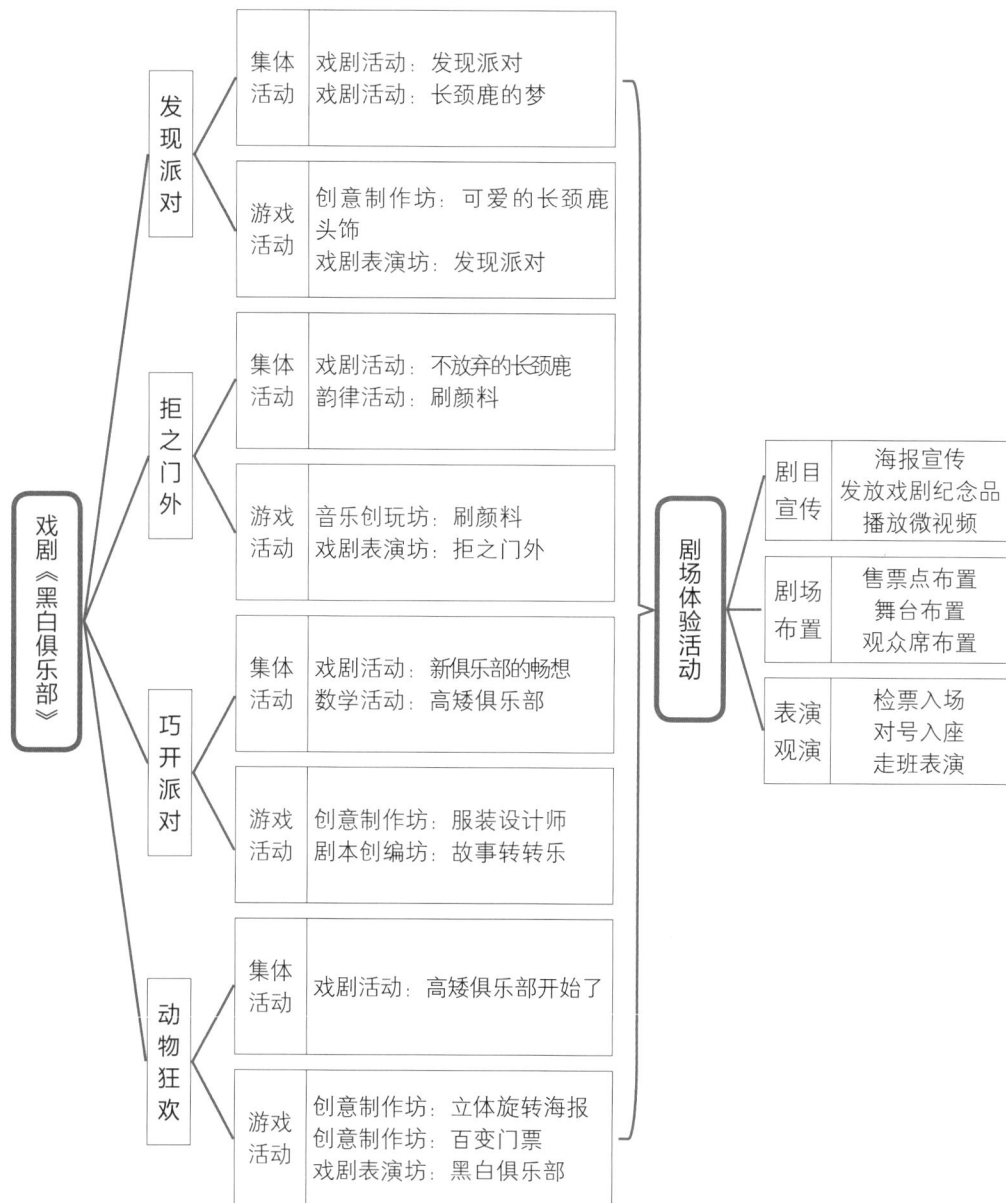

```
                    ┌──────┬──────────────────────────┐
                    │ 集体 │ 戏剧活动：发现派对         │
              ┌─────┤ 活动 │ 戏剧活动：长颈鹿的梦       │
         发   │     ├──────┼──────────────────────────┤
         现   │     │      │ 创意制作坊：可爱的长颈鹿   │
         派   ┤     │ 游戏 │ 头饰                      │
         对   │     │ 活动 │ 戏剧表演坊：发现派对       │
              └─────┴──────┴──────────────────────────┤
                    ┌──────┬──────────────────────────┤
                    │ 集体 │ 戏剧活动：不放弃的长颈鹿   │
              ┌─────┤ 活动 │ 韵律活动：刷颜料           │
         拒   │     ├──────┼──────────────────────────┤
         之   ┤     │ 游戏 │ 音乐创玩坊：刷颜料         │
         门   │     │ 活动 │ 戏剧表演坊：拒之门外       │
         外   └─────┴──────┴──────────────────────────┤
戏剧                ┌──────┬──────────────────────────┤
《黑                │ 集体 │ 戏剧活动：新俱乐部的畅想   │
白俱   ─────  ┌─────┤ 活动 │ 数学活动：高矮俱乐部       │
乐部》         │     ├──────┼──────────────────────────┤
         巧   ┤     │ 游戏 │ 创意制作坊：服装设计师     │
         开   │     │ 活动 │ 剧本创编坊：故事转转乐     │
         派   └─────┴──────┴──────────────────────────┤
         对         ┌──────┬──────────────────────────┤
                    │ 集体 │ 戏剧活动：高矮俱乐部开始了 │
         动   ┌─────┤ 活动 │                          │
         物   │     ├──────┼──────────────────────────┤
         狂   ┤     │      │ 创意制作坊：立体旋转海报   │
         欢   │     │ 游戏 │ 创意制作坊：百变门票       │
              └─────┤ 活动 │ 戏剧表演坊：黑白俱乐部     │
                    └──────┴──────────────────────────┘
```

剧场体验活动

剧目宣传	海报宣传 发放戏剧纪念品 播放微视频
剧场布置	售票点布置 舞台布置 观众席布置
表演观演	检票入场 对号入座 走班表演

六、戏剧资源利用与环境创设

1. 资源盘点

资源类型	资源内容	资源利用的可能性
绘本资源	《你愿意做我的朋友吗？》	该绘本讲述的是一只小绿鼠背起小包裹寻找自己的友谊的故事。这本关于友谊的绘本可投放在阅读区，通过让幼儿自主阅读，提高他们的交往能力
	《小老鼠和大老虎》	该绘本投放于"剧本创编坊"的区域游戏中，通过自主阅读，丰富幼儿对戏剧情节创作的经验，加深他们对主题核心的理解
	《童眼识天下：动物世界》	这是一本科普类绘本，介绍了各种各样的动物知识。将其投放在"创意制作坊"的区域游戏中，以此丰富幼儿对动物的认知经验
社会资源	参观动物园	通过社会实践了解动物的外形特征及生活习性，丰富幼儿科学认知

2. 环境创设

（1）材料投放：一是提供与本主题相关的角色手偶、皮影等材料，帮助幼儿熟悉和讲述故事情节；二是提供各大工作坊的区域游戏材料库，根据幼儿的创作需要增减材料，激发幼儿的艺术表现与创造能力。

（2）环境准备：创设与《黑白俱乐部》相关的主题环境、区域环境、主题墙，使环境能与幼儿产生互动。

戏剧主题环境

七、戏剧主题集体活动

分幕	活动内容	预设活动意图
第一幕 发现派对	戏剧活动：发现派对	理解绘本内容，在角色扮演的过程中，即兴创编长颈鹿与企鹅的对话
	戏剧活动：长颈鹿的梦	通过肢体建构的形式，合作创编《黑白俱乐部》的游戏情节

分幕	活动内容	预设活动意图
第二幕 拒之门外	戏剧活动：不放弃的长颈鹿	在交流讨论、游戏互动中，想象并表演长颈鹿加入黑白俱乐部的情景
	韵律活动：刷颜料	能跟随音乐较合拍地表现长颈鹿刷颜料的情境，并尝试创编动作
第三幕 巧开派对	戏剧活动：新俱乐部的畅想	理解长颈鹿想要自己开俱乐部的原因，并与同伴用肢体合作建构高矮俱乐部中的场景
	数学活动：高矮俱乐部	感知物体的高矮，能将5个物体从高到矮或从矮到高有序排列
第四幕 动物狂欢	戏剧活动：高矮俱乐部开始了	通过即兴扮演创编高矮俱乐部的游戏情节，体会朋友越多越快乐的道理

八、区域游戏创设表

区域名称	游戏名称	游戏目标	投放材料	观察与指导要点
创意制作坊	可爱的长颈鹿头饰	1. 能根据故事情节用剪、贴、画等技能制作相应的头饰 2. 喜欢参与制作活动，提升动手能力	白纸、勾线笔、油画棒、彩色卡纸、各种低结构材料	1. 能否运用多种材料进行制作 2. 动物特征是否表现完整
	服装设计师	1. 尝试用多种方式在服装上进行创意制作 2. 喜欢参与绘画、手工等制作活动	白色T恤、纸箱、纸筒、颜料、画笔、无纺布、纱巾等	能否运用多种材料组合制作小动物的服装
	立体旋转海报	1. 能用自己喜欢的方式制作海报 2. 能用线条、图形、色彩等方式表现海报的内容	颜料、画板、刷子、纸、橡皮泥、各种装饰材料等	1. 关注整个海报的呈现方式与细节 2. 鼓励幼儿用多种方式表现海报内容
	百变门票	能根据剧本的主要情节进行简单构图，并制作门票	彩色笔、彩纸等	是否能依据门票的"四要素"来制作
剧本创编坊	故事转转乐	根据故事情节，初步尝试绘制故事中的小动物角色形象，并依此制作简单的画面	故事图片、旋转电视机	1. 是否能用提供的材料进行故事讲述 2. 是否能积极想象，大胆创作
音乐创玩坊	打击乐：刷颜料	1. 在熟悉歌曲的基础上，学习用身体和乐器表现歌曲节奏 2. 在合作演奏中感受演奏的快乐，喜欢进行打击乐器活动	图谱、各种乐器、自制乐器	1. 能否拍准节奏 2. 能否使用不同的乐器和材料进行游戏
戏剧表演坊	黑白俱乐部	1. 能动作鲜明、声音较清楚地合作扮演角色 2. 初步遵守简单的剧场规则	剧目名称牌、角色选择表	是否能用相应的表情、动作、语言表现该角色

主题活动展开

一、集体活动

戏剧活动：发现派对

活动目标

1. 在教师入戏的环节中，理解企鹅拒绝长颈鹿的原因。

2. 在角色扮演的过程中，即兴创编长颈鹿与企鹅的对话，并学会大胆表达自己的需求和想法。

3. 感受戏剧活动的乐趣。

活动准备

材料准备：相关幻灯片、长颈鹿和企鹅的头饰、记录板。

活动过程

（一）暖身游戏：走走停停

过渡： 在"梦幻天堂"动物园里，住着许许多多的小动物，你们觉得会有谁呢？

第一阶段游戏： 模仿动物造型。

游戏要求： 小朋友们跟着铃鼓节奏走动，当听到"变成一只小动物"的时候，就要模仿一只小动物，保持不动。

第二阶段游戏： 模仿动物游戏情境。

游戏要求： 当听到"变成做游戏的小动物"时，小朋友们需要用身体把它表现出来。

（组织要点：在此环节中，教师要关注幼儿肢体表现能力、想象力、倾听与控制能力。若游戏中发现幼儿有合作意识或富有创造力的表现，可在游戏过程中于小结环节进行评价。）

（二）主题活动

1. 故事导入，理解故事的发展。

故事：一天晚上，长颈鹿乔治正享受着安静的夜晚……于是长颈鹿回到家，想和自己的长颈鹿朋友们商量一下该如何去黑白俱乐部。（结合绘本开头故事情节讲述故事。）

2. 在"教师入戏"的环节中，尝试表达自己的想法。

（1）教师入戏长颈鹿与幼儿对话。

长颈鹿：你们猜我刚才看到谁了？西莫说："企鹅开了一家黑白俱乐部。如果想参加就要经过企鹅的同意。"我也很想参加，该怎么办呢？

（2）幼儿在角色互动中尝试表达自己的内心需求。

教师和幼儿一起扮演长颈鹿，助教扮演企鹅进行即兴表演。

（组织要点：在"教师入戏"的环节中，如果幼儿无法给出回应时，助教老师可引导幼儿进行表达。）

3. 集体交流，回忆梳理长颈鹿与企鹅的对话。

提问：刚才长颈鹿说了什么？企鹅又是怎么回答的呢？（教师结合幼儿的回答进行梳理。）

（组织要点：利用幼儿回答的差异资源，在相互交流中完成长颈鹿和企鹅对话的梳理。）

（三）结束活动

结语：长颈鹿被企鹅拒绝后回到了家，它躺在床上怎么也睡不着，慢慢地……它进入了梦乡，长颈鹿会做什么梦呢？让我们下节课再来看一看。

戏剧活动：长颈鹿的梦

活动目标

1. 通过肢体建构的形式，合作创编黑白俱乐部的游戏情节。

2. 能在旁白提示下即兴表演合作创编的情节。

3. 体验戏剧创编与表演的乐趣。

活动准备

材料准备：相关幻灯片。

活动过程

（一）暖身活动：走走走

游戏玩法： 跟随铃鼓声走动起来，当听见"大家一起玩游戏"时，就要定格造型，表现一种玩游戏时的小动物。

（组织要点：在此环节中，教师要关注幼儿肢体表现能力、想象力、倾听与控制能力。若游戏中发现幼儿有合作意识或富有创造力的表现，可在游戏过程中于环节小结进行评价。）

（二）主题活动

1. 回顾故事，引出情节创编的线索。

故事： 长颈鹿为了能够参加黑白俱乐部去询问了企鹅……到了晚上，长颈鹿做了一个梦。（结合表格，回忆内容。）

提问： 你觉得长颈鹿会梦见什么？

2. 肢体建构，合作创编黑白俱乐部的游戏情节。

（1）提出创编要求。

过渡： 长颈鹿梦见自己进入了黑白俱乐部，它会在里面玩些什么呢？请小朋友6人一组，先商量一种游戏，然后用你们的身体合作把游戏画面拼构出来。（小组合作建构。）

3. 分组展示，即兴表演创编的游戏情节。

（1）小组展示，集体交流创作意图。

（2）互动游戏，即兴表演创作情节。

（组织要点：观察幼儿的肢体表现，鼓励幼儿大胆表达自己的想法，通过创编企鹅开设的黑白俱乐部的各种游戏，让幼儿体验集体游戏的快乐。）

（三）结束活动

结语：就在这时，长颈鹿突然惊醒，发现一切都只是一场梦，它感到非常失落和伤心，它一定要梦想成真，那它会想哪些办法去参加黑白俱乐部呢？

戏剧活动：不放弃的长颈鹿

活动目标

1.在交流讨论的过程中，想象长颈鹿加入黑白俱乐部的办法。

2.在游戏互动中，即兴表演长颈鹿溜进黑白俱乐部后门的情景。

3.体验在戏剧活动中合作游戏的乐趣。

活动准备

材料准备：长颈鹿头饰。

环境准备：U形座位。

活动过程

（一）暖身活动：给我一个……

游戏玩法：幼儿听教师指令模仿森林动物，通过动作与表情表现不同情绪的动物。当听到"给我一个……"的指令时就要做出相应动作。

（组织要点：通过肢体动作的模仿，以及夸张的表情表现不同情绪的动物，激发幼儿的创造性思维，鼓励其大胆表现与表达。）

（二）主题活动

1.回归绘本内容，引出情节线索。

提问：长颈鹿虽然被企鹅拒绝了，可是它真的非常想参加黑白俱乐部，它会想什么办法呢？

2.交流讨论，想象长颈鹿加入黑白俱乐部的办法。

3. 游戏互动，即兴表演长颈鹿溜进黑白俱乐部后门的场景。

（1）仔细观察画面，表述画面内容。

提问： 长颈鹿想了什么办法？你从哪里看出来的？

（2）角色分配，共同游戏。

① 游戏要求：教师扮演看门的小老鼠背对长颈鹿，幼儿扮演长颈鹿慢慢靠近小老鼠，当小老鼠回头时，长颈鹿要保持不动，不被小老鼠发现。

② 分配角色，集体游戏。

③ 交流评价，梳理游戏经验。

（组织要点：本环节可进行多次游戏，第一次游戏帮助幼儿了解游戏规则，第二次游戏关注幼儿身体控制能力，第三次游戏关注幼儿创造性表现。）

（三）结束活动

结语： 想从后门溜进去的长颈鹿成功了吗？它又会想些什么办法呢？我们下节课再继续。

韵律活动：刷颜料

活动目标

1. 能跟随音乐较合拍地表现长颈鹿刷颜料的情景，并尝试创编动作。

2. 体验与同伴合作表演的乐趣。

活动准备

材料准备：音乐 *A ram sam sam*、图谱。

活动过程

（一）故事导入，想象故事内容

导语： 长颈鹿想走后门偷偷溜进去，可是它失败了。这次，它决定把自己变成一只黑白色的长颈鹿。请大家听一首音乐，猜一猜、想一想长颈鹿会怎么做？

小结： 原来长颈鹿想用刷颜料的方法把自己变成黑白色。

（组织要点：在本环节中，教师引导幼儿想象，通过讨论引出刷颜料的情节，为下面的活动做铺垫。）

（二）倾听音乐，创编长颈鹿刷颜料的动作

1. 创编刷颜料的动作，引出图谱。

（1）提问：长颈鹿会怎么刷颜料呢？谁来学一学？

提问： 除了××刷，还能怎么刷呢？（教师根据幼儿的回答出示图谱。）

小结： 长颈鹿用上下刷、左右刷、快速刷、交叉刷的方法帮自己刷颜料。

（2）师幼跟随音乐一起模仿长颈鹿刷颜料。

2. 讨论长颈鹿刷颜料的身体部位。

提问： 长颈鹿会用颜料刷自己身体的哪些部位呢？

提问： 那用刚才的什么方法给××（身体部位）刷比较好呢？为什么？（教师根据幼儿的回答出示图谱。）

小结： 长颈鹿会给自己的头、脖子、身体、腿等部位用不同的方法刷上黑白颜料。

3. 结合图谱，跟随音乐完整表演。

（组织要点：本环节中，教师应通过提问的方式引导幼儿积极想象和创编，同时可以通过游戏、合作的方式激发幼儿表演的积极性。）

（三）合作表演长颈鹿刷颜料的动作

1. 幼儿两两合作，轮流为对方刷颜料。

2. 交流评价，提升合作表演经验。

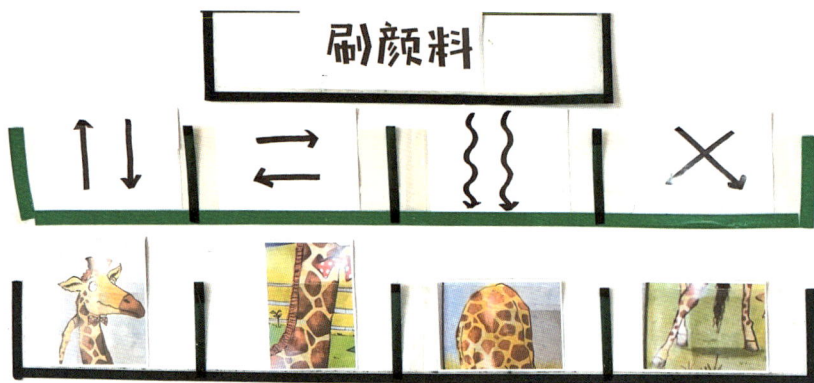

图谱

戏剧活动：新俱乐部的畅想

活动目标

1. 在回忆故事的环节中，理解长颈鹿想要自己开俱乐部的原因。

2. 能积极大胆地表达自己的观点与想法，并能与同伴用肢体合作建构高矮俱乐部中的场景。

3. 在交流讨论、游戏互动中，理解包容与接纳的意义。

活动准备

材料准备：相关幻灯片、长颈鹿和企鹅的头饰。

活动过程

（一）暖身活动：走走停停

1. 单人模仿动物造型。

2. 尝试合作建构动物游戏场景。

（组织要点：以暖身游戏"走走停停"导入活动，激发幼儿的活动兴趣。通过对动物造型的模仿，提升幼儿肢体表现能力与创造力，为后面合作建构俱乐部的场景做好经验铺垫。）

（二）主题活动

1. 故事导入，回忆故事的发展。

故事：长颈鹿想了很多办法去企鹅的黑白俱乐部，但是都没有成功。于是，它决定自己开一个俱乐部。

2. 互动交流，讨论"长颈鹿可以开一个什么俱乐部"。

提问1：你们觉得它可以开什么俱乐部？说说理由。

提问2：长颈鹿最终决定开一个高矮俱乐部，你们知道长颈鹿为什么要开高矮俱乐部吗？

小结：原来不管是什么动物，只要有比较，就会有高矮。所以，所有的小动物都可以参加高矮俱乐部。

（组织要点：此环节的重点是引导幼儿想一想"开什么俱乐部才能包容与接纳更多的小动物呢"。）

3. 小组合作建构，搭建新"俱乐部"的场景。

提问：长颈鹿的高矮俱乐部里可能会有什么呢？小动物们又会做什么呢？

小朋友们5人一组，合作用身体搭建一个俱乐部里的场景。

教师进入空间，让每个场景"活"起来。

（组织要点：在该环节中，孩子们不仅愿意贡献自己的想法，同时也能倾听与接纳同伴的想法，其想象力、创造力、同伴协商与合作等能力均得到提升。）

（三）结束活动

结语：长颈鹿的高矮俱乐部马上就要开张啦！那它们还需要做些什么准备才能让这个俱乐部看上去更好玩、更丰富呢？我们下次再来聊一聊。

数学活动：高矮俱乐部

活动目标

1. 感知物体的高矮，能把5个物体从高到矮或从矮到高有序排列。
2. 能积极主动参与活动，感受排序活动带来的乐趣。

活动准备

材料准备：相关幻灯片，小动物等图片。

活动过程

（一）游戏导入，激发兴趣

导入：今天我们来玩一个比高矮的游戏，他们谁高谁矮？你们能给他们排排队吗？（教师邀请4名幼儿参与游戏。）

（组织要点：通过排队游戏，激发幼儿活动的兴趣。）

（二）主题活动

1. 回归绘本内容，引出情节线索。

过渡：长颈鹿在梦幻公园里开了一家高矮俱乐部，它们也玩起了比高矮的游戏。让我们一起来看看，都有哪些小动物，看看谁来了？

2. 感知5个物体间的高矮。

提问1: 为什么这样排？你们是怎么比较的？

小结: 从矮到高排，先排最矮的臭鼬，企鹅比臭鼬高，所以再排企鹅，从矮到高排它们的身高一个比一个高。

提问2: 还可以怎么排呢？你是怎么比较的？

小结: 从高到矮排，把最高的动物排第一个，在剩下的动物中，斑马最高，所以再排斑马，从高到矮排它们的身高一个比一个矮。

（组织要点：幼儿通过对5个高矮不同的物体进行排序，感知高矮排序的方法，并在过程中理解高矮排序的双重性及连续性。）

3. 幼儿操作。

（1）明确操作要求：将5个小动物按照身高进行排序。

（2）幼儿自主操作，教师巡视指导。

4. 评价交流。

提问: 你是怎么排的？可以怎么比较？

（组织要点：通过游戏引导幼儿熟悉游戏操作规则，提升幼儿高矮排序的能力。）

（三）活动延伸

提问: 谁又来了？现在一共有几只小动物？你还能帮它们按高矮排一排队吗？

戏剧活动：高矮俱乐部开始了

活动目标

1. 通过即兴扮演创编高矮俱乐部的游戏情节，体会朋友越多越快乐的道理。

2. 在探讨"是否应该原谅企鹅"的话题中理解包容与接纳的意义。

活动准备

材料准备：长颈鹿及其他小动物的头饰。

活动过程

（一）暖身活动：动物大游行

游戏玩法： 幼儿听教师指令快走或慢走，找到朋友比一比剪刀石头布，输的小朋友需要排到后面，模仿前面的幼儿做相应的动作。

（组织要点：以暖身游戏导入活动，激发幼儿的创造性思维，鼓励其能够大胆表现与表达，为后面游戏做好经验铺垫。）

（二）主题活动

1. 通过 Whoosh 游戏回顾情节，引出情节线索。

旁白： 长颈鹿被企鹅拒绝后回到家，它躺在床上怎么也睡不着……于是，它决定自己开一个俱乐部，让更多的小动物们来参加。

2. 在即兴扮演中创编游戏情节，体验朋友越多越快乐。

过渡： 长颈鹿的高矮俱乐部开始了，你们想参加吗？那你想扮演什么动物呢？

（1）提供动物角色牌，幼儿自选角色。

（2）在即兴扮演中，生发"高矮俱乐部"中有趣的游戏。

教师入戏长颈鹿： 欢迎大家的参加，你们想玩什么游戏呢？（教师根据幼儿的回答组织即兴游戏。）

（组织要点：通过即兴游戏的方式，激发幼儿大胆想象的能力，体验朋友一起玩的快乐。）

3. 在探讨"是否应该原谅企鹅"的话题中理解包容与接纳的意义。

（1）猜想企鹅的心理。

提问： 正当长颈鹿和动物朋友们玩得开心的时候，企鹅在窗前偷偷地观望，它此时会想些什么呢？

（2）在探讨中理解包容与接纳的意义。

提问： 你觉得长颈鹿会原谅企鹅吗？为什么？

小结： 每个人都是不一样的，我们要学会尊重别人、接纳别人。

（组织要点：通过对"是否原谅企鹅"的话题进行探讨，鼓励幼儿大胆猜想，创编情节，最后让幼儿理解包容与接纳的意义。）

（三）结束活动

提问： 企鹅和长颈鹿在一起相处的过程中，又会发生什么有趣的故事呢？

二、区域游戏活动

创意制作坊

游戏目标

1.通过剪、贴、捏等多种艺术创作形式制作头饰、道具、门票、海报等。
2.体验创意制作的乐趣。

游戏材料

彩纸、硬纸板、纸盘、纸箱、彩色毛球、眼睛贴纸、小彩棒、无纺布、颜料、调色盘、彩色黏土等。

游戏过程

游戏一：可爱的长颈鹿头饰

用黏土制作长颈鹿身上的斑点

草帽长颈鹿制作完成

游戏二：服装设计师

制作平面的动物服装

用不同的材料装饰立体服装

游戏三：立体旋转海报

用多种材料装饰旋转海报

将场景装饰在立体海报上

游戏四：百变门票

贺卡式门票

邀请函式门票

剧本创编坊

游戏目标

1. 在听一听、讲一讲、画一画中理解故事内容，能用生动的语言说出画面内容，模仿角色对话。

2. 能够尝试创编简单的故事情节，猜测角色对话，并尝试记录创编内容。

游戏材料

素描纸、勾线笔、油画棒、手偶、小剧场背景、故事机。

游戏过程

游戏：故事转转乐

故事机展示

讲述故事

音乐创玩坊

游戏目标

1. 在熟悉歌曲的基础上，学习用身体和乐器表现歌曲节奏。
2. 喜欢参与打击乐活动，感受演奏的乐趣。

游戏材料

易拉罐、锅碗瓢盆、乐器、声音故事《黑白俱乐部》。

游戏过程

游戏：打击乐《刷颜料》

听音乐、看图谱进行身体律动

尝试用生活中的废旧材料演奏

戏剧表演坊

游戏目标

1.根据故事情节，尝试与同伴分角色合作表演。

2.愿意参与戏剧表演，体验合作表演的快乐。

游戏材料

服装、头饰、音乐、道具等。

游戏过程

游戏：黑白俱乐部

商量角色

分角色进行戏剧表演

三、剧场体验活动

剧目宣传

快来看我们班的戏剧哦

凭票进入班级观看演出

剧场布置

为小观众准备小椅子

一起布置表演舞台

表演观演

小演员们在专注地表演

小观众们认真观看

主题实施小结

　　在戏剧《黑白俱乐部》的主题活动实施过程中，幼儿收获颇多。在戏剧集体活动中，幼儿通过即兴扮演，深入理解角色内心，探索解决问题的办法；在区域游戏中，幼儿能够尝试合作制订游戏计划并分工协作；在戏剧表演过程中，幼儿能注重剧场礼仪，大胆展示。通过这一系列的戏剧活动，幼儿的艺术创作能力、语言表达能力等都得到了提升，学会了与同伴交往的方式方法，以及懂得包容、接纳他人的道理。在主题课程开发和实践过程中，教师通过理论知识学习、观摩研讨，在主题价值剖析、戏剧课程开发与实施、区域游戏创设与组织等方面能力都得到了提升。

（本主题活动由张渝、郑丹、甘雪芬、张小婷、周琪提供）

中班戏剧主题《猫头鹰喔喔呼！》

参考绘本：米克·曼宁.猫头鹰喔喔呼 [M]. 北京：外语教学与研究出版社，2017.

主题分析与架构

一、主题来源与核心价值

本主题来源于绘本《猫头鹰喔喔呼！》，该绘本讲述了一只误入母鸡窝的猫头鹰想要留在温暖的鸡窝，它尝试按母鸡们的要求学习如何做一只小公鸡，但百般努力后依然因鸣叫的"口音"而被歧视与排挤。最后，猫头鹰展示了自己的捕鼠本领，得到了大家的认可与肯定。通过本次主题活动的开展，鼓励幼儿在角色扮演的过程中尝试去解决问题，感受猫头鹰遇到困难而努力克服的优秀品质及愿意展现自我优点和长处的自信心，从而使幼儿产生自我认同感。

二、幼儿基础分析

部分中班幼儿在集体面前不够自信大胆，对于自己有哪些优点与长处了解不足。当与同伴交往中遭遇"排挤"时，也很少会主动想办法去协商与解决问题。在认知方面，孩子们对猫头鹰的了解较为粗浅，仅知道其基本的外部特征和捕鼠这一本领，对其生活习性及其他本领知之甚少。为丰富幼儿的认知经验，更好地进行戏剧表达与创造，需对猫头鹰的习性与特征有更加深入的了解。

三、主题目标

1.通过戏剧主题活动，感受猫头鹰遇到困难而努力克服的优秀品质及愿意展现自己优点和长处的自信大胆，从而产生自我认同感。

2.通过即兴扮演、场景建构等方式，创编猫头鹰误入鸡窝、学做小公鸡、勇抓小老鼠等情节与对话，并能用较为丰富的语言、表情及动作进行大胆演绎与表达。

3.能根据表演需要，大胆尝试运用纸盘、羽毛、冰棍棒等各类材料设计与制作故事场景、猫头鹰和母鸡等角色的头饰与服装，并关注作品的实用性与美观性。

4.在戏剧游戏过程中，能与同伴协商制订游戏计划、明确游戏分工，自主分配角色尝试合作表演，体验戏剧活动带来的快乐。

5.能在老师的协助下，小组合作完成剧目宣传、剧场布置、观演表演等剧场体验活动，并且遇到问题时能想办法去解决或主动寻求老师的帮助。

四、分幕线索构架与价值分析

分幕	核心价值	戏剧冲突
第一幕 误入鸡窝	理解饥寒交迫的猫头鹰迫切想要寻找一个温暖小窝的心情	猫头鹰未经允许闯入了母鸡窝
第二幕 学做公鸡	知道当被他人"排挤"时，要努力争取机会，想办法去克服困难	母鸡们想要的是一只小公鸡，而不是猫头鹰
第三幕 勇抓老鼠	懂得每个人都是有自己优点与长处的，并愿意自信大胆地进行展示	猫头鹰展示了捕鼠特长，得到了母鸡们的认可
第四幕 快乐农庄	懂得接纳、包容与自己不同的人会收获更多的快乐	

五、戏剧主题课程实施网络图

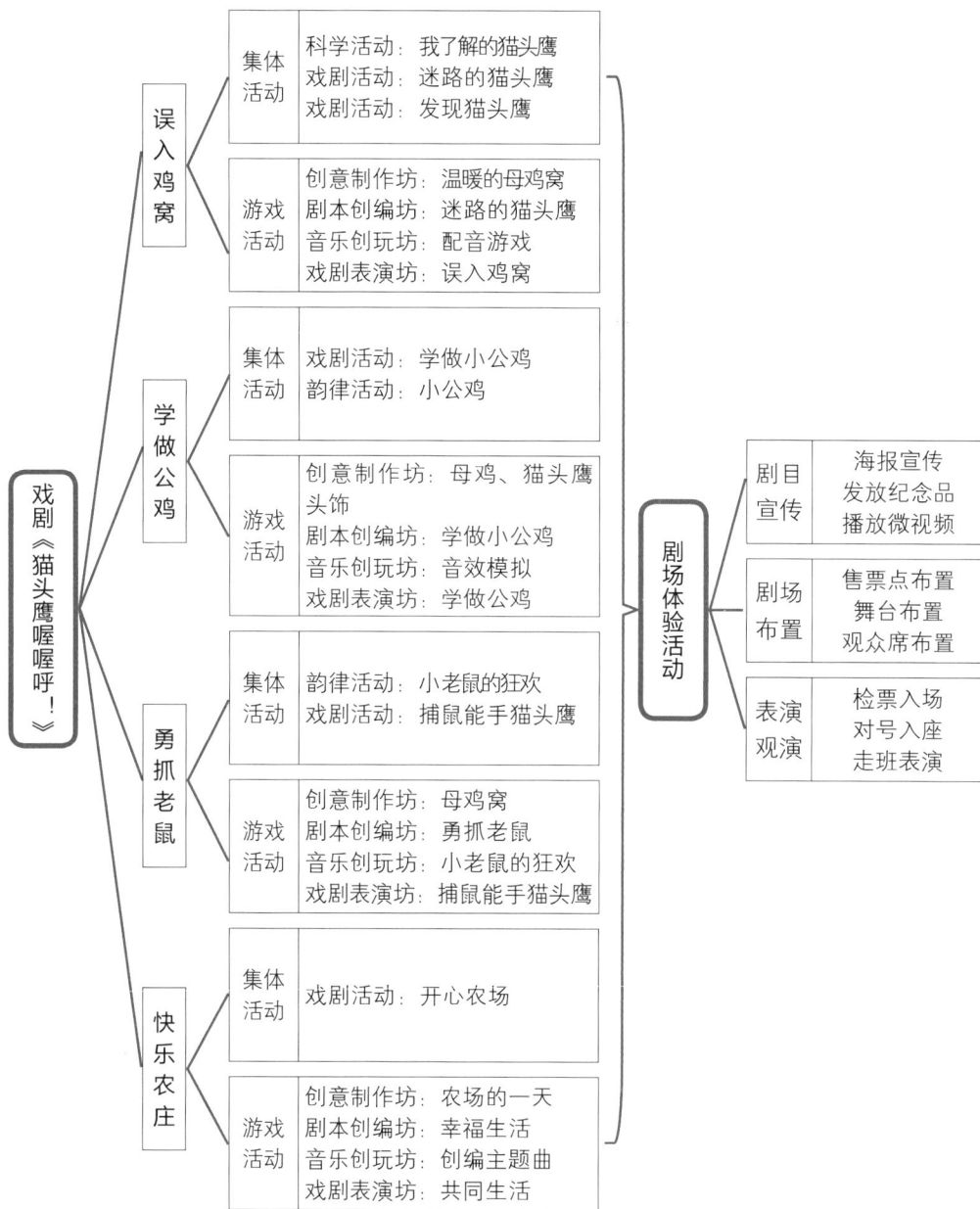

戏剧《猫头鹰喔喔呼！》

误入鸡窝

集体活动
科学活动：我了解的猫头鹰
戏剧活动：迷路的猫头鹰
戏剧活动：发现猫头鹰

游戏活动
创意制作坊：温暖的母鸡窝
剧本创编坊：迷路的猫头鹰
音乐创玩坊：配音游戏
戏剧表演坊：误入鸡窝

学做公鸡

集体活动
戏剧活动：学做小公鸡
韵律活动：小公鸡

游戏活动
创意制作坊：母鸡、猫头鹰头饰
剧本创编坊：学做小公鸡
音乐创玩坊：音效模拟
戏剧表演坊：学做公鸡

勇抓老鼠

集体活动
韵律活动：小老鼠的狂欢
戏剧活动：捕鼠能手猫头鹰

游戏活动
创意制作坊：母鸡窝
剧本创编坊：勇抓老鼠
音乐创玩坊：小老鼠的狂欢
戏剧表演坊：捕鼠能手猫头鹰

快乐农庄

集体活动
戏剧活动：开心农场

游戏活动
创意制作坊：农场的一天
剧本创编坊：幸福生活
音乐创玩坊：创编主题曲
戏剧表演坊：共同生活

剧场体验活动

剧目宣传
海报宣传
发放纪念品
播放微视频

剧场布置
售票点布置
舞台布置
观众席布置

表演观演
检票入场
对号入座
走班表演

六、戏剧主题资源利用与环境创设

1. 资源盘点

资源类型	资源内容	资源利用的可能性
绘本资源	《晚安猫头鹰》	该绘本讲述了一只猫头鹰被许多昼行动物吵得无法入睡的故事，作者用对比的方法呈现了昼行动物与夜行猫头鹰的不同生活方式。书中各种动物产生的拟声词可迁移运用到戏剧活动中，开发设计音效模拟游戏
	《猫头鹰一家》	该绘本讲述了一只猫头鹰从一枚蛋成长为独当一面的成鸟，并离巢开始了自己的生活。书中许多画面可以迁移到科学认知活动中，以此丰富幼儿的认知经验
	《一只特立独行的鸡》	该绘本中公鸡克莱德和本主题中的猫头鹰很相似，它们都能为了得到大家的认可而去百般努力，最终意识到每个人都有自己的优点与长处，并为此而感到骄傲。该绘本可投放于"剧本创编坊"的区域游戏中，丰富幼儿戏剧创作的经验，加深对主题核心的理解
视频资源	关于猫头鹰的科普视频	通过视频欣赏了解猫头鹰的外形特征及生活习性，丰富幼儿对猫头鹰的科学认知

2. 环境创设

（1）材料投放：一是提供与本主题相关的角色手偶、皮影等材料，帮助幼儿熟悉和讲述故事情节；二是提供各大工作坊的区域游戏材料库，根据幼儿的创作需要增减材料，激发幼儿的艺术表现与创造能力。

（2）环境准备：创设与《猫头鹰喔喔呼！》相关的主题环境、区域环境、主题墙，使环境能与幼儿产生互动。

戏剧主题环境

七、戏剧主题集体活动

分幕	活动内容	预设活动意图
第一幕 误入鸡窝	科学活动：我了解的猫头鹰	通过观看视频、游戏体验等方式，了解猫头鹰的外形特征及生活习性
	戏剧活动：迷路的猫头鹰	通过旁述默剧，即兴表演猫头鹰森林飞行、对抗风雨、泥泞路上行走等不同情景
	戏剧活动：发现猫头鹰	通过照镜子、即兴扮演等方式创编与表现母鸡发现猫头鹰后的情节与对话，理解猫头鹰被母鸡拒绝后失落、不舍的心情
第二幕 学做公鸡	戏剧活动：学做小公鸡	在游戏体验与即兴扮演的过程中，表现猫头鹰学习正步走、看守鸡窝、炸毛的故事情节，生发角色对话
	韵律活动：小公鸡	以韵律的方式呈现猫头鹰学习小公鸡啄食、刨土、正步走及炸毛等本领的过程，创编相应动作，并能随乐表演，体验韵律活动中创造表达表现的乐趣
第三幕 勇抓老鼠	韵律活动：小老鼠的狂欢	借助绘本中老鼠进入鸡窝的画面，开发设计韵律活动，模仿、创编小老鼠走路、运鸡蛋等动作，并鼓励幼儿随乐进行表演
	戏剧活动：捕鼠能手猫头鹰	了解猫头鹰的情绪变化和想要离开鸡窝的原因，并通过音乐联想、即兴扮演等方式创编猫头鹰抓老鼠的情节，进一步理解每个人都有自己的优点与长处
第四幕 快乐农庄	戏剧活动：开心农场	通过场景建构、流动剧场等方式即兴表演猫头鹰与母鸡们幸福生活的情节，体验不同的伙伴生活在一起的快乐

八、主题区域游戏创设表

区域名称	游戏名称	游戏目标	投放材料	观察与指导要点
剧本创编坊	语音故事小火车	1.能根据画面内容大致说出故事情节，并尝试根据情节线索，想象、续编故事内容 2.尝试用绘画的方式记录创编的故事内容，并愿意在同伴面前大胆讲述	自制故事小火车、可替换故事图片、笔、录音笔、录音贴纸	关注幼儿讲述时的逻辑性及词语的丰富性，必要时可提供图示语言支架，鼓励幼儿有序、丰富地讲述
	快乐的农场	1.能结合场景、道具、手偶等游戏材料，讲述故事内容 2.在故事讲述的过程中，能借助动作、姿势、表情辅助表达	自制农场场景、小型角色模型、手偶、指偶等	观察幼儿与材料的互动情况，以及幼儿讲述过程中是否有生发的情节与对话

区域名称	游戏名称	游戏目标	投放材料	观察与指导要点
创意制作坊	趣味农庄	1. 尝试为戏剧表演自制各种场景道具 2. 能结合生活场景进行大胆创想，用自己的方式进行独特的艺术表现	各种废旧纸盒、颜料、笔、纸杯、纸盘、KT板、辅助性装饰材料等	观察并指导幼儿围绕表演需要使用不同的工具和材料制作相应的道具
	七彩翅膀	1. 能用线条、图形、色彩等表现物体的基本结构和主要特征 2. 尝试用不同颜色的材料制作猫头鹰翅膀	彩纸、无纺布、工具、辅助性装饰材料	指导幼儿尝试用不同的材料进行创意制作
	创意门票	1. 尝试根据故事情节创意制作戏剧门票 2. 能运用材料大胆设计并创作不同造型的门票	彩纸、低结构材料、勾线笔、画纸	关注幼儿在创作过程中是否善于思考，能大胆探索一种材料的多种用法，并尝试用不同的方式制作门票
音乐创玩坊	音效探索	1. 选取合适的乐器、物件等制造相应的音效 2. 结合不同暴风雨指数，表现出音量的由弱到强，节奏的由慢到快 3. 体验与同伴共同制造音效的乐趣	1. 自制乐器、常见乐器 2. 由弱到强、由慢到快的音效图示卡	观察幼儿能否用身体动作或借助物品敲打出节拍和简单的节奏，制造相应的音效
	学做小公鸡	能创编猫头鹰学做小公鸡的动作，并随乐合作表演	纸、笔、音乐	观察幼儿是否能根据已知故事情节创编相应的动作，并能结合音乐进行表演
戏剧表演坊	猫头鹰剧场	在戏剧表演中，结合猫头鹰、芦花鸡、母鸡的角色表情、动作进行合作表演	KT板、硬纸板、装饰舞台的材料、服装、道具、头饰、音乐	观察幼儿在表演时能否运用丰富的表情和动作，引导幼儿能结合情境用适合的语气进行表达表现

主题活动展开

一、集体活动

科学活动：我了解的猫头鹰

活动目标

1.通过观看视频、模仿表演等方式，了解猫头鹰的外形特征及生活习性。

2.体验科学活动的探究乐趣。

活动准备

材料准备：猫头鹰头饰、视频、相关幻灯片。

活动过程

（一）音频导入，激发兴趣

播放猫头鹰叫声音频。

提问：猜一猜这是哪种小动物的叫声?

（二）观看视频，了解猫头鹰的外形特征

1.集体交流，唤醒经验。

提问：你见过猫头鹰吗? 它是什么样子的? 又有哪些本领呢?

2.观看视频，细致观察猫头鹰的外部特征。

提问：视频中，你有新的发现吗？

（1）关于猫头鹰的眼睛、脖子和嘴巴特征。

提问：猫头鹰眼睛有什么特点？猫头鹰的眼睛不能转动，它又是怎样看到猎物的呢？

小结：猫头鹰眼睛在正前方，无法转动，所以只能通过转动头部来转移视线。黑夜中它的视力很好，脖子灵活，可以转动很大的角度；嘴巴又短又粗，像钩子一样。

（2）关于猫头鹰的耳朵特征。

提问：猫头鹰有耳朵吗？它的耳朵在哪里？

小结：猫头鹰头上翘起来的是羽簇，不是它的耳朵，它的耳朵在头的两侧，藏在羽毛下面。猫头鹰的耳朵能帮助它们在黑暗中准确定位声音的来源。

（3）关于猫头鹰的身体特征（如羽毛、翅膀）。

① 互动提问

提问：猫头鹰的羽毛有什么特点？

小结：猫头鹰的羽毛非常柔软，飞行时非常安静，捕捉动物时很难被发现。

② 集体模仿

提问：谁来学一学猫头鹰飞翔的样子呢？（教师引导幼儿进行多姿态飞行，如：旋转飞、快速飞、慢速飞等。）

（4）关于猫头鹰的腿和爪子特征。

① 互动提问

提问：猫头鹰有腿吗？它的爪子是怎么样的？

小结：猫头鹰的腿很长，占身体的一半；它的爪子很锋利，像弯钩一样。

② 集体模仿

提问：谁来学一学猫头鹰是怎么奔跑的？你能帮它取个好听的名字吗？（教师引导幼儿模仿猫头鹰奔跑姿势，如抬腿跑、摇摆跑、飞奔跑等。）

（组织要点：在视频欣赏后，教师可结合图片帮助幼儿再次梳理猫头鹰的局部特征，并鼓励幼儿结合肢体扮演，加深对猫头鹰的外形特征与本领的理解。）

（三）交流讨论，了解猫头鹰的生活习性

1. 了解猫头鹰的本领。

提问 1：猫头鹰有什么本领呢？

小结：猫头鹰会捕食老鼠、昆虫、鱼等动物。

提问 2：为什么猫头鹰捕食能力这么强？

小结：因为它有敏锐的视觉和听觉，飞翔起来没有声音，不易被察觉。

2. 了解猫头鹰的生活环境。

提问：猫头鹰生活在哪里？它们一般在什么时候活动？所有的猫头鹰都是夜行动

物吗？

小结： 猫头鹰大多生活在树上，也有的生活在石头缝里或草地上。世界上有200多种猫头鹰，它们绝大多数是白天睡觉晚上活动，有的在黄昏捕猎，有的是在深夜，甚至有的猫头鹰白天晚上都活动。

（组织要点：在此环节中，教师要拓展幼儿的科学认知，让幼儿了解猫头鹰是有很多种类的，它们的生活环境各不相同。）

戏剧活动：迷路的猫头鹰

活动目标

1.通过旁述默剧，即兴表演猫头鹰在森林飞行、对抗风雨、泥泞路上行走等不同情境下的状态。

2.能愉快地与同伴合作互动，体验即兴表演的乐趣。

活动准备

材料准备：音频、相关幻灯片、老鼠叫声模拟器。

活动过程

（一）暖身活动：故事配音

故事： 在一片美丽的大森林里住着许许多多的小动物，青蛙在荷叶上快乐地叫着、一群小鸟快乐地唱着歌、一只啄木鸟忙着给大树爷爷捉虫、一群蜜蜂忙着采蜜……

（组织要点：在游戏过程中，教师要根据幼儿的反应调整故事节奏，当幼儿对故事内容没有反应时，教师可以给予提示，如："啄木鸟捉虫可能会发出什么声音呢？你的身体可以发出这种声音吗？"从而唤醒幼儿已有经验。同时，也要关注幼儿模仿声音的不同方式，作为分享交流的资源。）

（二）主题活动

1.通过Whoosh游戏，即兴表演不同动物的生活习性。

故事： 在一片茂盛的森林里，长着许多不同造型、高高矮矮的树，遍地开满了各种各样的鲜花，一只猫头鹰飞来了，它抓了一晚上的老鼠，现在又累又困，想要舒舒服服地睡一觉。这时，一群蜜蜂飞来了……

2. 分享交流，梳理提炼游戏经验。

（1）回忆故事并提问互动，巩固幼儿对猫头鹰生活习性的认知。

提问： 刚才故事里发生了什么？

小结： 原来猫头鹰是夜行动物，它夜里抓老鼠，白天睡大觉。而小马、鸭子都是昼行动物，它们白天很活跃，所以会吵到猫头鹰睡觉。

（2）抓取资源分享交流，提升肢体表达与声音模仿能力。

提问： 刚才你是怎么模仿××动物的？

小结： 原来，我们可以在游戏中加一些有趣的情节和适合的声效，这样游戏就更丰富有趣了。

（组织要点：在该环节中，教师要根据幼儿的游戏水平去调整故事旁白，如果幼儿动作较为单一时，教师可以通过语言提示丰富、细化角色动作，让幼儿明确模仿任务。如果该幼儿能力较强，教师只需给简单的旁白提示，至于该角色做什么、说什么都可以留给孩子进行即兴表演。）

3. 在走停游戏中，模仿猫头鹰飞行、捕猎、行走的动作姿态。

故事： 天黑了，猫头鹰四处飞翔寻找猎物，猫头鹰飞得又轻又快，咦？好像有什么动静（教师发出吱吱吱的声音），猫头鹰猛扑过去（幼儿做出捕猎的定格造型）。猫头鹰继续飞呀飞……突然，刮起了风（播放"风"的音效），猫头鹰被风吹得东倒西歪。不一会儿又下起了雨（播放"雨"的音效），原来猫头鹰的羽毛是不防水的，它的羽毛被大雨淋湿了，翅膀变得越来越重、飞得越来越慢……

（组织要点：在此环节中，教师不仅要关注幼儿是否能够专注地倾听指令，还要关注幼儿模仿的飞行动作是否能体现猫头鹰又轻又快的特点。同时，教师还要重点关注幼儿模仿抓老鼠的定格动作，及时抓取幼儿间的动作差异进行游戏后的分享交流。）

4. 在迷路的情境中，集体模仿猫头鹰走路和滑倒的动作姿态。

（播放音乐 Redemption）猫头鹰的翅膀被淋湿了，已经飞不动了，猫头鹰在雨中慢慢地走着，它被冻得瑟瑟发抖，想要寻找一个温暖又舒服的地方躲雨。猫头鹰艰难地走在泥地里，双腿深深地陷在其中，腿上沾满了泥巴，它感觉双腿越来越沉、越来越沉，一不小心，猫头鹰滑倒了……

（组织要点：在该环节中，教师要关注幼儿个性化的肢体表现和情绪情感的体验。孩子们可能会在滑倒的时候大笑，教师要让节奏慢下来，给孩子冷静的时间，在情境和音乐的渲染中，慢慢地去感受猫头鹰迷路时的心情和对温暖又舒服的家的渴望，从而为后面猫头鹰不肯离开鸡窝的情感做铺垫。）

（三）结束活动
幼儿围坐一起，谈一谈这样一只迷路的猫头鹰此时会在想什么？

戏剧活动：发现猫头鹰

活动目标
1.通过观察画面、想象创编、即兴表演等方式表现母鸡发现猫头鹰后的情节与对话。
2.在角色扮演的过程中，理解猫头鹰被母鸡拒绝后失落不舍的心情。
3.乐于参与戏剧活动并能大胆表现自己的观点。

活动准备
材料准备：铃鼓，猫头鹰、母鸡头饰，相关幻灯片。

活动过程

（一）暖身活动：走走走
游戏玩法： 教师发出指令，幼儿做出相应动作。

指令： 走走走，变成一只害怕的猫头鹰；走走走，变成一只被雨淋后瑟瑟发抖的猫头鹰；走走走，变成一只躲雨的猫头鹰；走走走，变成一只悲伤的猫头鹰；走走走，变成一只开心的猫头鹰……

（组织要点：本环节鼓励幼儿发挥想象，通过夸张的表情动作展现不同场景下不同情绪的猫头鹰，从而激发幼儿的活动兴趣。）

（二）主题活动
1.回忆故事开端，引出情节线索。

过渡： 上次我们说到猫头鹰迷路了，它钻进了一个鸡窝，后面会发生什么呢？（出示绘本图片。）第二天一早，猫头鹰感觉一阵啄啊挤啊，就醒了。它听到咯咯咯的尖叫声……

提问： 母鸡们发现猫头鹰时是怎样的表情呢？母鸡们在想什么？它们又会说些

什么?

（组织要点：本环节通过让幼儿回忆故事内容并仔细观察画面，大胆想象并表述画面内容，剖析母鸡发现猫头鹰后的心理表现。）

2.在"照镜子"的戏剧游戏中，模仿母鸡发现猫头鹰时的表情和动作。

（1）一对众：一人扮演母鸡，其他人扮演镜子，想象、模仿母鸡的表情、声音和动作。

（2）一对一：两两合作，一人扮演母鸡，一人当镜子。

（组织要点：在本环节中，教师要鼓励幼儿发挥想象，个性化地表现母鸡初见猫头鹰时的表情、动作及语言。在游戏过程中，教师要关注幼儿是否能细致观察同伴的动作并努力模仿。）

3.教师入戏，师幼探讨猫头鹰被"拒绝"了该怎么办？

执教教师扮演猫头鹰，助教扮演母鸡。

母鸡：你会像小公鸡一样啄食吗？

猫头鹰：不会!

母鸡：0分!

母鸡：你会像小公鸡一样刨土吗？

猫头鹰：不会!

母鸡：0分!

母鸡：你会像小公鸡一样喔喔叫吗？

猫头鹰：不会!

母鸡：0分!

猫头鹰：它们不欢迎我，它们想要的是一只小公鸡，而我不会啄食，不会刨土，也不会像公鸡一样喔喔叫，我到底该怎么办呢？谁能帮帮我？可是我好喜欢这个温暖舒适的鸡窝，好喜欢这个洒满春日阳光的小院，我真的不舍得离开，我该怎么办呢？（幼儿阐述观点，教师在情境中回应。）

（组织要点：通过教师入戏的方式，和孩子们一起参与"面对他人的拒绝应该怎么办"这个话题的探讨，此时不管幼儿是什么观点，教师都不能去做对与错的评判，而是要鼓励幼儿大胆表达自己的观点，任何一种观点都应该被理解与接纳。）

（三）结束活动

结合活动剪影，一起回顾今天的活动过程，谈一谈自己的感受。

戏剧活动：学做小公鸡

活动目标

1.在游戏体验与即兴扮演的过程中，表现猫头鹰学习正步走、看守鸡窝、炸毛的过程，生发猫头鹰与芦花鸡之间的对话。

2.在观察、交流与角色体验的过程中，感受芦花鸡对猫头鹰的关心与帮助，体验即兴扮演的乐趣。

活动准备

材料准备：相关幻灯片。

活动过程

（一）暖身活动：走走停停

游戏玩法：幼儿听教师指令模仿公鸡，通过动作与表情表现不同状态下的公鸡。如正在啄食的公鸡、正在散步的公鸡、正在刨土的公鸡、正在打鸣的公鸡……

（组织要点：教师鼓励幼儿发挥想象力，感受不同状态下公鸡的形象特征。）

（二）主题活动

1.通过观察讲述，感受芦花鸡对猫头鹰的包容与接纳。

（1）故事讲述，唤起经验。

过渡：还记得那只迷路的猫头鹰吗？它来到鸡窝后整晚都睡得特别舒服。可是它不会啄食、刨土、喔喔叫，被母鸡拒绝的猫头鹰很伤心、很难过，但是又很不舍。

教师出示画面，引导幼儿观察想象。

提问：正当猫头鹰伤心难过的时候，来了一只芦花鸡，芦花鸡长什么样？除了外形不一样，还有什么和母鸡不一样呢？

小结：芦花鸡不仅外形特别，它对待猫头鹰的态度也有所不同。在猫头鹰伤心、难过时，这只芦花鸡能够包容、接纳猫头鹰。

（组织要点：该环节要引导幼儿观察画面细节，从外形特征与表情动作去感受芦花鸡的"独一无二"。）

（2）通过"良心巷"游戏，扮演芦花鸡即兴表达对猫头鹰的关爱。

幼儿分别扮演芦花鸡，并站成两排形成一个"巷子"，教师扮演猫头鹰从"巷子"经过，当猫头鹰靠近芦花鸡时，芦花鸡即兴表达对猫头鹰的安慰与鼓励。

2. 在游戏体验中，想象创编芦花鸡帮助猫头鹰的情节。

（1）在集体扮演的过程中，模仿猫头鹰学习正步走的情景。

提问： 芦花鸡教猫头鹰做了什么？你们会正步走吗？可以教教我吗？

（2）在"照镜子"的游戏中，表现猫头鹰学炸毛的定格造型。

猫头鹰每天对着镜子学炸毛，请一人扮演猫头鹰，一人扮演镜子，我们一起玩一玩照镜子的游戏。

（3）在"123 木头人"的游戏中，创编猫头鹰看守鸡窝的情节。

一名幼儿扮演猫头鹰，其他幼儿扮演小老鼠，借助"123 木头人"的游戏情境，小老鼠慢慢靠近鸡窝，当猫头鹰回头时，小老鼠要保持不动，否则会被猫头鹰发现。

（组织要点：本环节通过三个不同的即兴游戏支持幼儿创编猫头鹰学习三个本领的情节。教师在组织的过程中，不仅要关注幼儿生发的情节与对话，还要关注幼儿的肢体表现、同伴合作、共情等能力的提升。）

（三）结束活动

回顾故事情节：在芦花鸡的帮助下，猫头鹰学会了三个本领。母鸡们又对它进行了考核，除了芦花鸡之外，别的母鸡都不满意，因为它不会像公鸡那样喔喔叫。有的母鸡说："小公鸡必须喔喔叫！"有的母鸡说："它只是个呼呼叫的大喇叭！"有的母鸡说它是泡泡眼，有的母鸡说它是四方蛋。那接下来又会发生什么事呢？

韵律活动：小公鸡

活动目标

1. 感知音乐节奏，能随音乐合拍地表现猫头鹰学做小公鸡的情节。

2. 尝试创编猫头鹰啄食、刨土、正步走及炸毛的动作。

3. 体验韵律活动中创造表达表现的乐趣。

活动准备

材料准备：音乐 *Percussion Pop*、图谱。

活动过程

（一）故事导入，激发幼儿学习兴趣

导语：猫头鹰为了变成小公鸡，正在努力地练习啄食、刨土、正步走和炸毛的本领，想成为一只小公鸡可不是一件容易的事，猫头鹰每天都在刻苦练习。可是啄食和刨土太难了，它怎么练都练不会，但猫头鹰在练习的过程中也不是一无所获，它学会了正步走和炸毛，并且还做得很好！

1.**提问：**故事中的猫头鹰做了哪些训练？哪些失败了？哪些成功了？

小结：猫头鹰练习了啄食、刨土、正步走和炸毛的本领，其中啄食、刨土失败了，正步走和炸毛成功了。

2.提炼动作。

幼儿分别学做猫头鹰成功（正步走、炸毛）和失败（啄食、刨土）的表情和动作。

（组织要点：帮助幼儿回顾戏剧故事经验，鼓励幼儿大胆用肢体动作表现猫头鹰学习本领的过程，为下面的活动做铺垫。）

（二）感知音乐节奏，创编猫头鹰学做小公鸡的动作

1.倾听音乐。

（1）教师示范：跟随音乐，扮演猫头鹰啄食、刨土、正步走和炸毛的练习过程，并在成功、失败的过程中加上语气词。

提问1：猫头鹰都做了哪些练习？每次猫头鹰做啄食动作时的速度都一样吗？

提问2：应该在哪段旋律加快动作？又该在哪段旋律放慢动作呢？

提问3：请仔细观察关于猫头鹰练习啄食、刨土、正步走、炸毛的图谱，你们发现有什么规律吗？

小结：猫头鹰每次在做练习的时候都是先做慢的动作，再做快的。即使失败了，它也会继续加油。

（2）幼儿尝试练习。

2.摘句创编动作。

（1）啄食。

提问：除了刚才的动作，我们啄食还可以做什么动作呢？一起来试一试！

小结：还可以上下、左右、前后、单手、双手啄一啄。

（2）刨土。

提问：还可以用什么动作来表示刨土呢？试试看。

小结：可以两手交叉刨，可以弯着腰刨，还可以用脚刨。

（3）正步走。

提问：还可以怎样正步走？翅膀又可以怎么摆呢？

小结：可以摆起手臂，将腿提高，还可以双手打直，走一走。

（4）炸毛。

提问：还可以用什么动作来表示炸毛呢？可以炸哪里的毛？

小结：可以用双手伸缩、五指张开表示炸毛，还可以炸头上的毛、屁股上的毛。

3. 完整练习。

（组织要点：引导幼儿倾听音乐节奏，自主创编个性化动作，并能跟随音乐节奏表现不一样的动作。）

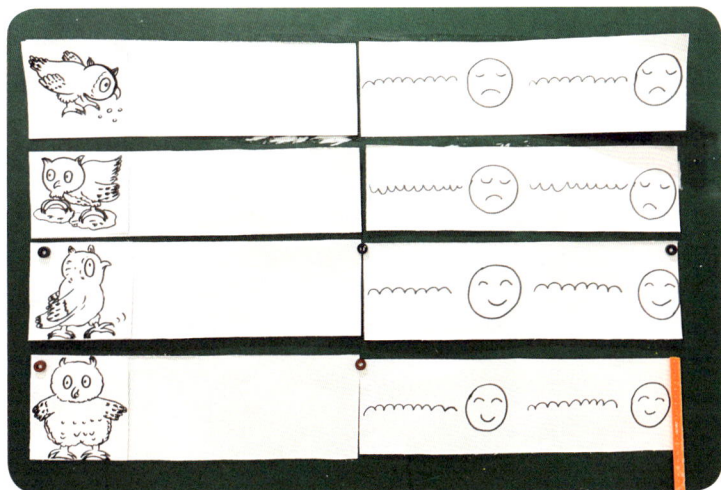

"小公鸡"图谱

韵律活动：小老鼠的狂欢

活动目标

1. 感受音乐"ABA"的曲式结构，理解音乐，用动作表现老鼠进农场偷鸡蛋的情节。

2. 能根据音乐的节奏合理创编老鼠偷鸡蛋的动作及猫头鹰出现后伪装自己的动作。

3. 体验韵律活动中创编动作、情节表演带来的乐趣。

活动准备

材料准备：音乐《打喷嚏的小老鼠》、图谱。

活动过程

（一）故事导入，了解基本故事情节

故事：农场里有一群小老鼠准备去鸡窝偷鸡蛋，它们边走边看，左看看，右看看，生怕被发现。这时，它们看到了一大堆鸡蛋，小老鼠们一起把鸡蛋运回了家，在回去的路上它们依旧是左看看，右看看，非常小心。

提炼动作。

幼儿分别做偷看、搬鸡蛋的动作及表情。

提问1：小老鼠会怎么走，怎么看呢？

提问2：小老鼠发现了鸡蛋又会怎么搬呢？

小结：可以用双手抱着鸡蛋搬回家，也可以两个人合作搬鸡蛋。

（组织要点：引发幼儿猜想老鼠在农场里会做些什么，重点关注并提炼幼儿的肢体表现动作。）

（二）感知音乐节奏，创编小老鼠偷鸡蛋的动作

1. 倾听"ABA"曲式结构音乐中的A段。

教师随乐表演，引导幼儿观察小老鼠偷鸡蛋的动作。

提问：刚才小老鼠是怎么偷鸡蛋的，先做了什么？后做了什么？

小结：它先偷偷地走进了农场，还边走边看，搬起了鸡蛋，最后又边走边看悄悄地离开了。

2. 再次倾听A段音乐，充分感知音乐节奏。

提问：小老鼠每次走了几步，搬了几次鸡蛋？

3. 初次尝试跟着音乐做动作。

4. 集体跟随音乐，表现小老鼠偷鸡蛋的情节。

（组织要点：引导幼儿倾听音乐，自主创编个性化动作，并能跟随音乐节奏做动作。重点关注幼儿表现搬鸡蛋的不同动作。）

小结：小老鼠费了好大的劲儿搬走了好多好多的鸡蛋。

（三）倾听音乐，创编猫头鹰与老鼠之间的互动动作

（1）创编猫头鹰出现时老鼠伪装自己的动作。

提问1：听！这是什么声音？（猫头鹰的叫声）

提问2：猫头鹰来了，可千万不能被它发现啊！我们该怎么办？

（2）跟随音乐练习，巩固音乐节奏与动作。

（3）加入猫头鹰角色，增强游戏趣味性。

游戏规则：幼儿在音乐中听到猫头鹰的叫声快速找到老鼠洞（椅子），没有找到老鼠洞的小老鼠代表被猫头鹰抓走了。

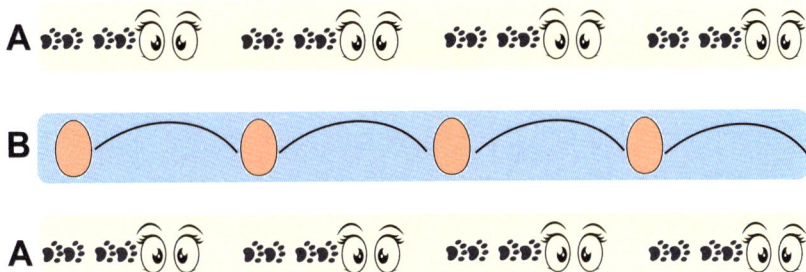

"小老鼠的狂欢"图谱

戏剧活动：捕鼠能手猫头鹰

活动目标

1. 在 Whoosh 的游戏中回顾故事开端，了解猫头鹰的情绪变化和想要离开鸡窝的原因。

2. 通过音乐联想、即兴扮演等方式创编猫头鹰抓老鼠的情节。

3. 初步理解每个人都是有自己优点与长处的道理。

活动准备

材料准备：相关幻灯片、母鸡模型、音乐。

活动过程

（一）暖身活动：颠倒世界

游戏要求：幼儿听教师指令做相反的指令动作。（分别是：站立、蹲下、向前走、向后走、安静、吵闹、走、停等指令。）

（组织要点：关注幼儿的倾听能力和反应能力，在"走停指令"的游戏过程中，可根据幼儿游戏情况调整指令切换的频率。）

（二）主题活动

1.在 Whoosh 游戏中回顾故事开端。

故事： 在一个风雨交加的夜晚，一只猫头鹰在森林里迷路了，它又冷又饿，误闯到一个农场的鸡窝里，鸡窝里有几只母鸡正在睡觉，猫头鹰挤进了母鸡中间美美地睡了一觉。

第二天一早，母鸡们纷纷醒来，发现鸡窝里多了一只猫头鹰，非常惊讶，母鸡说……猫头鹰说……母鸡又说……听了母鸡的话，猫头鹰心里非常难过，这时走来了一只芦花鸡，安慰猫头鹰道……

芦花鸡带着猫头鹰来到一片空地上学本领，首先学习正步走，芦花鸡说……然后它们又开始学炸毛，芦花鸡说……

接下来猫头鹰要学看守鸡窝的本领，猫头鹰站在鸡窝的门口，母鸡们假装偷偷溜进鸡窝，可是都被猫头鹰发现了。

过渡： 就这样猫头鹰学会了正步走、炸毛和看守鸡窝，可是它永远都学不会喔喔叫，母鸡们还是很不满意。现在的猫头鹰会是什么心情？

（组织要点：关注幼儿是否能够根据教师的语言进行情节再现，当幼儿表现单一时，教师加入 ×× 说，做语言提示。）

2.在观察画面过程中，理解猫头鹰多次被母鸡拒绝的情绪情感。

提问： 现在猫头鹰心里会怎么想？你是从哪里看出来的？

过渡： 猫头鹰被气坏了，它已经饿得肚子咕咕叫，实在受不了这些母鸡了。

3.在"角色圈"的游戏中，即兴扮演猫头鹰大胆向"母鸡"表达内心的想法。

（1）通过"角色圈"游戏，表达猫头鹰的内心想法。

提问： 现在你们就是这只又气、又累、又饿的猫头鹰，"猫头鹰们"会对母鸡说些什么呢？

小结： 原来当我们内心有想法的时候，我们一定要学会把自己的想法说出来，这样才有可能被别人理解。

过渡： 猫头鹰到底跟母鸡是怎么说的呢？让我们一起听一听。

（2）播放音频，了解猫头鹰想要离开鸡窝的原因。

小结： 原来猫头鹰这次不想再忍受下去了，它清楚地知道自己是一只猫头鹰，就算再怎么努力，都不可能成为一只真正的公鸡。于是，它打算离开鸡窝。

（组织要点：本环节通过"角色圈"的戏剧游戏策略，引导幼儿大胆猜测不被母鸡认可的猫头鹰的内心独白并能大胆表达出来。此环节注重情感体验，鼓励幼儿大胆表达内心想法。）

过渡： 接下来会发生什么事情呢？这里有一段音乐，讲的就是小老鼠进鸡窝的事情？请仔细倾听，想一想这些小老鼠们会在鸡窝里做什么？

4. 借助音乐联想小老鼠进入鸡窝的情节，引出猫头鹰捕鼠的本领。

（1）欣赏音乐，猜测想象小老鼠进入鸡窝后的情节。

提问 1：你们听出这段音乐中，小老鼠都做了些什么？

提问 2：音乐停住的时候，小老鼠在做什么？

提问 3：音乐节奏快的时候，小老鼠可能在做什么？

小结：音乐一共有三段，第一段音乐是小老鼠进鸡窝，当音乐停止的时候就要保持不动，以免被猫头鹰发现；第二段节奏快的音乐是小老鼠在鸡窝里各种捣乱；第三段和第一段的音乐节奏是一样的，那是小老鼠准备回家了，回家的路上一样要小心不要被猫头鹰发现。

（组织要点：根据音乐节奏联想，大胆想象小老鼠出现的情节，重点关注想象事件的多样性和丰富性。）

（2）跟随音乐进行游戏，引导幼儿使用肢体来表现小老鼠进入鸡窝后的情节。

① 交代游戏规则

当音乐停止的时候小老鼠们要保持不动，不然就会有危险。

② 组织评价交流

提问：小老鼠们，刚刚进了鸡窝你们都做了什么？

（3）游戏挑战，深度体验猫头鹰捕鼠这一本领。

游戏要求：刚才的小老鼠们没有吃饱，也没有玩够，它们打算再去一次。不过这次就要小心哦，当听到猫头鹰的叫声时就要赶快躲回老鼠洞，可千万不能被抓哦!

① 师幼共同游戏

② 集体评价交流

小结：原来猫头鹰最大的本领是捕捉老鼠，这一幕刚好被母鸡们看到了。看到准备离开的猫头鹰，母鸡们又会说些什么呢？

（组织要点：第一次游戏关注幼儿是否能根据音乐进行情节游戏，抓取幼儿想象表现在鸡窝捣乱事件的多样性，引发更多的情节。第二次游戏关注幼儿是否遵守游戏规则进行游戏，深度体验猫头鹰捕鼠的本领。）

5. 通过"良心巷"游戏，扮演母鸡表达对猫头鹰的感谢和认可。

游戏要求：幼儿扮演母鸡，站成两排，形成一条"小巷"。当猫头鹰走到面前的时候，母鸡们就要向猫头鹰说出心里想说的话。

小结：母鸡们纷纷表达了对猫头鹰的感谢，也夸赞它是个捕鼠小能手，并请求它不要走，留下来。就这样猫头鹰和母鸡们永远生活在了一起。

（组织要点：鼓励孩子大胆表达自己内心的想法，教师尽量选择中立的语言进行回应，引发更多的孩子进行想法表达。）

（三）结束活动

回顾活动：今天我们玩了 Whoosh 游戏，回顾了之前的故事内容；跟着音乐一起玩了猫头鹰捕鼠的游戏；分别扮演了猫头鹰和母鸡，学会大胆表达自己的内心想法。故事的结局也很完美，猫头鹰捕鼠的本领得到了母鸡们的认可，它被邀请留下来一起生活。这个故事让我们明白了每个人都有自己优点和长处的道理。

戏剧活动：开心农场

活动目标

1. 了解农场的基本设施（场景）与作用，并尝试多人合作用肢体动作进行场景建构。
2. 能借助小组建构的场景，即兴创编猫头鹰与母鸡们生活的幸福场景。
3. 体验不同的伙伴生活在一起的快乐。

活动准备

材料准备：相关幻灯片。

活动过程

（一）暖身活动：动物大游行

游戏玩法： 幼儿各自扮演一种动物随铃鼓声走动，当铃鼓停止时，则要找到一个同伴玩石头剪刀布游戏，输的人要站在赢的人身后并模仿其动作，新的排头带队则开始新一轮游戏。

（组织要点：在该游戏中，教师要关注幼儿的学习品质，如是否能遵守游戏规则、是否能够专注地观察同伴的动作等。在此过程中，教师如果发现幼儿具有个性化的创意表现，可以引发幼幼互动。）

（二）主题活动

1. 观察图片，了解农场里常见物体的基本构造。（如拖拉机、牛棚、鸡窝等。）
提问： 农场里有什么？它是什么样的，又有什么作用呢？
（组织要点：在观察图片并交流物件构造时，教师要鼓励幼儿仔细观察那些他们较为陌生的物件，如拖拉机有方向盘、座椅、车斗等，以此丰富认知，为后面场景建构的环节铺垫认知基础。）

2. 同伴合作，肢体建构农场的常见物件。

要求： 请小朋友们 4 人一组，先讨论要搭建什么，再讨论如何分工，最后用你们的身体尝试把这个物件建构出来。

幼儿小组合作建构时，教师巡回观察指导。

（组织要点：中班幼儿的合作意识已逐步形成，但缺乏合作的技巧，往往在场景建构中，还未经过商讨确定方案就迫不及待地自我行动。在此环节中，教师要关注幼儿是否能够有效协商，合理分工。）

3. 交流评价，小组轮流展示身体建构作品。

（1）幼幼互动：谁能猜出他们搭建的是什么？你从哪里看出来的？

（2）思路追踪：你们搭建了什么？你们是怎么想的？

（组织要点：此环节是为了给幼儿更多展示与交流的平台，教师不能以"好不好""像不像"作为评价依据，而是要注重幼儿每个作品背后的创作意图，尊重幼儿对每个作品的独特理解。）

4. 通过旁述默剧与幼儿搭建的场景进行互动。

（组织要点：在此环节中，教师要让幼儿体会场景搭建的乐趣，让他们觉得自己搭建的每个场景都会生发有趣的游戏，从而拓展幼儿的创作空间，延续幼儿的创作热情。）

（三）结束活动

师幼围圈坐在一起，想象猫头鹰和母鸡在一起的快乐生活。

二、区域游戏活动

剧本创编坊

游戏目标

1. 通过听、说、画等方式，讲述故事内容，学说角色间的对话。

2. 能尝试创编简单的故事情节，并用剪贴、绘画的形式自制剧本。

游戏材料

素描纸、勾线笔、油画棒、无纺布、打孔机。

游戏过程

游戏一：语音故事小火车

排图讲述

创编故事录音

游戏二：情景剧场

结合操作材料演绎故事

好剧开始啦

创意制作坊

游戏目标

1.能根据角色扮演的需求，制作相应的头饰、道具、服装、海报、门票，在创作过程中能大胆创新。

2.对制作活动感兴趣，体验创意制作的乐趣。

游戏材料

低结构材料（如彩纸、硬纸板、纸盘、纸箱等），装饰材料（如彩色黏土、彩色毛球、眼睛贴纸、小彩棒、无纺布等），绘画材料（如颜料、调色盘等）。

游戏过程

游戏一：趣味农庄

用蛋糕盒制作农场的鸡窝

利用冰棍棒制作农场的栅栏

用皱纹纸和彩纸制作大树

大树做好了

游戏二：七彩翅膀

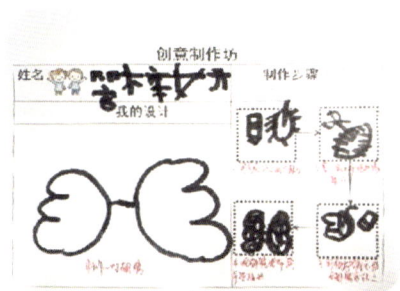

制订翅膀制作的计划

初次尝试用彩纸制作翅膀

游戏三：编织门票

利用彩色纸条制作编织门票

编织门票完成

音乐创玩坊

游戏目标

1.尝试使用生活中的物品发出声音，并尝试为表演配音。

2.能结合图谱，进行韵律表演并尝试创编动作。

3.能够和同伴合作，体验参与音乐游戏的快乐。

游戏材料

易拉罐、锅碗瓢盆、乐器、声音故事《猫头鹰喔喔呼！》。

游戏过程

游戏一：音效探索

用身体制造音效（如雨声、雷声……）

借助乐器为故事配音

游戏二：学做小公鸡

创编猫头鹰学做小公鸡的动作并绘制图谱

合作表演创编律动

戏剧表演坊

游戏目标

1.知道故事的基本内容，能根据角色特征进行动作、表情的模仿，学说角色对话。

2.在教师指导下，能与同伴协商进行角色分配，合作表演。

游戏材料

服装、头饰、音乐、道具等。

游戏过程

游戏：猫头鹰剧场

与同伴协商、分配角色

合作表演

三、剧场体验活动

剧目宣传

发放门票进行宣传

售票现场

剧场布置

摆放好舞台上的道具

观演座位也都安排好了

表演观演

一起观看表演啦

我觉得他们表演得太精彩了

主题实施小结

  在戏剧《猫头鹰喔喔呼！》的主题活动实施中，幼儿经历了集体活动、区域游戏、走班表演等活动。通过戏剧课程鼓励幼儿大胆想象，建构戏剧内容和角色；通过参与游戏，让幼儿思考进而创作戏剧表演的道具、服装，以丰富、完整剧本情节；通过走班表演使幼儿获得丰富的剧场经验，实现戏剧教育和剧场教育的巧妙融合，促使戏剧主题实施过程和戏剧表演的自然衔接。在此活动中，幼儿获得了想象力、创造力、社会交往能力、表达表现能力，以及批判性思维等多元能力的生长。与此同时，教师的课程开发能力、活动组织能力与自身的戏剧素养均获得了显著提升。在主题架构方面，教师通过多次审议与教研，对接指南、分析绘本，确立核心价值。在课程实施中，教师梳理形成了角色塑造、场景建构、情节创编、分幕表演等四大课型的基本流程，幼儿学习方式及教师教学策略、观察指导要点等，为今后戏剧主题的实施奠定了基础。

（本主题活动由常晓蓉、陈婷、包媛、戚亚琼、高玲玲提供）

中班戏剧主题《十二生肖》

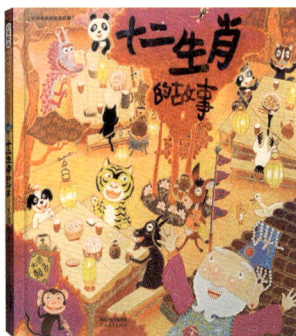

参考绘本：赖马.十二生肖的故事 [M].石家庄：河北教育出版社，2018.

主题分析与架构

一、主题来源与核心价值

十二生肖是中华传统文化的一部分，有着丰富的文化背景和现实意义。其故事在民间流传千年，至今已有很多版本的绘本及动画。基于幼儿对十二生肖的兴趣，我们以"渡河比赛争第一"的情节为主线，汲取其他故事版本中幼儿感兴趣的戏剧元素，架构了《十二生肖》戏剧主题课程，支持幼儿在情境体验、角色扮演、想象创编、解决问题等过程中，初步了解十二生肖的由来和排列规律，同时丰富他们对中国传统文化的认识。

二、幼儿基础分析

中班幼儿对于十二生肖中的动物并不陌生，每个幼儿都知道自己有一个属相，但是他们对十二生肖的由来、十二生肖到底由哪十二种动物组成、每个人的属相为什么都不一样等问题缺乏认知与理解。

三、主题目标

1.理解戏剧《十二生肖》的主要情节内容，知道十二生肖是中国独有的文化，了解十二生肖的由来及其排列顺序。

2.尝试创编、演绎十二生肖争第一的故事情节，并能用生动的语言、夸张的肢体与表情，模仿十二生肖中各种动物的形态及塑造相应的角色特征。

3.能根据角色和情节的需要，在工作坊中选择适宜的材料，融合传统元素，创意制作十二生肖角色的服饰、头饰、道具等，提升多元表达表现能力。

4.能尝试与同伴协商合作表演、大胆演绎，在十二生肖戏剧表演的过程中，初步萌发民族自豪感，体验戏剧活动的快乐。

四、分幕线索构架与价值分析表

分幕	核心价值	戏剧冲突
第一幕 十二生肖的由来	知道十二生肖的由来	人们不知道如何计算年龄
第二幕 发布公告选生肖	了解十二生肖是通过渡河比赛的名次确定的	发布渡河比赛公告后思考怎样赢得比赛
第三幕 渡河比赛	知道十二生肖中有哪些动物并了解其正确的排列顺序	每种小动物都想得第一，相互争抢
第四幕 十二生肖终确定	知道十二生肖是中国特有的传统文化	

五、戏剧主题课程实施网络图

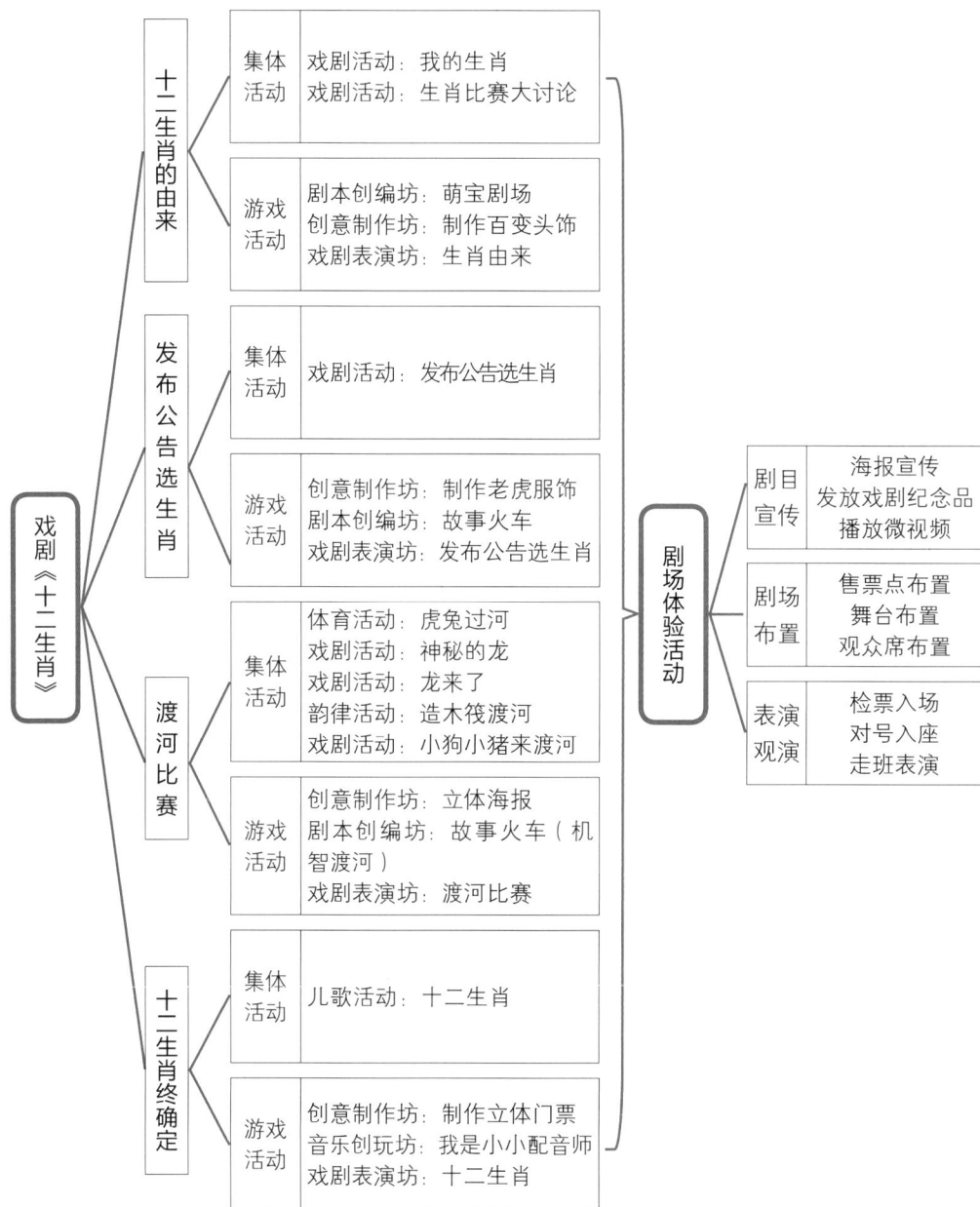

	集体活动	戏剧活动：我的生肖 戏剧活动：生肖比赛大讨论
十二生肖的由来	游戏活动	剧本创编坊：萌宝剧场 创意制作坊：制作百变头饰 戏剧表演坊：生肖由来
发布公告选生肖	集体活动	戏剧活动：发布公告选生肖
	游戏活动	创意制作坊：制作老虎服饰 剧本创编坊：故事火车 戏剧表演坊：发布公告选生肖
渡河比赛	集体活动	体育活动：虎兔过河 戏剧活动：神秘的龙 戏剧活动：龙来了 韵律活动：造木筏渡河 戏剧活动：小狗小猪来渡河
	游戏活动	创意制作坊：立体海报 剧本创编坊：故事火车（机智渡河） 戏剧表演坊：渡河比赛
十二生肖终确定	集体活动	儿歌活动：十二生肖
	游戏活动	创意制作坊：制作立体门票 音乐创玩坊：我是小小配音师 戏剧表演坊：十二生肖

戏剧《十二生肖》

剧场体验活动

剧目宣传	海报宣传 发放戏剧纪念品 播放微视频
剧场布置	售票点布置 舞台布置 观众席布置
表演观演	检票入场 对号入座 走班表演

六、戏剧主题资源利用与环境创设

1. 资源盘点

资源类型	资源内容	资源利用的可能性
绘本资源	《龙的传说》	该绘本讲述了中国"龙"这一神化形象的由来，知道"龙"是中华民族吉祥物，能够保佑我们幸福、安康。在戏剧课堂中帮助幼儿了解"龙"这一形象，从而使其更好地运用肢体表达表现
	《八仙过海》	该绘本讲述了八仙为过海，各显其神通，与龙太子发生争执，惹出事端，受到玉帝惩罚的故事；可以帮助幼儿了解中国神话人物，并且可以摘取一些各显神通的情节加入戏剧课程
	《十二生肖》3D 立体书	该绘本讲述了鼠、牛、虎、兔、龙、蛇、马、羊、猴、鸡、狗、猪这十二个动物成为生肖背后的故事，可以帮助幼儿进一步了解十二生肖，感受生肖动物的意志品质；将该绘本内容运用到剧本创编中，可以进一步丰富故事情节
网络资源	关于龙的相关科普视频	通过震撼的视频效果，帮助幼儿了解龙的外形特征，直观感受龙高强的本领，进一步链接幼儿的戏剧表达
	古代竹筏图片	丰富幼儿的认知，为戏剧活动《猴鸡造木筏》做经验铺垫

2. 环境创设

（1）材料投放：一是提供与《十二生肖》相关的角色手偶、皮影等材料，帮助幼儿熟悉和讲述故事情节；二是提供各大工作坊的区域游戏材料库，根据幼儿的创作需要增减材料，激发幼儿的艺术表现与创造能力。

（2）环境准备：创设与《十二生肖》相关的主题环境、区域环境、主题墙，使环境与幼儿产生互动。

戏剧主题环境

七、戏剧主题集体活动

分幕	活动内容	预设活动意图
第一幕 十二生肖的由来	戏剧活动：我的生肖	知道自己、同伴及家人的生肖，在照镜子和即兴扮演的游戏中，塑造生肖的形象
	戏剧活动：生肖比赛大讨论	理解故事起因，知道生肖是为了让人们更好地记住自己的年纪；通过情节创编和即兴扮演，想象生肖比赛讨论的情节
第二幕 发布公告选生肖	戏剧活动：发布公告选生肖	通过观察比赛公告猜测生肖比赛的内容及相关信息，了解比赛规则；想象创编老鼠渡河的方法及鼠牛对话，并在游戏中合作表演渡河情节
第三幕 渡河比赛	体育活动：虎兔过河	通过不同的方式探索老虎和小兔子过河的方法，在小兔子过河情境中能尝试连续单脚跳5米左右
	戏剧活动：神秘的龙	通过绘本故事了解龙的由来，知道龙的身体是由许多动物的局部特征组成的；通过肢体动作及同伴合作的方式拼构龙的形象
	戏剧活动：龙来了	知道龙为了帮助大家施雨而耽误比赛仅获第五名的原因，感受龙的善良和伟大；通过合作建构、即兴扮演的方式，创编龙帮助小河、森林施雨的过程
	韵律活动：造木筏渡河	感知音乐，能随音乐合拍地表现造木筏的情节；尝试创编运木头、砍木头、锯木头、绑绳子和划船的动作
	戏剧活动：小狗小猪来渡河	在即兴扮演合作游戏的过程中，创编小狗与小猪渡河的情节
第四幕 十二生肖终确定	儿歌活动：十二生肖	理解儿歌内容，知道十二种动物的排列顺序

八、主题区域游戏创设表

区域名称	游戏名称	游戏目标	投放材料	观察与指导要点
创意制作坊	百变头饰	1.尝试用捏、搓、揉、团、压等方式做出十二生肖动物的外形 2.能发挥创意想象，选择合适的材料尝试自制角色头饰	彩纸、画笔、各类纸板、一次性饭盒、毛根、羽毛、亮片、拉菲草、吸管、纽扣、胶枪等	观察幼儿能否运用多元材料、多种技能进行各种生肖头饰的制作
	服装设计师	能根据角色特征选取适宜材料，创意制作服饰	颜料、装饰材料、无纺布、布料、垃圾袋等	关注幼儿是否能抓住动物的特征创意想象，是否能选择合适的材料和形式表达
	创意海报	1.根据戏剧主题尝试使用画、剪、粘的方式制作海报，并体现海报基本元素 2.在制作过程中尝试与同伴进行合作	海报纸、纸筒、彩色A4纸、颜料、画笔、超轻黏土、硬纸板、瓦楞纸、装饰材料	观察幼儿制作海报时的构图能力，指导幼儿尝试用不同的材料、方式制作美观且符合戏剧主题的海报
	立体门票	尝试运用材料，创意制作戏剧门票	彩纸、黏土、低结构材料、勾线笔、画纸	关注幼儿制作的门票是否凸显门票元素
剧本创编坊	故事火车	能根据连续画面提供的信息，丰富剧本情节	小火车排序底板、记录纸	1.观察幼儿是否能根据连续画面提供的信息，大致说出故事的情节 2.指导幼儿按照问题书签上的问题找出相对应的答案
	萌宝剧场	通过大胆想象，较完整地讲述故事内容，并能用图画或符号记录自己创编的故事内容	KT板制作的农场场景、手偶、纸杯玩偶等	关注幼儿创编的故事内容是否符合逻辑，情节是否生动，语言是否清晰
音乐创玩坊	我是小小配音师	尝试用身体动作、材料敲打、乐器演奏等方式制造音效，并尝试根据故事情节为戏剧表演配音	生活类材料（木棒、石头、塑料瓶等）、常见乐器、故事图谱	1.观察幼儿能否用身体动作或可敲击的物品敲打出节拍和基本节奏，制造音效 2.观察幼儿能否结合故事情节灵活配音
戏剧表演坊	生肖剧场	1.能结合服装、道具、场景等辅助材料，围绕《十二生肖》的故事进行表演 2.体验合作表演的乐趣	服装、道具、头饰、音乐	观察幼儿能否结合故事情节，运用丰富的表情、动作、语言进行合作表演

主题活动展开

一、集体活动

戏剧活动：我的生肖

活动目标

1. 知道自己、同伴及家人的生肖，了解年龄与生肖有关。

2. 在照镜子和即兴扮演的游戏中，塑造生肖的形象，体验戏剧游戏带来的快乐。

活动准备

经验准备：了解自己和父母的生肖。

活动过程

（一）暖身活动：小动物，你好

游戏玩法：幼儿围圈站立，教师扮演某种动物并做出示范动作（如：我是小鸭子），幼儿打招呼回应并模仿动作（如：小鸭子你好）。幼儿轮流扮演小动物打招呼，其他幼儿回应并模仿动作。

（组织要点：关注表演空间位置以及幼儿扮演小动物时的动作姿态、模仿能力。）

（二）主题活动

1. 交流互动，知道自己的生肖。

提问：你们知道自己的生肖是什么动物吗？

小结：每个人都有自己的生肖。有的人属小鸡、有的人属小狗……

（组织要点：唤起幼儿已有经验，鼓励幼儿大胆表达自己对生肖的认知。）

2. 在照镜子的戏剧游戏中，塑造生肖形象——狗。

（1）师幼互动：教师扮演小狗，所有幼儿扮演镜子。

（2）幼幼互动：个别幼儿扮演小狗，其他幼儿扮演镜子。

（3）合作游戏：两人一组，一人扮演小狗，一人扮演镜子。

（组织要点：在提问的过程中及时追问，丰富幼儿关于狗的认知；在观察、模仿的过程中及时抓取资源，提升幼儿的表现力。）

3. 运用旁述默剧，塑造生肖形象——鸡。

旁述默剧：教师说旁白，幼儿即兴表演。

旁白1：森林里，一群小鸡正悠闲地在树下找东西吃，它们东找找、西看看，就在这时刚好从树上掉下了几条虫，它们赶紧扑打着翅膀奔了过去，把虫叼进了嘴里，可是小鸡的肚子还是很饿，于是小鸡们在土里刨啊刨，又找到蚯蚓吃掉了，小鸡们终于吃饱了，肚子鼓鼓的，左摇右晃回到了家。

旁白2：一群小鸡出来散步了，它们抖抖羽毛，晒晒太阳，小鸡们看到地上有很多虫子，决定饱餐一顿，它们就啄起虫子来了，小鸡们还想让自己的翅膀更加强壮，于是它们不停地扑棱着翅膀，想和小鸟一样飞起来。突然，一只老鹰出现了。

（组织要点：首先关注的是幼儿是否能够理解游戏规则，是否能够专注地倾听指令，并能较好地控制动与停。其次根据幼儿游戏情况及时调整故事内容，如果幼儿动作较为单一，教师要在过程中利用提示语言丰富、细化角色动作，给予幼儿表演灵感，观察亮点资源，游戏后及时提炼表达、表现方法。）

4. 在生肖猜测的过程中感受生肖的不同。

提问：你的爸爸妈妈属相是什么？请你用动作表演，大家一起猜一猜。

（组织要点：关注幼儿个性化的肢体表现，发现亮点，引发创意表达。）

小结：原来每个人的年龄不一样，生肖也不一样，生肖跟年龄是有关系的。

（三）结束活动

结语：一共有多少个生肖呢？分别是什么？大家可以回去调查一下。

戏剧活动：生肖比赛大讨论

活动目标

1. 理解故事起因，知道生肖的出现是为了让人们更好地记住自己的年龄。

2. 猜测想象，创编玉皇大帝会通过什么比赛来选十二种动物作为生肖。

3. 通过情节创编和即兴扮演，想象生肖讨论比赛的情节。

活动准备

材料准备：老爷爷头饰、空白海报纸。

活动过程

（一）暖身活动：走停游戏

游戏玩法：根据口令变换各种不同形态的动物，如会游泳的动物、森林里正在捕食的动物等。

（组织要点：引导幼儿发挥想象力，大胆在集体面前用身体不同部位去表现不同状态的动物，并用语言描述自己表现的动物特征。教师及时发现幼儿亮点，如造型、肢体等方面，并进行评价。）

（二）主题活动

1. 教师入戏，引出选生肖的情节线索。

情境语：我年纪大了，记不清自己的年龄了，这可怎么办？你们能帮我想办法记住年龄吗？

2. 教师入戏，讨论记住年纪的办法。

提问：孩子们，刚刚发生了什么事情？你帮助老爷爷想了什么办法？

小结：记录年龄确实是个大问题，这件事情被玉皇大帝知道了，他想了一个办法，选出十二种小动物来代替年份。

（组织要点：通过教师入戏，引出情节线索，让幼儿知道生肖来源，为后续创编故事对话做准备。）

3. 通过即兴扮演，创编十二生肖的比赛。

（1）幼儿讨论比赛模式。

提问：你们觉得可以举办什么比赛来选拔十二生肖呢？我们都来想一想吧。（教师记录幼儿的想法。)

（2）创编并即兴模拟比赛。

幼儿创编比赛内容并尝试进行表演（如跳远比赛、游泳比赛、举重比赛等）。

（组织要点：本环节通过"即兴扮演"方式，引导幼儿猜测、创编玉皇大帝组织的比赛内容。帮助幼儿打开多元的想象空间，鼓励幼儿运用肢体动作、语言表情等表现创编的比赛情节。）

（三）结束活动

结语： 马上就要发布公告啦！到底是什么比赛呢？谁会来参加呢？

戏剧活动：发布公告选生肖

活动目标

1.根据公告猜测生肖比赛的内容及相关信息，了解比赛规则。

2.想象创编老鼠渡河的方法与鼠牛对话，并在游戏中合作表演渡河情节。

3.体验情节创编与角色扮演的乐趣。

活动准备

材料准备：铃鼓、海报、相关幻灯片、生肖盘。

活动过程

（一）暖身活动：走走走

游戏玩法： 幼儿根据要求扮演形态各异的小动物。

（组织要点：本环节鼓励幼儿发挥想象，通过夸张的表情动作展现不同场景下的各种小动物，激发幼儿的活动兴趣。）

（二）主题活动

1.引出公告，了解生肖比赛的信息及规则。

过渡： 玉皇大帝的公告已经贴出来啦，我们一起来看一看吧。

提问： 在公告上你看到了什么？

小结：原来公告上有这么多内容，包括时间、地点、比赛规则等。

2. 教师入戏，创编想象老鼠渡河的方法和鼠牛对话。

（1）观察图片，了解老鼠渡河的方法。

过渡：就在这么多小动物七嘴八舌讨论怎样参加渡河比赛时，小老鼠也凑了过来，它也想参加比赛。

提问：如果你是小老鼠，你会怎么渡河？

小结：聪明的小老鼠想到了可以在牛背上渡河的方法。

（2）教师入戏，引导幼儿创编鼠牛对话。

过渡：小老鼠对牛大哥说了什么，牛大哥才会同意带它一起过河呢？

教师入戏牛大哥：小老鼠，听说你想让我带你一起参加渡河比赛，可是我为什么要带着你呢？（幼儿在情境中创编老鼠说服牛帮它渡河的台词。）

（组织要点：教师倾听幼儿想法后，以追问合作的形式引发更多的幼儿分享不同看法，并鼓励幼儿大胆想象并尝试表演。）

3. 在盲推游戏中，合作表现渡河情节。

过渡：老牛的视力不是很好，它在老鼠的指引下才能把准方向，顺利渡河。我们来一个鼠牛合作渡河的游戏吧！

游戏玩法：一人扮演牛闭上眼睛，一人扮演老鼠推着牛的肩膀前进，在前行的过程中不能碰撞到他人或物品。

（组织要点：每次游戏可根据活动空间和幼儿的游戏水平调整人数，小组越多，难度越大。）

（三）结束活动

幼儿共读鼠牛渡河结果，了解生肖中老鼠排第一，牛排第二。接下来还有谁来参加比赛呢？它会用什么办法渡河呢？

体育活动：虎兔过河

活动目标

1.通过不同的方式探索老虎和小兔过河的方法。

2.在小兔过河情境中能尝试连续单脚跳 5 米左右。

3.体验体育活动的乐趣。

活动准备

材料准备：呼啦圈、路障。

活动过程

（一）引入情境，热身运动

导语：在上一次活动中，大家都知道鼠牛渡河，老鼠得了第一，老牛得了第二，今天老虎也来参加渡河比赛了，老虎会怎么渡河呢？

小结：老虎选择了游泳渡河的方式。

幼儿创设老虎游泳动作，教师总结，进行活动热身。

（组织要点：本环节鼓励幼儿开展丰富想象进行热身运动，并且激发幼儿参与接下来活动的兴趣。）

（二）主题活动

1.模拟小兔子过河场景，幼儿尝试不同方法过河。

提问：小兔子也来渡河了，猜一猜小兔子又会采用什么样的方法呢？

小结：因为小兔子跳得很高，所以它可以借助河面上的石头跳过河。

（1）体能游戏一：幼儿模仿兔子双脚跳。

关注幼儿起跳时是否双脚蹬摆协调，动作连贯。

（2）体能游戏二：幼儿模仿兔子单脚跳。

关注幼儿起跳时摆臂和蹬腿动作协调配合，即跳跃时节奏稳定，落地时单脚屈膝蹬地缓冲，保持身体平衡。

（3）难度提升（河道距离增加至5米）。

2.在小兔渡河的情境中，灵活变换过河方法。

过渡：我们已经掌握了不同的过河方式，渡河比赛要开始了。

要求：教师创设"河道"。

（1）小朋友分成四队。

（2）设有连续呼啦圈的河道运用双脚跳过，没有呼啦圈的河道运用单脚跳过。

（3）每四个小朋友为一组，比一比谁先到终点。

（4）每位小朋友可以脚落地2次，未完成的小朋友可降低游戏难度加赛一轮。

（组织要点：通过小兔过河的活动和比赛，发展幼儿的跳跃能力，培养其坚持的意志品质。）

戏剧活动：神秘的龙

活动目标

1. 通过绘本故事了解龙的由来，知道龙的身体是由许多动物的局部特征组成的。
2. 以同伴合作的方式，通过肢体动作拼构龙的形象。
3. 体验在戏剧活动中同伴合作、想象创造的乐趣。

活动准备

经验准备：对龙的特征有初步了解。

材料准备：相关幻灯片、图片等。

活动过程

（一）暖身活动：百变森林

游戏玩法： 幼儿根据教师旁白，单人或多人合作即兴用身体建构相应的动物。

故事： 在一个美丽的森林里住着许多小动物……吃草的老牛、凶恶的大老虎、抓捕猎物的老鹰……

（组织要点：教师关注幼儿对动物形象的想象与创造，并尝试进行合作建构，培养幼儿对空间方位的感知及身体的控制。）

（二）主题活动

1. 故事导入，了解"龙"的由来。

故事： 山脚下的村庄被大树包围着，郁郁葱葱的，非常漂亮。不知道从什么时候起，山上来了许多动物，有凶猛的大老虎……它们常常成群结队地出来……村长说：我们要团结起来，赶走这些毒蛇猛兽，保护自己的村庄……人们的祷告随着袅袅的青烟，传到了天庭玉帝的耳朵里。玉帝很同情他们，于是决定在动物中选择一个"王"。

提问： 选谁做"王"呢？说说你的理由。

小结： 搜罗了各方意见，玉帝决定将几种动物组合在一起，变成一种新的动物，取名为"龙"。

2. 通过"墙上角色"，了解龙的基本特征。

提问： 龙是什么样的？（教师根据幼儿的想象与描述记录龙的形象特征。）

小结： 龙是由蛇身、鹿角、牛嘴、鱼鳞、凤尾、鹰爪等共同组合的，它还有许多本领呢！

（组织要点：调动幼儿已有经验，大胆想象龙的形象特征，并能用语言完整进行表述，为后续肢体建构做准备。）

3.通过游戏，表现龙的不同造型姿态。

（1）在"角色圈"的游戏中，塑造龙的局部外形特征。

游戏玩法：幼儿围圈分别模仿龙的各身体部分。

（组织要点：引导幼儿大胆想象，并能用夸张的肢体动作，塑造龙局部的外形特征，挖掘亮点资源，提高幼儿的表达表现能力。）

（2）在合作建构的过程中，塑造龙的不同造型。

游戏玩法：小组合作用自己的身体建构一条完整的龙。

（3）分组展示，交流点评。

提问：他们建构的是一条怎样的龙？你从哪里看出来的？

（组织要点：采用旁述默剧的策略，引导幼儿在情境中大胆表现龙的动作和神态，挖掘亮点资源，辐射经验。）

（三）结束活动

结语：龙一出世，所有凶恶的动物再也不敢吃人了，人们又过上了幸福快乐的生活。从此，人们就把龙视为吉祥物，逢年过节都要扎一条龙，企盼来年风调雨顺、太平安康。龙既然这么厉害，它为什么没有得第一呢？让我们下次再来讨论！

戏剧活动：*龙来了*

活动目标

1.知道龙为了帮助大家施雨而耽误比赛仅获第五的原因，感受龙的善良和伟大。

2.通过合作建构、即兴扮演的方式，创编龙帮助小河、森林施雨的过程。

3.体验戏剧活动的乐趣。

活动准备

经验准备：了解龙的外形特征与本领。

材料准备：相关幻灯片。

活动过程

（一）暖身活动：龙王大游行

游戏玩法： 幼儿进行分组，在一定空间里变成龙王自由走动，铃鼓信号停止后，定格并与自己距离最近的幼儿进行剪刀石头布的游戏，输的幼儿需站到赢的幼儿的身后并模仿前面幼儿的动作，直至教室里只剩最后一条龙王。

（组织要点：关注幼儿对龙形象的想象与创造、对空间方位的感知、对身体控制力的培养，以及对游戏规则的理解。）

（二）主题活动

1. 皮影欣赏，回顾故事前部分内容。

导语： 渡河比赛的前四名已经选出，它们是：老鼠、牛、老虎、兔。龙又会得第几名呢？让我们一起进入皮影戏中寻找答案吧！

提问： 龙这么厉害，为什么还是晚到了？

2. 手偶对话，了解龙得第五的原因。

过渡： 让我们把龙叫出来，问问到底发生了什么事情？（教师操作手偶表演故事。）
小结： 原来善良的龙是为了帮助干旱的地方造雨，所以只得到第五名。

3. 即兴扮演、合作建构，创编展现河塘、森林干枯到遇水的情节。

（1）即兴扮演，尝试单人肢体建构缺水的河塘与森林中的物体。

过渡： 看来水真的很重要。在龙没有到来之前，缺水的森林里有什么？枯竭的小河里又有什么呢？

提问： 这些物体在干枯的情况下是什么样的呢？请你们演一演。

（组织要点：唤醒幼儿的已有经验，鼓励幼儿大胆想象缺雨场景下的动植物有哪些，它们的形态是什么样，引导幼儿尝试描述并生发更加丰富的角色和肢体动作。）

（2）合作建构，创编展现小河、森林从干涸到被雨水滋润的变化过程。

① 分组建构干枯的小河、缺水的森林。

② 旁述默剧，创编展现被雨水滋润后的变化过程。

（组织要点：观察幼儿的肢体表演和即兴台词的表达表现，并对发现的亮点资源进行抓取点评，如当幼儿表演的大树有空间方位的变化或者即兴创编的台词具有语气语调的变化时，教师要及时地追问剖析。当幼儿动作较为单一时可以利用情景化的语言加以引导。）

（三）结束活动

结语：龙在我们心目中是神圣的，也是我们中华民族的象征，因而我们中国人也被称为"龙的传人"。关于龙更多的秘密，让我们一起回到教室去找找吧。

韵律活动：造木筏渡河

活动目标

1.感知音乐，能随乐表现造木筏的情节，动作合拍且有节奏。

2.尝试创编运木头、砍木头、锯木头、绑绳子和划船的动作。

3.体验韵律活动中创造表达的乐趣。

活动准备

经验准备：了解戏剧《十二生肖》的故事情节。

材料准备：音乐、记录纸。

活动过程

（一）故事导入，了解羊、猴、鸡渡河的情节

导语：羊、猴、鸡也想参加渡河比赛，我们一起来听一听它们是怎么渡河的？

提问：故事中的羊、猴、鸡为造木筏做了哪些事情？

小结：羊、猴、鸡先运来了木头，然后砍木头、锯木头，最后绑绳子，划船到对岸。

（二）感知音乐节奏，创编小动物造船划船的动作

1.完整欣赏，想象造木筏的过程。

提问：大家觉得在这段音乐中，小动物们是怎么造木筏的？

2.分乐句欣赏，创编造木筏动作。

（1）创编运木头的动作。

提问：除了刚才的动作，我们运木头还可以做什么动作呢？（教师抓取资源，完整哼唱，幼儿跟练。）

小结：运木头还可以通过单手搬、双手搬、扛肩上、背背上等动作。

（2）创编砍木头的动作。

提问：还可以用什么动作来表示砍木头呢？

小结：可以双手砍，还可以弯着腰砍。

（3）创编锯木头的动作。

提问：还可以怎样锯木头？

小结：可以前后锯，左右锯。

3. 根据创编绘制图谱，完整表演乐曲。

过渡：让我们听着音乐，用你们自己喜欢的方式学一学小动物造木筏渡河，完整地来做一做吧！

（组织要点：引导幼儿倾听音乐，自主创编个性化动作，并能跟随音乐节奏做一做。）

（三）结束活动

结语：羊、猴、鸡共同合作分别获得了渡河比赛的第八、第九和第十名。后面还会有谁渡河呢？它们又会用什么方式渡河呢？我们下次再看。

戏剧活动：小狗小猪来渡河

活动目标

1. 在即兴扮演合作游戏的过程中，创编小狗、小猪渡河的情节。
2. 体验戏剧活动的乐趣。

活动准备

材料准备：相关幻灯片。

活动过程

（一）暖身活动：小狗小狗

游戏玩法：幼儿围圈站立，根据音乐节奏做出相应动作。动作指令可为：双臂弯曲旋转三圈，拍三次手，动作重复两次；双臂弯曲旋转一圈，向右拍一次手；双臂弯曲旋转一圈，向左拍一次手；双臂弯曲旋转三圈，双臂向上打开。

（组织要点：关注幼儿在游戏时的倾听能力、专注能力、节奏感及方位辨别能力。）

（二）主题活动

1.即兴创编小狗渡河的情节。

（1）播放音频引出线索，猜测小狗得第十一名的原因。

提问： 小狗为什么来晚了呢？

小结： 贪玩的小狗忘记了比赛，因此只获得了第十一名。

（2）在"来，让我们一起……"的游戏中，即兴创编小狗在沙滩玩耍的情节。

（3）即兴扮演，表现小狗渡河获得第十一名的情节。

（组织要点：教师倾听幼儿想法后，以追问的方式启发更多的孩子分享不同看法，鼓励幼儿大胆想象尝试表演。）

2.引出小猪，了解小猪的特征及生活习性。

（1）旁述默剧，即兴表演小猪赛前吃睡的场景。

过渡： 最后一名的小猪在赛前拼命吃东西，把肚子吃得圆鼓鼓的，在沙滩上睡着了，让我们一起来扮演这只小猪吧。

旁白： 小猪起床了，这一天它也打算参加渡河比赛，可是当它来到河边将自己的小脚往水里一伸，觉得水好凉啊！心想要不还是先吃些东西吧，它本来是只瘦瘦小小的小猪。你们觉得小猪在吃什么？小猪越吃越胖，越吃越胖，胖的已经像一个球了。那么胖的像球一样的小猪是怎么走路的？（幼儿跟随旁白表演。）

（组织要点：首先关注幼儿是否能够理解游戏规则，是否能够专注地倾听指令，并能较好地控制动与停；其次，根据幼儿游戏情况及时调整故事内容，如果幼儿动作较为单一，教师可在游戏过程中丰富、细化角色动作提示语言，给予幼儿表演灵感，捕捉亮点资源，游戏后及时提炼表达、表现方法。）

（2）结合幻灯片讲述故事，了解小猪渡河的方法。

故事： 胖乎乎的小猪在沙滩上睡着了，就在这个时候沙滩上的水没过了小猪的身体，小猪像球一样被海浪慢慢地冲走了，它在水面上漂呀漂，漂到了河对岸。当它一觉睡醒，玉皇大帝和它说："恭喜你，你得了第十二名，第十二年就是猪年了。"小猪："啊？我只是睡了一觉怎么就得了第十二名了呢？"

（3）在"垫球"的游戏中展现小猪渡河的情节。

游戏玩法： 所有小朋友拿着气球小猪找空位站好，当音乐响起来的时候就让小猪在水面上漂起来，不能落地。

小结： 我们要轻一点，不能够太用力地垫气球，太用力球会飞走，而太轻的话球可能会垫不起来,而且方向也很重要。垫球的时候还要观察找没有人的地方,这样就不会造成拥挤,球也不容易掉落。

(组织要点:通过戏剧游戏"小猪漂漂"让幼儿感知小猪渡河的情节,并发展幼儿同伴合作的能力。)

(三)结束活动

结语: 通过比赛十二生肖终于确定了,那么我们十二生肖里到底有哪十二种动物,它们的顺序又是什么样子的?

儿歌活动:十二生肖

活动目标

1.借助图谱学习儿歌,理解儿歌内容,知道十二种生肖的排列顺序。

2.能有感情地朗读儿歌,感知儿歌的韵律美。

活动准备

材料准备:图谱、十二宫格板。

活动过程

(一)暖身活动:传声筒

游戏玩法: 请每排第一位幼儿记住老师的话,当游戏开始后依次传递话语,最后一名幼儿大声说出听到的话。

(组织要点:过程中关注孩子能否安静地等待声音传递与接收,从简单的音节开始探索各种声音的变化。)

(二)主题活动

1.谈话导入,引出十二生肖。

提问: 还记得十二生肖比赛中有哪些小动物赢了吗?

小结: 你们真是太厉害了,有鼠、牛、虎、兔、龙、蛇、马、羊、猴、鸡、狗、猪。

2.教师朗诵儿歌，出示对应图片。

过渡：今天我们要学一首关于十二生肖的儿歌，我们一起来听一听！

提问：你听到了什么？（教师通过幼儿回答出示对应图片。）

3.借助排图游戏，学习儿歌内容。

（1）回忆儿歌内容，调整图片顺序。

过渡：你们真厉害，把所有的动物都听出来了。我刚刚先念了谁？后念了谁？谁能上来调整一下顺序？（幼儿调整生肖顺序。）

（2）结合儿歌图片，集体朗诵儿歌。

4.通过多形式的朗诵巩固记忆。

（1）分组合作朗诵。

（2）加入蛙鸣板等乐器，增强韵律感念儿歌。

附儿歌：

十二生肖

老鼠前面走，跟着老黄牛。

老虎一声吼，兔子直发抖。

龙在天上游，蛇在地上扭。

马儿跑得快，山羊吃青草。

猴子翻跟斗，金鸡鸣山头。

大黄狗守门口，别学老猪瞎转悠。

二、区域游戏活动

创意制作坊

游戏目标

1.能根据角色扮演的需要，制作相应的头饰、道具、服装、海报、门票，在创作过程中能大胆创新。

2.对制作活动感兴趣，体验创意制作的乐趣。

游戏材料

低结构材料（彩纸、硬纸板、纸盘、纸箱等）、装饰材料（彩色毛球、卡通眼睛、小彩棒、无纺布等）、绘画材料（颜料、调色盘、彩色黏土等）。

游戏过程

游戏一：百变头饰

纸盘老虎

纸箱龙头

游戏二：服装设计师

老虎服饰制作

小猪服饰制作

游戏三：创意海报

立体旋转海报

分幕海报

游戏四：立体门票

抽拉门票

贺卡式折叠门票

剧本创编坊

游戏目标

1. 在操作体验中尝试创编简单的故事情节及对话。

2. 尝试运用剪贴、绘画的形式自制剧本。

游戏材料

素描纸、勾线笔、油画棒、录音笔、纸杯偶。

游戏过程

游戏一：故事火车

点读笔听故事，熟悉故事内容

根据图片内容讲述故事情节

游戏二：萌宝剧场

绘画要表演的内容

和小伙伴一起排练表演

音乐创玩坊

游戏目标

1. 使用瓶子、纸张等多种材料制作不同类型的乐器，并尝试为戏剧表演配音。
2. 对创玩活动感兴趣，能和同伴合作，体验配音创作的乐趣。

游戏材料

生活类材料（如绿豆、红豆、花生、大米、小米、石头、塑料瓶等），工具类材料（如胶棒、剪刀等），声音故事《十二生肖》。

游戏过程

游戏：我是小小配音师

自制乐器

为剧本配乐

戏剧表演坊

游戏目标

1.知道故事的基本内容，能根据角色特征进行动作、表情的模仿，学说角色对话。

2.在教师指导下，能与同伴协商进行角色分配，合作表演。

游戏材料

服装、头饰、音乐、道具等。

游戏过程

游戏：生肖剧场

同伴互相装扮表演角色

同伴合作进行情节表演

三、剧场体验活动

剧目宣传

来看演出啦

纪念品分发现场

剧场布置

摆放宣传海报

展示创意制作

表演观演

表演小动物渡河场景

小观众评价演员的表演

主题实施小结

　　在《十二生肖》戏剧活动开展中，幼儿了解到生肖的由来，知道年龄与生肖有密切关系。通过戏剧课程、戏剧区域、戏剧走班等系列活动的开展，幼儿们的想象创造力、语言表达能力、肢体表现能力、同伴协作能力等均得到一定的发展。通过这一系列活动，幼儿能够理解戏剧《十二生肖》的主要情节内容，了解十二生肖的由来及其排列顺序，进一步感受到十二生肖是中国独有的文化。在架构主题中，教师整合多种资源丰富幼儿关于十二生肖的认知，使幼儿能多角度感受中国传统文化；同时合理设计相关戏剧活动，有效运用戏剧教学策略，助推幼儿经验生长。在此过程中，教师的戏剧观念不断转变，能够做到欣赏幼儿、聆听幼儿、享受当下，为高质量的戏剧活动奠定基础。

　　（本主题活动由郭爱娟、刘晓惠、俞漫溪、苏洁、胡小霞提供）

大班戏剧主题《小蛋壳奇遇记》

参考绘本：本园原创。

主题分析与架构

一、主题来源与核心价值

　　中华人民共和国教育部提出，要积极开展环保主题的教育及实践活动。《幼儿园教育指导纲要》《3-6岁儿童学习与发展指南》指出幼儿要初步了解人们的生活与自然环境的密切关系，爱护身边的环境，知道节约资源，保护环境。在"环保小卫士"的主题下，大班孩子们开展了垃圾分类的班本化活动。在一次吃完点心后，孩子们对蛋壳究竟属于什么垃圾产生分歧，教师抓住契机，拟通过戏剧主题活动《小蛋壳奇遇记》的开展，以"小蛋壳"的视角，鼓励幼儿在创编故事情节、交流环保话题、协商解决问题等的过程中，深度了解环境污染给人类、动物及自然界所带来的巨大危害，进而提升幼儿的环保意识，增强环保能力。

二、幼儿基础分析

　　通过谈话交流、问卷调查等方式，我们发现大班幼儿知道乱扔垃圾会对环境产生一定的影响，由此可知他们有保护环境、节约资源的初步意识。但幼儿对垃圾科学分类及回收利用的方法、垃圾的价值了解甚少。为丰富幼儿的认知，使其有足够的基础经验进入到戏剧活动，需通过各种活动帮助幼儿积累相关知识与经验。

三、主题目标

1. 通过主题活动，了解垃圾分类的方法，切身感受保护自然环境的重要性。

2. 以"小蛋壳去找家"为线索，想象创编小蛋壳在土地、森林、大海等场景中的情节，能用较为丰富的语言、表情及动作进行大胆演绎。

3. 根据表演需要，发挥创造力和想象力，为戏剧表演设计制作服装、道具、场景等，并关注作品的美观性、实用性。

4. 在戏剧表演过程中，能与同伴协商制订游戏计划、明确游戏分工，自主分配角色并尝试合作表演，体验戏剧表演带来的快乐。

5. 小组能合作完成剧目宣传、剧场布置、表演观演等剧场体验活动，遇到问题时能主动想办法解决。

四、分幕线索构架与价值分析表

分幕	核心价值	戏剧冲突
第一幕 无家可归的小蛋壳	感受无家可归的小蛋壳想要找家的情感	出生后的小鸡抛弃了蛋壳
第二幕 小蛋壳去找家	知道乱扔垃圾的危害，进一步感受保护环境的重要性	小蛋壳在找家的过程中发现环境被污染，不知道自己的家在哪
第三幕 小蛋壳找到家	了解垃圾分类的方法以及不同垃圾的价值	虽然知道自己应该要去"厨余垃圾桶"，但是看到臭臭的垃圾桶，有些犹豫
第四幕 小蛋壳价值大	知道再小的东西也有它的价值，进而引申到每个人都有优点	蛋壳可以变成肥料，帮助植物开出美丽的花朵

五、戏剧主题课程实施网络图

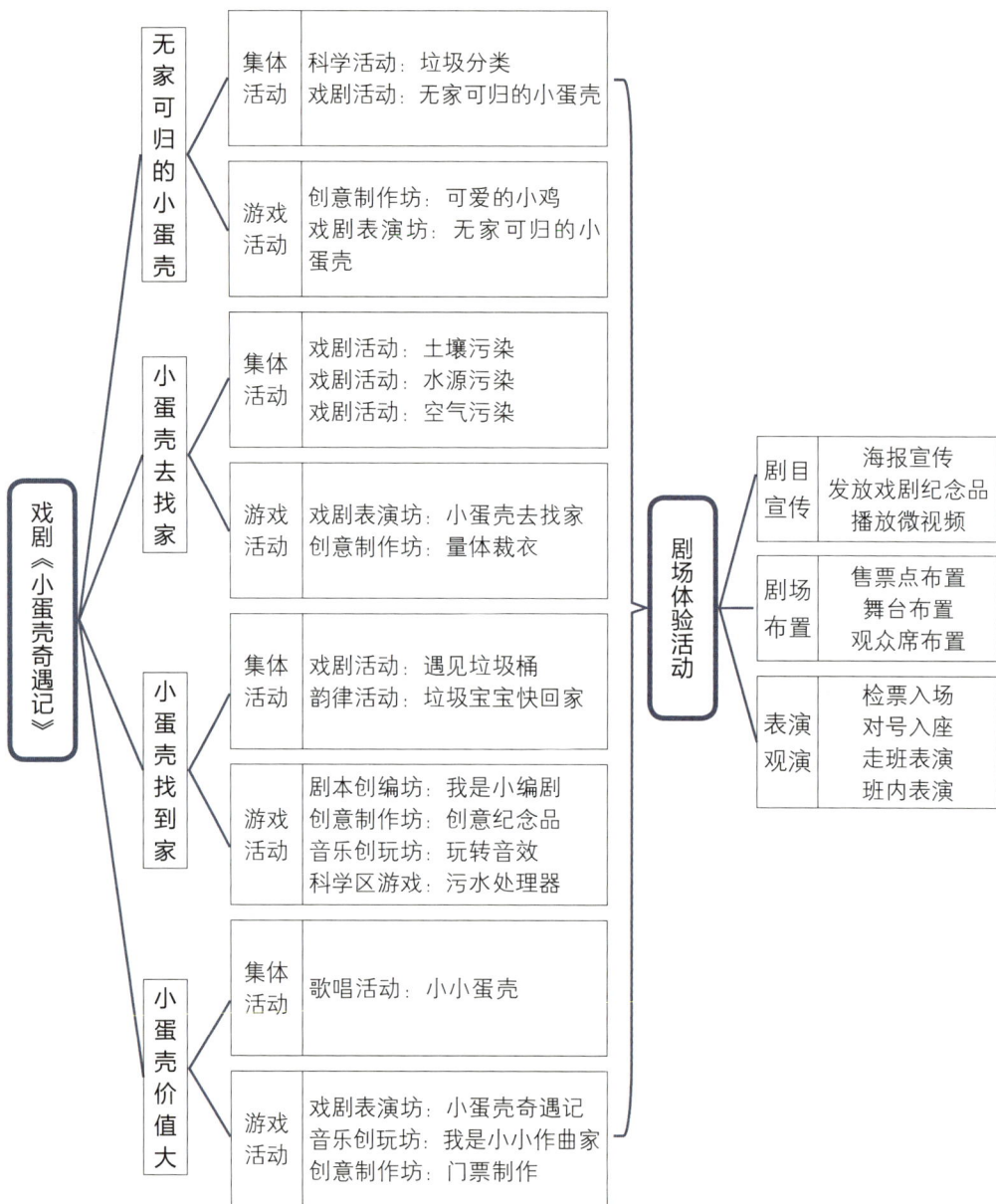

戏剧《小蛋壳奇遇记》			
无家可归的小蛋壳	集体活动	科学活动：垃圾分类 戏剧活动：无家可归的小蛋壳	
	游戏活动	创意制作坊：可爱的小鸡 戏剧表演坊：无家可归的小蛋壳	
小蛋壳去找家	集体活动	戏剧活动：土壤污染 戏剧活动：水源污染 戏剧活动：空气污染	
	游戏活动	戏剧表演坊：小蛋壳去找家 创意制作坊：量体裁衣	
小蛋壳找到家	集体活动	戏剧活动：遇见垃圾桶 韵律活动：垃圾宝宝快回家	
	游戏活动	剧本创编坊：我是小编剧 创意制作坊：创意纪念品 音乐创玩坊：玩转音效 科学区游戏：污水处理器	
小蛋壳价值大	集体活动	歌唱活动：小小蛋壳	
	游戏活动	戏剧表演坊：小蛋壳奇遇记 音乐创玩坊：我是小小作曲家 创意制作坊：门票制作	

剧场体验活动		
剧目宣传	海报宣传 发放戏剧纪念品 播放微视频	
剧场布置	售票点布置 舞台布置 观众席布置	
表演观演	检票入场 对号入座 走班表演 班内表演	

小蛋壳奇遇记

六、戏剧主题资源利用与环境创设

1. 资源盘点

资源类型	资源内容	资源利用的可能性
绘本资源	《扔或不扔》	该绘本以故事的形式完整呈现了垃圾处理的系统知识，可投放于阅读区以丰富幼儿对于垃圾分类及回收利用的认知经验
	《垃圾去哪儿了》	该绘本分为4册，分别向读者介绍和展示了垃圾、污水、废纸、塑料的回收再利用的过程。该绘本可投放于游戏中，丰富幼儿资源再利用的创作经验
	《这片草地真美丽》	该绘本讲述的是人们为满足自身舒适生活一步一步扩大需求，把原来美丽的草地毁灭与破坏。可使幼儿通过阅读，丰富对戏剧创作的经验，加深对于环保重要性的理解
社会资源	社区垃圾回收点、环保公司	1. 通过社区垃圾回收点了解垃圾分类的方式 2. 通过参观环保公司了解垃圾是如何回收再利用的
家长资源	家长进课堂	利用家长资源了解环保方面的知识及家中垃圾分类处理小妙招

2. 相关准备：

（1）环境准备：创设关于《小蛋壳奇遇记》的主题环境、区域环境、主题墙。

大厅环境

班级主题环境

（2）材料准备：

① 提供与本主题相关的角色手偶、皮影等材料。

② 提供四大工作坊相关的低结构材料、装饰材料、可回收材料等激发幼儿创意想象与制作能力。

七、戏剧主题集体活动

分幕	活动内容	预设活动意图
第一幕 无家可归的小蛋壳	科学活动：垃圾分类	了解垃圾分类的重要性，并能将垃圾进行正确分类；进一步强化对环境保护的意识，愿意用行动保护环境
	戏剧活动：无家可归的小蛋壳	欣赏图片，了解蛋壳的无奈。幼儿通过坐针毡、旁述默剧等戏剧策略，感受"蛋壳"被留下的心情，并对故事的发展展开想象
第二幕 小蛋壳去找家	戏剧活动：土壤污染	在土壤污染的情境中，小组合作表演小蛋壳来到田地发现土壤污染的情节，生发与生活在土壤中动物的对话
	戏剧活动：水源污染	根据水污染的情境，小组合作创编并表演小蛋壳发现水源污染的情节，生发和生活在水中动物的对话
	戏剧活动：空气污染	根据空气污染的情境，创编小蛋壳来到森林，发现空气污染的情节，并用适当的表情、动作、语气等与同伴合作表演
第三幕 小蛋壳找到家	戏剧活动：遇见垃圾桶	利用坐针毡、教师入戏和内心独白等戏剧策略，创编小蛋壳遇到垃圾桶的情节及对话，并用肢体大胆表达表现
	韵律活动：垃圾宝宝快回家	根据"垃圾宝宝回家"的情节线索，分组创编垃圾宝宝和垃圾桶的动作，并能随乐合作表演
第四幕 小蛋壳价值大	歌唱活动：小小蛋壳	学唱歌曲《小小蛋壳》，并能结合小蛋壳的价值尝试替换歌词仿编歌曲，合作演唱

八、主题区域游戏创设表

区域名称	游戏名称	游戏目标	投放材料	观察与指导要点
创意制作坊	可爱的小鸡	通过个人、小组合作的方式，尝试运用多种材料进行组合设计并制作小蛋壳中角色的头饰	纸盘、纸碗、纸盒、塑料盒、颜料、彩纸、儿童胶枪、剪刀、胶水等	1. 关注幼儿的设计是否符合角色特征，使用材料是否适宜且有创意性 2. 在分享交流时引导幼儿大胆介绍自己的创意作品
创意制作坊	量体裁衣	利用多元废旧材料、低结构材料等，发挥创意想象为戏剧表演设计和制作符合角色特征的、具有美观性的角色服装	一次性纸制品、蛋托、桌布、垃圾袋、旧衣服、废旧电池、吸管、纽扣、麻绳、尺子、剪刀、胶枪、打孔机、订书机、搭扣、刺毛贴、缝纫机等	1. 关注幼儿量体裁衣的方式方法 2. 引导幼儿选用合适的材料制作和装饰服装
	旋转海报	能用多种方式表现事物和情景，且主体突出、布局合理，并与同伴合作，进行艺术表现	纸筒、黏土、扭扭棒、颜料、胶枪及各种装饰材料	1. 关注整个海报的呈现方式及细节 2. 鼓励幼儿使用多种方式表达表现
	海底世界场景制作	能运用多元材料尝试为戏剧表演制作舞台道具，如蛋壳、舞台背景等	瓶子、KT板、纸杯、纸筒、手套、颜料、毛根、刻刀等	1. 引导幼儿关注舞台道具设计的美观性及可操作性 2. 关注幼儿能否与同伴分工合作
	门票制作	设计并制作多形式且凸显戏剧主题的门票	各类纸张、低结构材料、操作工具等	1. 关注幼儿制作的门票是否凸显戏剧主题 2. 引导幼儿在分享交流时介绍自己的经验
	创意纪念品	发挥想象，运用多种材料制作创意纪念品，变废为宝	彩笔、彩纸、剪刀、胶水、气球、颜料、各类低结构材料、废旧物品等	1. 引导幼儿在制作中使用多种艺术表现形式 2. 鼓励幼儿用自己制作的美术作品布置环境
剧本创编坊	我是小编剧	自主创编小蛋壳的故事内容、情节、对话等并表征记录	各类纸若干、勾线笔、环扣、打孔机等	引导幼儿围绕故事内容创编情节与对话，并清楚连贯地讲述
	小蛋壳剧场	1. 能根据场景和角色特征大胆讲述和表演故事内容 2. 能与同伴进行合作游戏	故事场景图若干、各种动物角色的指偶、小剧场	1. 引导幼儿根据场景和角色特征创编故事并讲述 2. 分享交流时引导幼儿认真倾听同伴的讲述并完善剧本

续表

区域名称	游戏名称	游戏目标	投放材料	观察与指导要点
音乐创玩坊	玩转音效	1. 探索多种材料模拟不同音效的方法，并大胆表现剧本中的音效 2. 尝试小组合作，为戏剧表演配音	各类自然类材料、乐器、自制图谱、多媒体设备等	1. 在音效模拟的过程中，引导幼儿大胆地说出对于声音的理解和感受 2. 师幼共同制作音效图谱，观察幼儿能否合作演奏
	我是小小作曲家	1. 鼓励幼儿在对已有情节理解的基础上，尝试替换歌词内容 2. 小组合作演唱，大胆表达自己的情绪、情感	纸、笔、音乐、图谱板	1. 指导幼儿通过即兴哼唱的方法给熟悉的歌曲编词，并表征记录 2. 引导幼儿演唱改编的歌曲
戏剧表演坊	小蛋壳奇遇记	1. 能根据剧情需要创编角色台词并能用动作自信大方地表演 2. 选择合适的服装道具等进行合作表演，初步遵守简单的剧场规则	服装、头饰、道具、自制剧本、场景、音乐等	1. 关注幼儿在表演时是否运用丰富的表情和动作，能否结合情境用适合的语言来表达 2. 观察幼儿在表演中遇到的问题，并观察他们如何解决
科探区游戏	污水处理器	1. 探究把水变干净的办法，感知污水通过多层材料过滤可以变干净 2. 通过观察、操作、实验等方法制作处理器并成功净化污水 3. 通过实践活动，体会净水过程的不易，从而增强环保意识	过滤材料：棉花、鹅卵石、混合过滤材料、活性炭、人造化学纤维、滤网、石英砂、火山石等 制作材料：塑料瓶、毛根、水管、网格布等	1. 关注幼儿当下的探索关注点与能力水平 2. 观察幼儿记录的方法

主题活动展开

一、集体活动

科学活动：垃圾分类

活动目标

1. 了解垃圾分类的重要性，并能将垃圾进行正确分类。

2. 进一步感知人与环境的密切关系，愿意用行动保护环境。

活动准备

经验准备：知道垃圾要分类放到垃圾桶里。

材料准备：旧报纸、饮料瓶、废纸盒、废电池、果皮、枯树叶、菜叶等图片，可回收垃圾箱、不可回收垃圾箱、厨余垃圾箱等标记图，课件。

活动过程

（一）谈话导入，了解垃圾污染对人类的危害

提问： 垃圾乱扔会对地球造成怎样的影响？（出示河流、空气、土壤等被污染图片。）

（组织要点：引导幼儿通过图片观察、交流谈话，了解垃圾污染对环境造成的危害。）

（二）认识分类标记，尝试小组操作进行垃圾分类

1. 出示"垃圾桶"，认识分类标记。

提问：这有四个垃圾桶，有什么不同？我们扔垃圾的时候要注意些什么？

小结：四个垃圾桶的颜色和标志都不一样，分为可回收垃圾桶、有害垃圾桶、厨余垃圾桶和其他垃圾桶。扔垃圾时要分类放入对应的垃圾桶里。

2.分组操作，了解不同垃圾的分类方法。

幼儿分组操作，每组小朋友合作将垃圾图片送到相应的垃圾桶。

小结：回收经过处理能再利用的是可回收垃圾，应该扔进可回收垃圾桶中；废电池、灯泡等有毒有害物质，都要放到有害垃圾桶中；吃剩的苹果、鱼骨头、菜叶、瓜壳果皮、剩下的饭菜都属于厨余垃圾，需要扔进厨余垃圾桶内；除了刚才三种类型垃圾以外的其他垃圾，都要放入其他垃圾桶。

（三）通过戏剧小游戏"走走停停"，巩固垃圾分类的方法

游戏玩法：一部分幼儿扮演各种垃圾桶，另一部分幼儿扮演各种垃圾。一起跟随教师朗诵的儿歌自由走动，当听到对应的儿歌时，相应的角色就要抱在一起。如听到"蓝色大桶可回收，变废为宝真厉害"时，贴有可回收垃圾胸牌的幼儿就要和扮演可回收垃圾桶的幼儿抱在一起。

附儿歌：

小朋友，讲文明，垃圾分类要分清。

蓝色大桶可回收，变废为宝真厉害，

绿色大桶装剩菜，变成肥料来灌溉，

红色大桶最有害，电池灯管快进来，

灰色大桶装其他，废布旧物来安家。

垃圾分类要牢记，××垃圾快进来！

（组织要点：鼓励幼儿参与游戏，化身成不同的"垃圾"，在反复游戏中巩固垃圾分类的方法。）

（四）活动延伸

小朋友，地球是我们共同的家，回家还可以和爸爸妈妈一起设计垃圾分类的宣传海报，我们要一起保护环境！

戏剧活动：无家可归的小蛋壳

活动目标

1. 了解故事发生的起因，感受小蛋壳无家可归的心情。

2. 通过旁述默剧、"照镜子"等方式，创编鸡妈妈生蛋和小蛋壳被遗弃的情节、对话。

活动准备

材料准备：铃鼓。

活动过程

（一）暖身活动：走停游戏

游戏玩法： 幼儿随铃鼓声自由走动，当听到指令时就要摆出相应造型，如可爱的小鸡、着急的鸡妈妈、生蛋的母鸡、惊讶的鸡妈妈、破壳而出的蛋宝宝等。

（组织要点：关注幼儿游戏时的速度、节奏、肢体的控制能力、想象力和创造力，遇到表现好的个性化资源，教师及时捕捉，利用幼幼互动的方式吸引其他幼儿的关注。）

（二）主题活动

1. 互动游戏，体验鸡妈妈下蛋的趣味情节。

游戏玩法： 教师扮演母鸡，小朋友跟在教师身后扮演未生出的鸡蛋。当"母鸡"发出"咯咯咯"的声音时，跟在最后的一名幼儿就要即兴表演鸡蛋出生滚动的动作及定格造型。

2. 旁述默剧，即兴表演小蛋壳被丢弃的情节。

游戏玩法： 幼儿根据教师的旁白进行即兴表演。

旁白： 鸡妈妈生了好多蛋宝宝，她从白天孵到晚上，又从晚上孵到白天，蛋宝宝们还没有动静。这可急坏了鸡妈妈，鸡妈妈说……这时，蛋壳发出"咔嚓咔嚓"的声音，小鸡终于出来了，鸡妈妈非常开心，她说……小鸡非常喜爱它的妈妈，它对妈妈说……

（组织要点：教师在说旁白时，要根据幼儿的表现灵活调整。如当幼儿表现丰富时，教师要简化旁白，为幼儿预留更多即兴演绎的空间；当幼儿表现单一时，教师要丰富旁白，为幼儿提供具体的行动提示。）

3. 通过"照镜子"游戏，理解小蛋壳无家可归的心情，创编其内心独白。

提问： 被丢弃的小蛋壳现在的心情怎么样？又会说些什么呢？

游戏玩法: 幼儿两两合作,一名幼儿扮演小蛋壳创编动作与内心独白,另一名幼儿扮演镜子进行模仿。

(组织要点:教师关注幼儿的语气、语调、动作,抓取不同的资源,鼓励幼儿大胆猜测蛋壳的内心。)

(三)结束活动

随音乐展开想象:小蛋壳会找到自己的家吗?找家的过程中会发生什么有趣的事情呢?

戏剧活动: 土壤污染

活动目标

1.进一步了解土壤被垃圾污染后给动物带来的伤害。

2.创编小蛋壳在污染的土壤中找家的相关情节及角色对话,感受保护环境的重要性。

活动准备

材料准备:铃鼓、相关幻灯片、勾线笔、纸。

活动过程

(一)暖身活动: 反口令游戏

游戏1: 幼儿在场域内自己行走,并跟随教师铃鼓提示变换行走的速度、脚步的轻重等。当听见教师的口令时,就要停下来做相应的肢体动作和情绪表情,如蹲、跳、拍手、跺脚、伤心、开心……

游戏2: 在游戏1的基础上,增加反口令游戏难度:当听见口令时,要停下来做相反动作,如蹲就是跳、拍手就是跺脚……

(组织要点:教师注意操作铃鼓时的速度和轻重,要依据幼儿情况,在幼儿可以接受的范围内逐步增加游戏难度;并在游戏的过程中关注幼儿的反应力、肢体控制力、共享空间能力,以及幼儿的想象力和创造力,若发现幼儿有富有个性的表现应在游戏过程中及时点评。)

（二）主题活动

1. 观察图片，了解乱丢垃圾给土壤及动、植物带来的危害。

导语：鸡蛋壳们手拉手走呀走，来到一片田地里。看到了什么？

提问：土壤变成了什么样子？

小结：原来在泥土里埋了很多各种各样的垃圾，有电池、饮料瓶、香蕉皮等。这些垃圾让它们非常不舒服。

（组织要点：观察图片，引导幼儿发现因为环境受污染所导致的土质变硬、动物失去家园等问题。）

2. 小组讨论，借助"故事地图"创编土壤污染后的相关情节。

（1）借助故事地图创编小蛋壳遇到土壤生物的情节。

提问：小蛋壳来到了被污染的土地，它们会遇到谁？会说些什么呢？

（2）围绕话题，幼儿分小组合作讨论并记录。

（3）集体交流，教师分享评价。（评价要点：情节的合理性与孩子表征记录的方式和方法。）

（组织要点：在组织集体交流环节中，针对幼儿创编的内容，教师要关注内容的丰富性与合理性、是否有角色心理的描绘或者具体的对话等。在幼儿表征记录的方式方法上，教师要关注是否能用特殊的标记、分格画面等方式来表征细微内容。如果有以上亮点资源，教师要及时抓取，并通过幼幼互动吸引其他幼儿的关注。）

3. 分组表演，通过"即兴扮演"生发小蛋壳与动物之间的对话。

（1）通过魔法照片的方式，即兴创编小蛋壳与土壤生物角色的对话。

（2）幼儿合作建构土壤的场景。

情景表演：小蛋壳来到了土地上，遇到了土壤生物，它们会说些什么做些什么呢？幼儿自主选择小蛋壳或土壤生物角色，表演小蛋壳和土壤生物相遇的场景画面。

（组织要点：在小组合作表演的过程中，教师首先关注的是幼儿是否能顺利地完成角色分配，其次是关注幼儿在合作表演时是否又有新的内容生发，同时还要观察幼儿是否有困难，并适时地给予帮助与指导。）

（三）结束活动

听轻音乐放松身体，想象小蛋壳继续前行又会发生什么事？

戏剧活动：水源污染

活动目标

1. 能根据情节线索，创编水源污染的情节及角色对话，并尝试小组合作表演。
2. 了解水污染给动物带来的伤害，进一步感受保护环境的重要性。

活动准备

经验准备：了解乱丢垃圾给环境带来的影响。

材料准备：相关幻灯片（含图片、视频、音乐）、铃鼓、勾线笔、记录纸、纱巾。

环境准备：U 形座位、四张记录桌子、一张展示板。

活动过程

（一）暖身活动：走走走

游戏 1： 幼儿在场域内自由行走，并跟随教师铃鼓提示变换行走的速度、步伐的轻重等。当听见教师的口令时，就要停下来用相应的肢体动作来表现某一种海洋生物。

游戏 2： 在游戏 1 的基础上，幼儿摆出相应海洋生物的定格造型后，当听到音乐时，就要让这些海洋生物动起来。

（组织要点：教师在操作铃鼓的速度和轻重时，要依据幼儿情况，在幼儿可以接受的范围内逐步增加游戏难度；并在游戏的过程中关注幼儿的反应力、肢体控制力、共享空间能力，以及想象力和创造力，若发现富有个性的、生动的不同定格造型和行动姿态要及时点评。）

（二）主题活动

1. 观看视频，了解乱丢垃圾给水源及水生物带来的危害。

（1）观看图片，回顾故事内容。

过渡： 还记得之前关于小蛋壳的故事吗？农场里的母鸡妈妈生了许多蛋宝宝，在鸡妈妈的精心照顾下，鸡宝宝终于破壳而出跟着鸡妈妈回家了，留下了可怜的小蛋壳无家可归。小蛋壳决定自己去找家，它走啊走啊，来到了大海边。

（2）观看视频，了解海洋污染危害。

提问： 大海变成了什么样子？是谁造成的？

小结： 原来由于人类乱丢垃圾，导致大海里漂浮了各种各样的垃圾，对海洋生物造成了严重危害。

（组织要点：在观看视频后，组织幼儿围绕核心话题进行讨论时，教师不仅要注重情节的可能性，更要关注面对水污染一些海洋生物的感受，一是为了引发幼儿的同理心，二是为接下来创编角色对话和内心独白做好铺垫。）

2.小组讨论，借助"故事地图"创编主要情节。

（1）交代要求，抛出创编线索。

线索：小蛋壳来到了被污染的大海，它会遇到谁，会发生什么样的故事呢？

要求：将幼儿分为6人一组，商量讨论，并把创编的情节记录下来。

（2）小组讨论，表征创编情节。

（3）集体交流，分享创编内容。

（组织要点：在组织集体交流环节中，针对创编的内容，教师要关注内容的丰富性、合理性，是否有角色心理的描绘或者具体的对话等。在幼儿表征记录的方式方法上，教师要关注是否能用特殊的标记、分格画面等方式来表征细微内容。如果有以上亮点资源，要及时抓取，并通过幼幼互动吸引其他幼儿的关注。）

3.分组表演，通过"即兴扮演"丰富角色对话。

（1）交代要求，拓展创意空间。

提问：接下来，让我们一起把这些有趣的情节表演出来。大家可以再想一想，在小蛋壳出现之前，这些海洋生物们可能在做些什么？当小蛋壳出现后它们之间又会说什么呢？说话的声音又会是什么样子的呢？

要求：先小组商量分配角色，再小组合作进行表演。老师还为大家准备了一些丝巾，想象一下，在表演的过程中它可以怎么用，有需要的话可以自取。

（2）合作表演，生发角色对话。

（3）小组展演，交流表演经验。

（组织要点：在小组合作表演的过程中，教师首先关注的是幼儿是否能顺利地完成角色分配，其次是关注幼儿在合作表演时是否又有新的内容生发，同时还要观察幼儿是否有困难，并适时地给予帮助与指导。）

（三）结束活动

小蛋壳知道了垃圾对海洋生物的危害，于是决定带着垃圾宝宝离开大海去寻找它们的家园，接下来又会发生什么呢？

戏剧活动：空气污染

活动目标

1.能根据情节线索，创编空气污染的情节及角色对话，并能小组合作表演。

2.了解空气污染给动物带来的伤害，进一步感受保护环境的重要性。

活动准备

经验准备：了解乱排废气给环境带来的影响。

材料准备：相关幻灯片（含图片、视频、音乐）、铃鼓、勾线笔、记录纸、面罩。

环境准备：U形座位、四张记录桌子、一张展示板。

活动过程

（一）暖身活动：走走停停

游戏1： 幼儿在场域内自己行走，并跟随教师铃鼓提示变换行走的速度、步伐的轻重等。当听见教师的口令时，就要停下来用相应的肢体动作来表现某一种动物。

游戏2： 在游戏1的基础上，幼儿摆出相应动物的定格造型后，当听到音乐时，就要让这些动物活动起来。

（组织要点：教师要注意操作铃鼓的速度和轻重，要依据幼儿情况，在幼儿可以接受的范围内逐步增加游戏难度；并在游戏的过程中关注幼儿的反应力、肢体控制力、共享空间能力，以及想象力和创造力，若发现幼儿有富有个性的飞行动物的不同定格造型和行动姿态要及时点评。）

（二）主题活动

1.观看视频，了解乱丢垃圾对空气污染带来的危害。

（1）通过戏剧小游戏，感受空气污染对动物的伤害。

小朋友扮演成自己喜欢的飞行动物，教师旁述动物的飞行过程："小动物们飞呀飞呀，飞进了一团黑烟……"（幼儿做出相应的反应，如熏得眼睛睁不开、呛得咳嗽。）"一股难闻的气味飘了过来……"（幼儿做出相应动作，如捂住鼻子、咳嗽。）"慢慢失去力气，掉在树林里。"

（2）观看图片，了解空气污染危害。

提问： 天空变成了什么样子？谁造成的？这会给动物带来什么影响？

小结： 原来因为焚烧垃圾，对空气造成了严重污染。天空被黑烟笼罩，弥漫着有毒气体的味道，人们和动物都受到了严重影响。

（组织要点：在观看视频后，组织幼儿围绕核心话题进行讨论时，教师不仅要注重情节的可能性，更要关注面对空气污染后一些动物的感受，一是为了引发幼儿的同理心，二是为接下来创编角色对话和内心独白做好铺垫。）

2. 小组讨论，借助"故事地图"创编主要情节。

（1）交代要求，抛出创编线索。

提问： 小蛋壳来到了空气被污染的陆地，它会遇到谁，会发生什么样的故事呢？

要求： 将幼儿分为 6 人一组，商量讨论，并把创编的情节记录下来。

（2）小组讨论，表征创编情节。

（3）集体交流，分享创编内容。

（组织要点：在组织集体交流环节中，针对创编的内容，教师要关注内容的丰富性、合理性，是否有角色心理的描绘或具体的对话等。在幼儿表征记录的方式方法上，教师要关注幼儿是否能用特殊的标记、分格画面等方式来表征细微内容。如果有以上亮点资源，要及时抓取，并通过幼幼互动吸引其他幼儿的关注。）

3. 分组表演，通过"即兴扮演"丰富角色对话。

（1）交代要求，拓展创意空间。

提问： 当小蛋壳出现之前，这些飞行动物们可能在做些什么？当小蛋壳出现后它们之间又会说什么呢？说话的声音又会是什么样子的呢？

要求： 先小组商量分配角色，再小组合作进行表演。在表演过程中有需要用到道具的可以自取。

（2）合作表演，生发角色对话。

（3）小组展演，交流表演经验。

（组织要点：在小组合作表演的过程中，教师首先关注的是幼儿是否能顺利地完成角色分配，其次是关注幼儿在合作表演时是否又有新的内容生发，同时还要观察幼儿是否有困难，并适时给予帮助与指导。）

（三）结束活动

小蛋壳知道了空气污染对动物们的危害，觉得不应该继续待在这里，有什么好的办法可以改变吗？接下来又会发生什么呢？

戏剧活动：遇见垃圾桶

活动目标

1. 在角色扮演的过程中，创编小蛋壳遇见垃圾桶的情节与角色对话。
2. 能在戏剧活动中大胆表达表现，体验戏剧活动的乐趣。

活动准备

材料准备：垃圾回收站照片、角色头饰（如厨余垃圾、小蛋壳）。

活动过程

（一）暖身活动：动作传真机

游戏玩法： 幼儿围圈站好，圈内任意一个发起者开始游戏并创编一个动作，其他幼儿进行模仿。第二个发起者则要在第一个动作基础上累加创编一个新动作，其他幼儿再次模仿，依此类推反复游戏。

（二）主题活动

1. 图片导入，引出情节创编线索。

故事： 蛋壳宝宝走过了田野，越过了河流，穿过了树林，可是它仍然不知道它的家在哪里。就在这时，它在转角处遇到了四个垃圾桶。

2. 即兴扮演，创编垃圾桶和小蛋壳的对话。

教师入戏扮演小蛋壳，幼儿分组扮演四个垃圾桶。

小蛋壳： 你是谁？你是我的家吗？

垃圾桶： 我是××垃圾桶，我不是你的家，我是××的家。

（组织要点：教师在入戏小蛋壳的过程中，以角色身份引导幼儿创编与垃圾桶的对话。当幼儿语言单一时，可灵活通过追问丰富对话，如"你知道我的家在哪里吗"等。）

3. 交流互动，探讨说服小蛋壳回家的方法。

提问： 小蛋壳找到了厨余垃圾桶，但是它因为垃圾桶又脏又臭而不肯回家。你会如何劝说小蛋壳回家呢？

小结： 在大家的帮助下，小蛋壳知道自己待在垃圾桶里只是暂时的，经过回收处理后可以变成有用的肥料、清洁剂等，它就开开心心地回家了。

（三）结束活动

厨余垃圾桶：小蛋壳，我身体里面装的都是一些瓜皮果壳和人们吃剩的饭菜，你就是其中的一员。虽然我闻起来有点臭，可是作用却很大。

韵律活动：垃圾宝宝快回家

活动目标

1. 感知乐曲的特点，尝试创编垃圾桶和垃圾宝宝的动作。
2. 能跟随音乐，合作表演，体验音乐活动的乐趣。

活动准备

经验准备：对垃圾分类有一定的了解。

材料准备：音乐、图谱。

环境准备：U 形座位。

活动过程

（一）回忆故事，欣赏乐曲

提问 1：垃圾宝宝终于找到了自己的家，它们每天都会和垃圾桶一起玩开心的游戏，那它们会怎么玩呢？

提问 2：可以用什么动作表示呢？

过渡：它们是怎么玩的，秘密就藏在一首音乐当中，让我们一起来听一听。

（组织要点：教师要观察幼儿创编游戏的动作，可作为分享交流的资源。在欣赏音乐的过程中，教师要有节奏地说唱歌词。）

（二）出示图谱，理解图谱与乐句的关系

提问：刚才你听到了什么？（教师根据幼儿的回答逐句出示图谱。）

再次倾听音乐，幼儿尝试说唱歌词。

（组织要点：此环节中，教师要关注幼儿对图谱与乐句之间关系的理解，并能引导幼儿跟随音乐的节奏尝试说唱歌词。）

（三）创编垃圾桶和垃圾宝宝的动作

提问：垃圾桶在邀请垃圾宝宝回家时会做什么动作呢？垃圾宝宝又会做什么动作呢？

幼儿跟随音乐节奏做动作。

出示游戏队形图。

（组织要点：在此环节中，教师要关注幼儿是否能够创编垃圾桶和垃圾宝宝的动作，是否能跟随乐曲节奏合拍做动作。）

（四）分配角色，合作表演

分组自选角色。

小组合作表演。

（组织要点：教师要关注幼儿能否创编游戏玩法，以及能否进行合作游戏。）

（五）随音乐完整游戏

（组织要点：教师要关注幼儿是否能跟随音乐节奏进行游戏。在游戏过程中，如有困难的幼儿，教师可用口令帮助幼儿。）

游戏指令卡

歌唱活动：小小蛋壳

活动目标

1. 借助图谱理解歌词，学唱歌曲。

2. 能替换 B 段歌词仿编歌曲，并能小组合作演唱。

3. 体会歌曲创编和表演的乐趣。

活动准备

材料准备：音乐、纸、笔、图谱。

活动过程：

（一）借助图谱学唱歌曲

1. 欣赏歌曲，理解歌词。

教师示范演唱后提问：你们听到了什么？（教师根据幼儿的回答出示对应图谱。）

2. 再次欣赏歌曲，回忆歌词。

提问： 你们还听到了什么吗？（教师用演唱的形式回应幼儿。）

（组织要点：在幼儿回忆歌曲的过程中，教师要用歌曲的形式进行回应，并同步出示对应图片，帮助幼儿理解图谱和歌曲的对应关系。）

3. 借助图谱，学唱歌曲。

（1）多次倾听歌曲，在图片排序的过程中，熟悉歌词旋律与歌词。

过渡： 图谱都被大家找出来了，应该按照怎样的顺序排列呢？我们再来听一听。

（2）在验证图谱的过程中，尝试演唱歌曲。

过渡： 大家排列的图谱顺序对吗？我们一起唱一唱验证一下。

（3）教师根据幼儿的演唱困难点摘句练习。

（组织要点：引导幼儿关注图谱和歌曲的对应关系，在学唱的过程中切记不要让幼儿机械地学唱，而是在图谱排序的任务驱动下自主学唱。）

（二）多形式演唱，巩固歌曲

1. 分组演唱歌曲。

2. 领唱。

3. 加动作演唱。

（三）创编歌曲 B 段歌词

1. 小组合作创编歌词，绘制图谱。

2. 小组练习演唱创编歌曲。

3. 分组展示创编的歌曲，并相互评价。

（组织要点：教师组织幼儿进行小组评价的过程中，要关注幼儿的学习品质和全面发展，而不仅仅聚焦在他们唱得是否动听或编得好不好。）

《小小蛋壳》歌谱

（四）活动延伸

小蛋壳还有什么本领呢？让我们一起去音乐创玩坊玩一玩吧！

二、区域游戏活动

创意制作坊

游戏目标

1.能运用多种材料制作头饰、道具、服装、海报、门票，并投放于表演区使用；制作的过程中能大胆创新。

2.对制作活动感兴趣，体验创意制作的乐趣。

游戏材料

低结构材料：塑料瓶、薯片桶、泡沫纸、树枝、KT板、纸杯、纸盘、纸筒、纸箱、蛋托、桌布、垃圾袋、旧衣服、废旧电线、电池、吸管、纽扣、印刻工具等。

工具类材料：儿童胶枪、剪刀、胶水、手套、颜料、毛根、刻刀、打孔机、订书机、搭扣、刺毛贴、缝纫机等。

游戏过程

游戏一：可爱的小鸡

装饰头饰

佩戴头饰

游戏二：量体裁衣

测量裁剪

试一试我们做的衣服吧

游戏三：旋转海报

完善海报

将立体海报固定在旋转架上

游戏四：海底世界

使用多种材料进行装饰

海底场景成品图

游戏五：门票制作

绘画戏剧元素

门票制作好啦

游戏六：创意纪念品

运用蛋壳制作纪念品

利用废旧水瓶制作纪念品

制作环保手拎袋纪念品

使用树叶制作纪念品

剧本创编坊

游戏目标

1. 能根据部分情节线索续编与创编故事情节内容。

2. 通过开展故事地图、手指游戏等语言游戏尝试进行台词创编。

3. 主动与同伴合作进行剧本创编，感受创编的乐趣。

游戏材料

信纸，写信支架，故事地图操作板，角色及场景摆件，勾线笔，剧本创编册，关于环保、垃圾分类的绘本，绘本好词、好句漂流本。

游戏过程

游戏一：我是小编剧

根据故事地图创编故事

用表征方式记录

游戏二：小蛋壳剧场

运用多种材料表演故事

游戏中完善剧本

音乐创玩坊

游戏目标

1. 尝试探索发现不同材质的物体所发出的声响，并用图表的形式进行归类总结。

2. 为戏剧《小蛋壳奇遇记》中不同场景、不同角色配上合适的音效。

3. 愿意与同伴合作创作，喜爱音效创玩游戏。

游戏材料

不同材质的物体、乐器、台历本、笔、纸。

游戏过程

游戏一：玩转音效

寻找音效

探索音色

建立音效库

成立音效剧本

游戏二：我是小小作曲家

改编歌词

替换歌词进行歌唱

创编歌曲动作

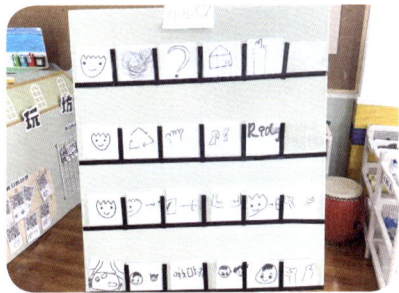

完整演唱主题曲

戏剧表演坊

游戏目标

1.能根据创编的剧本进行角色表演，会按剧情分配角色，创编角色台词，丰富表演内容。

2.主动与同伴合作表演，知道上下场、替换场景等流程，感受戏剧表演的乐趣。

3.能用多种形式进行戏剧评价，尝试合作解决表演过程中存在的问题。

游戏材料

剧本、服装、头饰、道具、音效等。

游戏过程

游戏：小蛋壳奇遇记

自主分配角色

为角色进行装扮

小组合作进行了表演

演出结束后点评现场

科探区游戏

游戏目标

1.探究把水变干净的办法，感知污水通过多层材料过滤可以变干净。

2.通过观察、操作、实验等方法制作处理器并成功净化污水。

3.通过实践活动，体会净水过程的不易，从而增强环保意识。

游戏材料

过滤材料：棉花、鹅卵石、活性炭、人造化学纤维、滤网、石英砂、火山石等。

制作材料：塑料瓶、毛根、水管、网格布等。

游戏过程

游戏：污水处理器

探索单一材料过滤效果

制作小型过滤器

利用低结构材料模拟污水处理流程图

进行污水过滤实验

三、剧场体验活动

剧目宣传

创意立体海报

宣传员到位

剧场布置

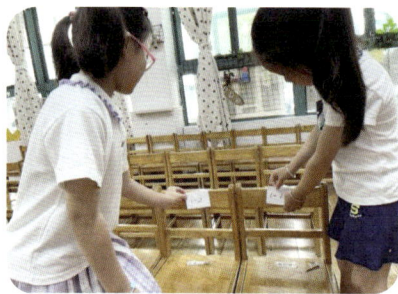
张贴剧场座位号

布置售票区

表演观演

小演员们倾情表演

演员与观众进行互动

主题实施小结

　　戏剧主题《小蛋壳奇遇记》遵循了幼儿自身学习的特点，支持幼儿在各领域集体活动和丰富的区域游戏中亲身参与、想象创造、问题思辨，根据"小蛋壳去找家"的线索创编戏剧情节、探讨环保话题、解决虚拟情境中遇到的问题，从而使其深度了解了环境污染给人类、动物及自然带来的巨大危害，增强了环保意识与能力，最终实现幼儿各领域整合融通的学习和多元能力的生长。在主题实施的过程中，教师能够依据幼儿的兴趣需要，不断生成可支持幼儿多元发展的课程内容，进而使课程的设计与实施能力得到了显著提升。

（本主题活动由蔡婷怡、赵璐璐、邹莲、张婷、杨志霞提供）

大班戏剧主题《年兽来了》

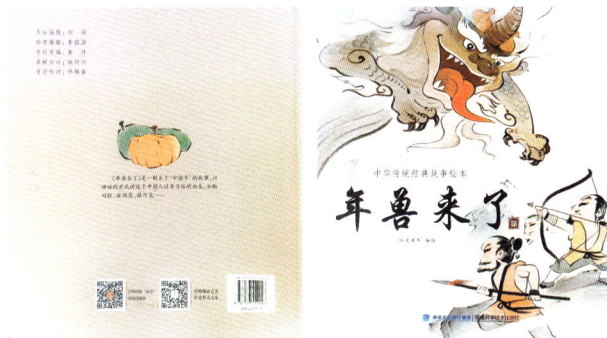

参考绘本：哈皮童年. 年兽来了 [M]. 福州：福建科学技术出版社，2017.

主题分析与架构

一、主题来源与核心价值

新年是中国传统节日，关于"年"自古就有很多传说。《年兽来了》是一则关于"中国年"的故事，以神话方式讲述了中国人过年习俗的由来。故事内容新颖、情节跌宕起伏、场面丰满、人物角色形象生动，富有戏剧性，表现出古代劳动人民机智勇敢、团结一心、战胜困难的优秀品质。拟通过该主题活动，传承中国传统节日文化，增强幼儿民族自豪感和文化自信。

二、幼儿基础分析

大班幼儿对过年的传统习俗有初步了解，如他们知道过年时要放鞭炮、穿新衣、拿压岁钱等，但对于"中国年"这个传统节日的由来不是很了解。在戏剧能力方面，大班幼儿有着较强的合作能力，能在戏剧活动中通过墙上角色、故事地图、即兴扮演等方式解决虚拟情境中所遇到的问题，并能够围绕情节线索进行大胆想象，创意演绎。

三、主题目标

1. 通过《年兽来了》戏剧主题活动，知道"中国年"的习俗及其由来，感受我国劳动人民不怕困难、团结智慧的优良品质，并因此感到自豪。

2.能想象创编人们团结一致、智斗年兽的故事情节,并能用较为丰富的语言及肢体动作合作演绎。

3.能根据自身经验及情节需要,选用合适的材料尝试制作村民和年兽的头饰、服装、武器等道具,进行角色装扮及场景布置。

4.能主动与同伴协商、合理分工,运用多种方式进行剧场布置、剧目宣传、戏剧表演观演等活动,感受剧场体验活动的乐趣。

四、分幕线索构架与价值分析表

分幕	核心价值	戏剧冲突
第一幕 年兽来了	了解在古代农耕对百姓的重要性	年兽进村破坏了村民们的生活
第二幕 保卫村庄	懂得遇到困难时,要集思广益想办法去解决	村民想了很多办法对抗年兽,但均失败
第三幕 斗年大战	知道要机智勇敢地面对"强者",感受团队合作的重要性	在"锦囊"的帮助下,村民团结一心赶跑了年兽
第四幕 快乐过年	了解过年的习俗,感受过年的快乐和幸福	村民们快乐地迎接新年

五、戏剧主题课程实施网络图

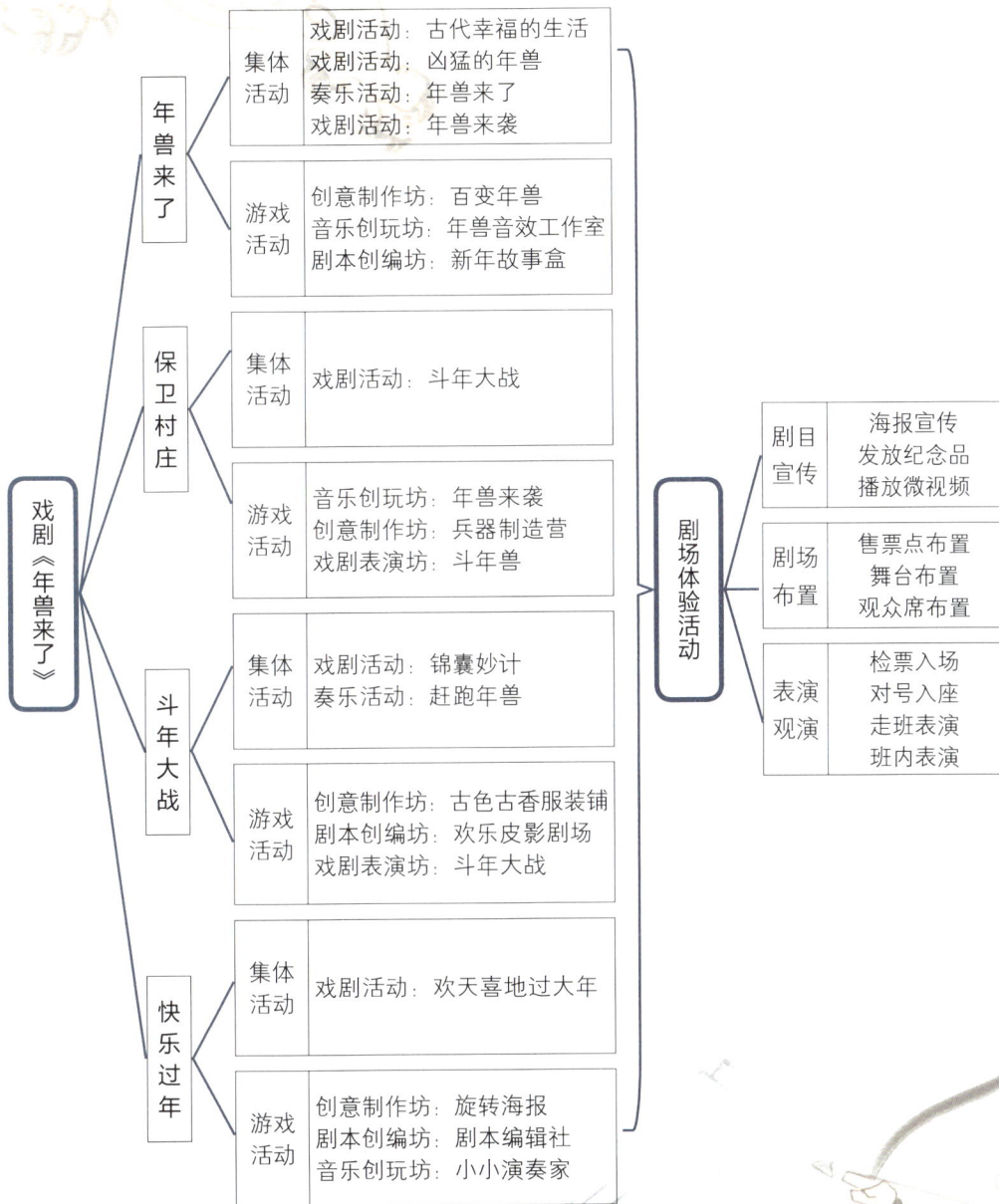

```
                        集体      戏剧活动：古代幸福的生活
                        活动      戏剧活动：凶猛的年兽
                  年               奏乐活动：年兽来了
                  兽               戏剧活动：年兽来袭
                  来
                  了               创意制作坊：百变年兽
                        游戏      音乐创玩坊：年兽音效工作室
                        活动      剧本创编坊：新年故事盒

                  保     集体
                  卫     活动      戏剧活动：斗年大战
                  村
                  庄               音乐创玩坊：年兽来袭
                        游戏      创意制作坊：兵器制造营
  戏                     活动      戏剧表演坊：斗年兽
  剧
  《
  年                     集体      戏剧活动：锦囊妙计               剧                  剧目      海报宣传
  兽     斗     活动      奏乐活动：赶跑年兽               场      宣传      发放纪念品
  来     年                                              体                   播放微视频
  了     大               创意制作坊：古色古香服装铺       验
  》     战      游戏      剧本创编坊：欢乐皮影剧场         活      剧场      售票点布置
                  活动      戏剧表演坊：斗年大战             动      布置      舞台布置
                                                                            观众席布置
                  快     集体
                  乐     活动      戏剧活动：欢天喜地过大年                 表演      检票入场
                  过                                                        观演      对号入座
                  年               创意制作坊：旋转海报                               走班表演
                        游戏      剧本创编坊：剧本编辑社                             班内表演
                        活动      音乐创玩坊：小小演奏家
```

六、戏剧主题资源利用与环境创设

1. 资源盘点

可利用资源	资源内容	资源利用的可能性
绘本资源	《年》《过年啦》《年兽来了》《小年的故事》	通过阅读，丰富幼儿关于"年"的由来习俗等认知经验
	《十二生肖的故事》《好忙的除夕》《灶王爷》《团圆》	丰富第四幕"快乐过年"的情节，为创编新年儿歌提供内容支架
	《荷花镇的早市》《赶集》《历史其实很有趣》系列绘本，《孩子读得懂的古人日常生活》系列绘本	通过阅读，帮助幼儿了解古代人们衣食住行等生活方式
	《打开祖先的衣橱》《中国传统文化服饰》《天工开物》系列绘本	可投放在区域游戏中，为幼儿制作头饰、道具、服装、海报等提供经验支架
音频、视频	欣赏传统艺术（如剪纸、福字、对联、门神等）图片或视频	加深幼儿对传统文化的认识，使幼儿接触丰富的艺术形式，鼓励幼儿对艺术作品展开想象和联想
	相关音乐：《金蛇狂舞》《过新年》背景音效：年兽出场、村民攻击年兽、庆祝胜利等	通过背景音乐及音效的融合，烘托戏剧氛围，增强情感体验

2. 相关准备

（1）环境准备：创设关于《年兽来了》的主题环境、区域环境、主题墙等。

戏剧主题环境

（2）材料投放：

① 各种相关绘本；形成各工作坊区域游戏材料库，随时根据幼儿游戏添加相应材料。

② 在剧本创编坊投放关于新年或者中国传统节日的绘本及自制图书，引导幼儿创编故事情节；在创意制作坊投放具有民族特色的绘本，如《荷花镇的早市》等；根据幼儿的创作需要增减材料，激发幼儿的艺术表现与创造能力。

③ 为音乐创玩坊提供多种类型的音乐、乐器（基础乐器＋自制乐器）、图谱、乐

谱等材料,用以表达戏剧中的情节、情绪。

④ 为戏剧表演坊提供剧本、乐器、服饰、头饰、场景道具等材料,鼓励幼儿自主编排、大胆表现。

七、主题集体活动

分幕	活动内容	预设活动意图
第一幕 年兽来了	戏剧活动: 古代幸福的生活	了解古代人民的日常生活,感受安逸、和谐的生活状态,并用场景建构的方式,小组合作展现古代人民的不同生活场景
	戏剧活动: 凶猛的年兽	通过墙上角色,想象塑造年兽的形象特征,并能用动作及语言进行表现
	奏乐活动: 年兽来了	欣赏音乐,想象年兽出没后的场景,感知乐曲紧张的氛围,并能结合乐曲图谱运用 ABA 的曲式结构进行小组合作演奏乐曲
第二幕 保卫村庄	戏剧活动: 年兽来袭	创编年兽袭村的故事情节及角色对话,感受村民对年兽袭村的恐惧
	戏剧活动: 斗年大战	通过村民会议,小组讨论创编村民应对年兽的情节,并尝试与同伴合作表演村民智斗年兽的情节,感受合作的力量
第三幕 斗年大战	戏剧活动: 锦囊妙计	创编村民收留老爷爷及获得锦囊的情节与对话,在此过程中感受村民的善良
	奏乐活动: 赶跑年兽	欣赏乐曲,感受乐曲热闹欢腾的气氛,想象村民利用响声对抗年兽的情节
第四幕 快乐过年	戏剧活动: 欢天喜地过大年	通过小组讨论、表征记录等方式,创编过年的情节,感受过年的喜悦之情

八、主题区域游戏创设表

区域 名称	游戏名称	游戏目标	投放材料	观察与指导要点
创 意 制 作 坊	百变年兽	能用多种材料创意制作年兽的身体与头饰	硬纸盒、年兽头、各种画笔、无纺布	1. 观察幼儿在游戏过程中是否能结合年兽特征,运用多种材料创作年兽 2. 引导幼儿在创作中注意布局合理,颜色搭配,并保持整洁
	兵器制造营	能根据小组计划,尝试运用多种材料、多种工具合作制作攻击年兽的武器	彩纸、纸箱、木质筷子、剪刀、胶水、纸盘、颜料、毛线、直尺、儿童热熔枪	1. 关注幼儿能否根据小组计划运用多种材料制作武器 2. 观察小组内的合作情况

区域名称	游戏名称	游戏目标	投放材料	观察与指导要点
创意制作坊	古色古香服装铺	了解古代服饰的特点，尝试用各种材料和工具制作古代服饰	各种各样的布料、装饰材料若干，低结构材料若干，小型缝纫机、纱线、剪刀等工具	1. 观察幼儿是否能够结合角色特征进行服装制作 2. 引导幼儿结合小演员的身形量体裁衣并制作服饰
	创意海报、门票	尝试用立体和平面的形式制作海报及门票	海报纸若干、多种低结构材料、纸箱、泡沫板等	观察幼儿是否在创作中体现门票、海报中的基本元素
剧本创编坊	新年故事盒	能与同伴在"摆一摆、说一说"中创编新的故事内容，并记录下来	故事盒子若干、故事记录本、笔	1. 关注幼儿创编新的故事内容、情节是否合理 2. 观察幼儿是否关注故事的四要素
	欢乐皮影剧场	积极参与皮影表演游戏，且能用完整连贯的语言进行讲述	皮影幕布、不同形象的皮影偶、舞台背景道具、绘本等	1. 关注演员是否能生动地讲述并演绎 2. 关注听众是否能认真倾听并主动评价
	剧本编辑社	1. 根据故事的部分情节或图书画面的线索，续编或创编故事 2. 尝试用绘画或符号的方式自制剧本	勾线笔、彩笔、白纸若干	在制作剧本时，关注幼儿剧本创作情节的合理性
音乐创玩坊	小小演奏家	1. 尝试根据音乐选择合适的乐器进行演奏 2. 幼儿能跟随指挥与同伴进行合作演奏	打击乐器、乐谱、图谱	1. 观察幼儿是否能用动作、声音、乐器创编出稳定的节拍 2. 观察幼儿能否与他人进行合奏
	年兽音效工作室	能根据物体发出的音色，运用不同的物品进行组合创造音效	各类废旧材料、剧本、音效本	观察幼儿能否选择合适的材料创造音效
戏剧表演坊	年兽剧场	1. 积极参加表演活动，认真扮演角色 2. 学会与同伴协商，轮流扮演角色，合作游戏	表演计划、服装道具若干、乐器若干	1. 观察幼儿分配角色、轮流游戏的品质 2. 观察幼儿能否按照计划分配角色、布置场景等
科探区游戏	花灯展	1. 了解花灯传统文化和制作过程，且能够通过小组合作设计制作花灯 2. 探索利用电路点亮花灯，并在解决问题的过程中提升逻辑思维能力	宣纸、吸水纸、花草、剪刀、彩笔、胶棒或双面胶、竹棍、毛线、电路板	1. 观察幼儿在制作前的小组分工和计划 2. 引导幼儿自主操作体验，利用多种材料制作会发光的花灯

主题活动展开

一、集体活动

戏剧活动：古代幸福的生活

活动目标

1. 了解古代人们的日常生活，感受他们安逸、和谐的生活状态。

2. 用场景建构的方式，小组合作展现古代人们的不同生活场景。

3. 体验与同伴合作创作的乐趣。

活动准备

经验准备：通过调查问卷，了解古代人们的生活方式。

材料准备：相关幻灯片、音乐。

活动过程

（一）暖身活动：走走变变

游戏玩法：幼儿在固定空间中自由走动，当听到"给我一个××"时，幼儿即兴合作建构相应场景，如房子、大树等。

（二）主题活动

1. 观察图片，进一步了解古代人们的生活场景。

提问：在古代，人们是怎样生活的？

（组织要点：引导幼儿通过观察图片、交流讨论等方式，进一步了解古代人们居住的生活场景及生活方式。）

2. 尝试与同伴合作，用场景建构的方式合作建构古代人们生活的场景。

（1）选择场景，小组合作建构。

（2）分组表演，相互评价。

（组织要点：本环节通过小组合作建构、相互评价的方式，使幼儿学习同伴表演建构经验，提升戏剧创演能力。）

3. 通过运用魔法棒，动态表现古代人们生活的场景。

过渡： 刚才我们分小组建构了古代人们生活的场景，接下来我们加入声音、动作和表情再来试一试吧。

游戏要求： 以班级空间为古代场景，所有幼儿按小组建构场景，当魔法棒指到哪个场景时，哪个场景就需动态表现。

旁白： 从前有一座美丽的村庄，生活着一群淳朴善良的人，他们每天都在忙碌地生活着，有的村民在……有的村民在……

（组织要点：通过运用魔法照片，适时加入教师旁白，鼓励幼儿发挥想象，加入表情、声音、动作、台词合作建构古代人们的幸福生活。）

（三）结束活动

听着音乐，两个好朋友坐在一起，回顾古代人们的幸福生活。

戏剧活动：凶猛的年兽

活动目标

1. 通过墙上角色，想象塑造年兽的形象特征，并能用动作及语言进行表现。

2. 在戏剧活动中体验角色扮演的乐趣。

活动准备

材料准备：记录纸、笔。

活动过程

（一）暖身活动：走走变变

游戏玩法： 幼儿在活动空间中自由走动，当听到"变成一个××"时，就定格表现出相应的形象造型。

（二）主题活动

1. 通过墙上角色，鼓励幼儿想象年兽形象特征。

（1）互动交流，分组绘制年兽的墙上角色。

提问： 在你们心中年兽是什么样子的？请你们小组合作，把你们心中的年兽画下来。

（2）想象创造，模仿年兽。

提问： 你能学学年兽的样子吗？

（组织要点：在幼儿小组合作表征记录心中年兽形象特征时，教师要尊重幼儿的独特想法，且不拘泥于表征的方式。）

2. 在角色圈的游戏中，个性化表现年兽的动作及语言。

过渡： 刚刚我们讨论了年兽的特征，接下来我们在角色圈游戏中一起扮演年兽。

游戏玩法： 幼儿在场地内围成圈，轮流扮演年兽并说出一句台词。

（组织要点：引导幼儿将年兽的形态、声音、动作等加入其中，大胆展现年兽的特征，鼓励幼儿个性化地表现。）

（三）结束活动

共同想象凶猛的年兽还会做些什么？

奏乐活动：年兽来了

活动目标

1. 欣赏音乐，想象年兽出没后的场景，感知乐曲紧张的氛围。

2. 能结合乐曲图谱理解 ABA 的曲式结构，并通过小组合作演奏乐曲。

3. 体验与同伴合作演奏乐曲的乐趣。

活动准备

材料准备：乐器、宫格板、图谱、音乐《狮王进行曲》。

环境准备：座位分为三个区域，便于合作演奏。

活动过程

（一）欣赏乐曲，感受乐曲紧张旋律，想象年兽出没后的场景

1. 欣赏音乐，感受乐曲特点。

提问：音乐给你一种什么感觉？

小结：这首音乐节奏感很强、雄壮有力，甚至有的部分听起来给人有一种紧张、害怕的感觉。

2. 感知想象，年兽出没的场景。

提问：这首音乐讲的是年兽进村的故事，想象一下，在这段音乐当中，年兽都做些什么？

（组织要点：通过欣赏乐曲，整体感知旋律和节奏，引导幼儿想象年兽进村的不同形态，便于在下阶段情节中表现年兽的姿态。）

（二）结合图谱，感知乐曲 ABA 的曲式结构

1. 出示图谱，了解图谱与乐曲的对应关系。

提问：你们能看出图谱中哪里是年兽醒来？哪里是年兽进村？哪里是年兽吼叫、做坏事的时候吗？

小结：原来，不同的乐曲代表着不同的情节。圆点部分是音乐的前奏，代表年兽慢慢醒来。中间一共有三段，第一和第三个乐句代表年兽进村和离村，第二个乐句代表年兽在吼叫、袭击。最后两个乐节是结束句，表示年兽越走越远，最后消失不见了。

2. 结合图谱，感知乐曲 ABA 的曲式结构。

提问：你们有没有发现这个乐曲有什么特点？哪两个乐句是一样的？

小结：第一和第三个乐句的旋律是一样的，我们把这种乐曲结构称为 ABA 结构。

（组织要点：引导幼儿了解图谱与乐曲的对应关系，从而进一步理解乐曲的结构。）

（三）借助身势动作，熟悉图谱节奏

1. 集体交流，商讨动作配乐方案。

提问 1：如果让我们用身体动作来表现这段乐曲，我们可以怎么做？

提问 2：哪里拍手、哪里跺脚比较合适呢？

2. 跟随乐曲，运用身势动作进行表演。

3. 评价交流，摘句练习难点节奏。

4. 跟随乐曲，运用身势动作合奏。

交代要求：现在我们一起合作来玩一玩，一组跺脚，一组拍手，还有一组可以用拍椅子表示破坏。小朋友们要看清图谱，轮到自己组的时候再拍，没有轮到的时候要保持安静。

（组织要点：本环节通过集体讨论、随乐表现等方式，激发幼儿参与和表现，在师幼互动中让幼儿体会到年兽声音和形态的特质，如重重的、有力的脚步声，从而进行表达表现。）

（四）借助乐器，与同伴合作演奏图谱

1. 集体交流，商讨乐器匹配方案。

提问：我这里有一些乐器，你们都认识吗？你们觉得哪种乐器表示年兽的脚步声比较合适呢？为什么？

2. 自选乐器，合作演奏乐曲。

（1）自选乐器。

（2）合作演奏。

（3）交换乐器，再次演奏。

（组织要点：在此环节中，教师需关注幼儿的节奏感、专注力及使用器乐的方法，在梳理乐曲和相匹配的乐器方案后，幼儿可以尝试进行自主演奏或交换乐器演奏。）

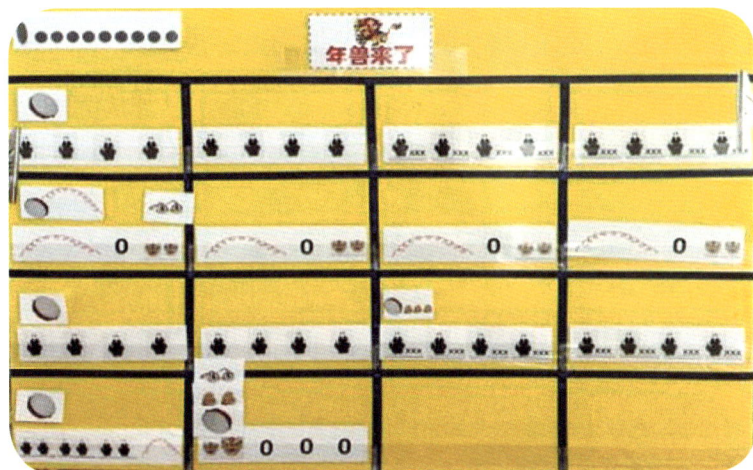

"年兽来了"图谱

戏剧活动：年兽来袭

活动目标

1. 创编年兽袭村的故事情节及角色对话，感受村民对年兽袭村的恐惧。
2. 体验合作创编故事情节的乐趣。

活动准备

材料准备：音乐、年兽头饰。

活动过程

（一）暖身活动：走停游戏

游戏玩法： 幼儿听走停指令，通过动作、表情及语气表现不同状态下的年兽。

（组织要点：本环节中教师要鼓励幼儿发挥想象力，感受不同状态下年兽的形象特征。）

（二）主题活动

1. 借助"故事地图"创编年兽袭村的情节。

提问： 美丽的村庄里人们过着幸福生活，但在一个晚上年兽来袭了。年兽会到哪里？又会做些什么？

围绕该话题，幼儿分小组合作讨论绘制"故事地图"。

集体交流，教师分享评价。

（组织要点：在分享交流的过程中，引导幼儿关注各小组"故事地图"的表征记录方法，进一步帮助幼儿梳理年兽袭村的行动路线及具体事件。）

2. 利用"魔法照片"即兴创编年兽袭村场景中的角色对话。

（1）幼儿合作建构村庄的场景。

（2）情境表演：播放音乐，教师入戏扮演年兽，幼儿扮演村民。

提问： 凶猛的年兽来了，村民会有怎样的反应，他们会说些什么做些什么呢？

幼儿自主选择年兽或村民角色，表演年兽来袭的场景。

幼儿交换角色，再次呈现年兽来袭的场景画面。

（组织要点：通过情境表演、交换角色等方式，鼓励幼儿大胆用肢体动作、表情、语言来表现年兽袭村的场景画面，同时教师需关注表演过程中是否有生发的情节与对话。）

3. 自选角色，完整表演。

幼儿讲述旁白，完整表演第一幕"年兽袭村"。

（三）结束活动

结语：当年兽来了的时候，如果你是村民，你会怎么做呢？

戏剧活动：斗年大战

活动目标

1. 通过村民会议，小组讨论创编村民应对年兽的情节，并表征记录。

2. 尝试与同伴合作表演村民想办法斗年兽的情节，感受合作的力量。

活动准备

材料准备：记录纸、笔。

活动过程

（一）暖身活动：来，让我们一起……

游戏玩法：由一个发起者说"来，让我们一起……"，其他小朋友回应"好，让我们一起……"，并跟随做出相应动作，一轮游戏结束后可更换发起者再次游戏。

（组织要点：教师关注幼儿是否有创意的动作表现。）

（二）主题活动

1. 回忆故事，导入活动。

过渡：年兽进入村庄后，整个村子变得乱糟糟的，树倒了，房子破损了，牛羊也被吃了，村长紧急召集村民开会，商量对策。

2. 教师入戏，共同探讨村民是去是留的问题。

提问：村民们啊，年兽来了，我们到底应该怎么办呀？（幼儿扮演村民纷纷表达自己的观点。）

小结：在讨论的过程中，每位村民都表达了自己的观点。最后，村民们还是统一了意见，决定留下来保护自己的村庄。

3. 教师出戏，探讨可以帮助村民驱赶年兽的方法。

（1）抛出问题。

提问：大家有什么方法能驱赶年兽吗?

（2）分组讨论，表征记录。

幼儿分小组讨论创编斗年兽的办法，并用表征的方式记录下来。

（3）分组交流创编情节。

（组织要点：在幼儿思辨讨论的过程中，给幼儿留足充分的空间，鼓励幼儿大胆表达不同的想法。）

4. 小组合作，用身体建构驱赶年兽的情节。

要求：请小朋友小组合作，把创编驱赶年兽的场景用身体建构出来。大家可以先商量角色的分工，再进行合作建构。

（1）小组合作建构。

（2）小组展示交流建构的场景。

（组织要点：在评价过程中，引导幼儿从幼儿间的合作、表演情绪等方面进行评价。）

5. 教师入戏，每组幼儿即兴表演驱赶年兽的情节。

游戏玩法：每组幼儿将创编的情节变成定格画面，教师扮演年兽，当年兽进入哪一组的场景时，该场景就要动起来，进行即兴表演，在此过程中可以生发角色对话。

（三）结束活动

结语：年兽实在太厉害了，我们还要想什么办法赶走它?

戏剧活动：锦囊妙计

活动目标

1. 创编村民收留老爷爷及获得锦囊的情节与对话，在此过程中感受村民的善良。

2. 体验合作创编情节的乐趣。

活动准备

材料准备：锦囊、记录纸、笔等。

活动过程

（一）暖身活动：走停游戏

游戏玩法： 幼儿根据走停指令表演不同状态下的年兽和智斗年兽的村民。例如，躲闪的年兽、凶狠的年兽、紧张的村民、得意的村民等。

（二）主题活动

1. 借助"故事地图"创编故事情节。

过渡： 正当村民束手无策的时候，村庄里来了一位老爷爷，他想要找点吃的填饱肚子，这时有位好心的村民收留了他，还说起了准备逃亡的缘由，于是老爷爷给了村民一个锦囊。

（1）**提问：** 老爷爷是怎么帮助村民的？老爷爷给的锦囊能有什么用？

（2）围绕话题，幼儿分组讨论并记录想法。

（3）集体交流，分享评价。

（组织要点：本环节运用"故事地图"的方式引出话题，并通过小组合作的方式引发幼幼间互动。在评价过程中，要引导幼儿充分想象，并关注表征记录的方式和方法。）

2. 通过"魔法照片"的方式创编对话。

（1）幼儿自主选择老爷爷或村民角色，并表演村民收留老爷爷后的情节。

提问： 村民遇到老爷爷后是怎么做的？他们会说些什么？又发生了什么事？

（2）幼儿交换角色，再次呈现村民收留老爷爷后的场景画面。

小结： 年兽再次来袭，但是这次我们有了锦囊妙计，一定可以用来对抗年兽。

（组织要点：本环节通过"魔法照片"的戏剧策略，丰富创编的对话，鼓励幼儿大胆猜测锦囊的作用。）

（三）结束活动

结语： 年兽又来袭，我们用老爷爷给的锦囊妙计智斗年兽，年兽会被赶跑吗？

奏乐活动：赶跑年兽

活动目标

1. 欣赏乐曲，感受乐曲热闹欢腾的气氛，想象村民利用响声对抗年兽的情节。
2. 能探索不同物品的敲击方法，结合图谱与同伴合作演奏。
3. 乐意参与打击乐活动，体验与同伴齐心协力击退年兽的乐趣。

活动准备

材料准备：图谱、音乐《金蛇狂舞》、自制乐器、相关幻灯片。
经验准备：知道常见乐器名称和正确的演奏方法。

活动过程

（一）欣赏乐曲，想象村民用声响对抗年兽的情节

1. 图片导入，引出活动主题。

导语：孩子们，上次我们讲到老爷爷给了村民们一个对付年兽的锦囊，你们还记得锦囊里是什么吗？

小结：原来红色、光亮和声响就能赶跑年兽。

2. 欣赏音乐，感受乐曲特点。

提问：今天我带来了一首音乐，说的就是村民用响声对抗年兽的故事。我们一起听一听，听完后说一说音乐给你们带来了一种什么感觉？音乐中又会发生什么故事呢？

小结：这首音乐节奏感很强，给人一种激烈、热闹、对抗的感觉。

3. 借助音乐，想象故事情节。

提问：到底发生了什么事情呢？我们一起来看一看！

小结：原来，村民们为了更顺利地对付年兽，他们还想出了一套作战方案呢！

（组织要点：首先通过欣赏音乐，让幼儿自主表达对乐曲的感受；其次在音乐想象情节的环节中，让幼儿表达更多关于村民制造响声驱赶年兽的联想。）

（二）结合故事理解图谱，随乐有节奏地表现乐曲

1. 结合故事，理解图谱。

提问：通过这套作战方案，你们能看出村民们是怎么对抗年兽的吗？

小结：他们有的拿来了锅碗瓢盆，敲出了叮叮当当的响声；有的点燃了爆竹，响

彻天空；有的搬来了大鼓，鼓声阵阵……当年兽来袭时，村民们和它进行了激烈的对抗，最终赶跑了年兽。

2. 依据图谱，声势齐奏。

（1）声势探索节奏。

提问：我们可以拍击哪里发出声音来进行练习呢？

小结：我们可以先用拍手的方式试一试。

（2）声势巩固节奏。

播放音乐，结合图谱，拍手齐奏。

3. 看懂指挥，声势合奏。

过渡：为了保留体力，我们还可以采用分组作战方式。

（1）商量分组，尝试不同的声势方法。

提问：我们可以分为几组？每组又可以拍哪里来制造声响呢？

（2）脱离图谱，看指挥进行随乐合奏。

提出要求：为了提升战斗力，让我们的声响更有力量，我还给大家准备了秘密武器。请每人选择一种，拿到相同物品的请坐在一起，一起试试可以怎么让它发出声响。

（组织要点：通过图谱让幼儿理解乐曲的情节及图谱与乐曲的对应关系，再尝试用拍手等方式表现乐曲的节奏，对于难点处可进行摘句练习，最后能跟随教师的语令、指挥进行分组合作演奏。）

（三）大胆尝试不同物体的敲击方法，并合理配器合作演奏

1. 自主探索敲击方法。

提问：你们是怎样让它们发出声音的？它们发出了什么声音？

小结：原来我们可以通过敲击和摇晃的方式发出响声，而且敲击的位置不同，发出的声音也是不一样的。

2. 共同商讨配器方案。

提问：根据作战方案，哪个武器先进行攻击？用哪种物品来敲击更合适呢？为什么？

3. 跟随指挥合作演奏。

（组织要点：在幼儿探索自制乐器的过程中，教师要引导幼儿去关注乐器的声音特质、使用乐器的方法，以及敲打同一物体不同面会发出不同的声音，从而引导幼儿有目的地进行配器，同时也要关注幼儿的专注力和节奏感。）

（四）进行情境对抗游戏，体验合奏的乐趣

过渡： 看来你们准备好了，现在我们就出发去保卫我们的村庄吧！

1. 根据指挥，随乐进行第一次游戏。

2. 交换"乐器"，再次进行游戏。

结语： 胜利啦胜利啦，我们终于打败年兽啦！从此以后村民们都能过上一个幸福年了！让我们快把这个好消息告诉村民们吧！

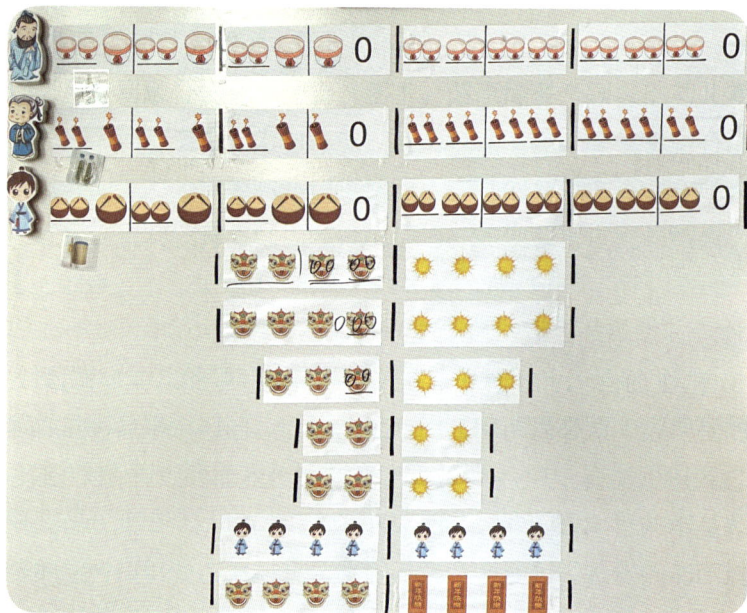

"赶跑年兽"图谱

戏剧活动：欢天喜地过大年

活动目标

1. 通过"魔法照片"，即兴创编村民过年场景中的角色对话，感受过年的喜悦之情。

2. 体验合作创编展现情节的乐趣。

活动准备

材料准备：记录纸、笔。

活动过程

（一）暖身活动：来，让我们一起⋯⋯

游戏玩法：由一个发起者说"来，让我们一起⋯⋯"，其他小朋友回应"好，让我们一起⋯⋯"，并跟随做出相应动作，一轮游戏结束后可更换发起者再次游戏。

（二）主题活动

1. 在 Whoosh 的游戏中回顾表演故事内容。

游戏玩法：大家围成一个"魔法故事圈"，在教师讲述故事的过程中，圈上任何一个人都可以进入圈中进行即兴表演，当老师说"Whoosh"时，正在表演的人就要快速地回到圈上。故事接着讲述时，游戏继续。

故事：村民们在老爷爷的帮助下想到了打败年兽的方法，并在大家的共同努力下把年兽赶跑了。年兽被赶跑后，人们迎来了新年，大家载歌载舞，共同庆祝，有的贴春联，有的放鞭炮，还有的在家门口挂起了红灯笼。

（组织要点：关注幼儿是否能够根据教师的语言进行情节再现，当幼儿动作表现单一时，教师可适当丰富故事内容，给予幼儿行动提示。）

2. 分组讨论，创编过年情节。

（1）利用表征记录的方式，小组讨论过年情节。

（2）合作建构表现过年情节。

（组织要点：鼓励幼儿充分发挥想象创编情节，并用肢体动作合作创意表现。）

3. 通过"魔法照片"即兴创编村民过年场景中的角色对话。

提问：村民们在过年时会说些什么呢？

（1）幼儿自主选择场景，表现过年的情节。

（2）幼儿交换角色再次呈现过年的场景。

小结：村民们赶跑了年兽，大家一起挂灯笼、贴对联、放鞭炮，开心庆祝过年。

（组织要点：本环节重点关注幼儿在创编情节中生发的语言、动作及表情的丰富性，还要关注幼儿表现愉快过年的情感和氛围。）

（三）结束活动

跟随音乐，想象春节全家人相聚在一起的美好场景。

二、区域游戏活动

创意制作坊

游戏目标

1.尝试用多元的材料制作角色头饰、道具、服装、海报、门票等。
2.体验创意制作游戏的乐趣。

游戏材料

布料、粉笔、卷尺、切割刀、缝纫机、纽扣、纸箱、颜料、毛线、海报纸、纸板、皮筋、透明碗、头箍等。

游戏过程

游戏一：百变年兽

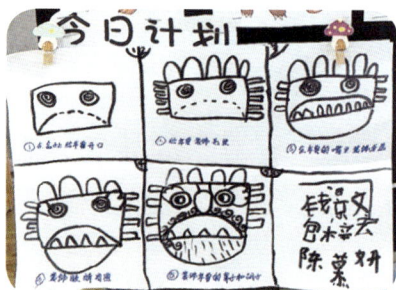

这是我们制订的制作年兽头饰的计划

我们用多元材料制作年兽头饰

游戏二：古色古香服装铺

我们尝试根据设计图裁剪古代服装

古代村民服装做好啦

游戏三：兵器制作营

我们用多种材料制作各种兵器

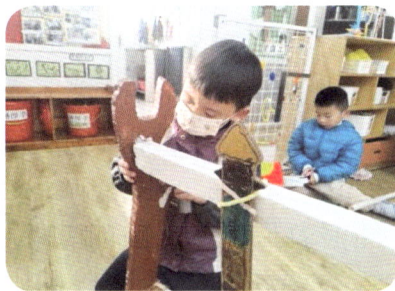

我们一起打造稳固的兵器架

游戏四：制作立体海报

我们正在用纸杯画出旋转洞口

看，海报被我们装饰得更漂亮了

游戏五：制作门票

我们用不同的材料制作门票

我们将制作好的门票进行展示

剧本创编坊

游戏目标

1.能根据故事的部分情节或图书画面的线索猜想整个故事情节的发展，或创编、续编故事。

2.通过开展"新年故事盒"语言游戏尝试进行台词创编。

3.主动与同伴合作进行剧本创编，感受创编游戏的乐趣。

游戏材料

故事地图操作板、角色及场景摆件、勾线笔、剧本创编册、关于新年或年兽的绘本、录音笔。

游戏过程

游戏一：新年故事盒

我们一起想象创编戏剧台词

快来和我一起讲讲剧本吧

游戏二：欢乐皮影剧场

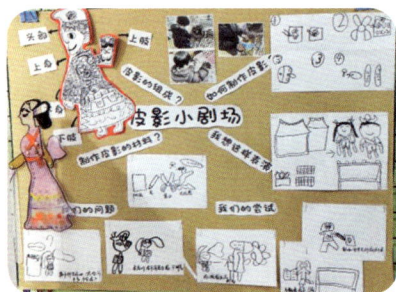

一起来制订皮影游戏计划

我们进行皮影游戏表演啦

游戏三：剧本编辑社

我们根据情节自制剧本

快来听我介绍剧本啦

音乐创玩坊

游戏目标

1.尝试熟练地表现音乐的节奏、节拍，并且对比较复杂的节奏能够及时做出反应。

2.能运用不同材料为故事创造一些音效。

3.愿意与同伴合作创作，体验音乐创玩游戏的乐趣。

游戏材料

易拉罐、锅碗瓢盆、常见乐器、声音故事《年兽来了》、图谱支架、指挥棒。

游戏过程

游戏一：小小演奏家

小小指挥家利用图谱进行指挥

我们一起来演奏《过新年》

游戏二：年兽音效工作室

尝试用生活材料自制乐器

我们用各种乐器为故事配音

戏剧表演坊

游戏目标

1. 能根据创编的剧本进行角色表演，合理分配角色，创编角色台词，丰富表演内容。
2. 能认真观演，并结合观演评价表进行多角度评价。
3. 主动与同伴合作表演，知道上下场等，感受戏剧表演的乐趣。

游戏材料

服装、头饰、音乐、道具、自制剧本。

游戏过程

游戏：年兽剧场

共同商讨角色分工

小演员根据剧本依次上台表演

科探区游戏

游戏目标

1.了解花灯的传统文化和制作过程，通过观察、操作、绑扎，合作制作花灯。

2.愿意与同伴合作解决问题，体验探究的乐趣。

游戏材料

宣纸、吸水纸、剪刀、彩笔、胶棒或双面胶、竹棍、毛线、电路。

游戏过程

游戏：花灯展

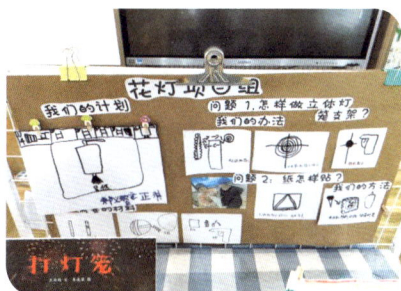
一起制订花灯项目组计划

选择材料制作灯笼面

用小棒首尾撑起花灯骨架

将连接好的电路串在花灯里

三、剧场体验活动

剧目宣传

售票场上用歌舞吸引观众

购买门票送小礼物

剧场布置

布置室内表演场地

布置室外表演场地

表演观演

表演开始啦

和小观众们互动评价

主题实施小结

　　以幼儿为本，以兴趣经验为导向，将幼儿对新年的已有经验链接到戏剧活动中，通过角色塑造、场景建构、情节创编等集体活动，幼儿大胆想象、合作建构，丰富戏剧角色和内容；通过各工坊区域活动，幼儿充分与材料、同伴互动；通过剧场布置、剧目宣传、戏剧表演、观演评价等剧场体验活动，幼儿不断建构剧场经验，从而获得艺术创作、语言表达、交流合作、解决问题等能力的提升。最后，幼儿通过项目小组分享会、回忆册等方式，自主回顾整个戏剧月活动所经历的一幅幅画面，沉浸在戏剧活动带来的感动中。通过幼儿喜闻乐见的形式，为孩子们营造了一个真正了解新年的机会，提供了一个了解中华传统文化与民俗文化的平台，让幼儿深入了解体验了"中国年"独特的年味，让中国传统文化从小根植于幼儿心中。同时，孩子们沉浸在年兽的故事中，在表达表现中交织出一个个鲜活的年兽，每个"小小的年兽"都在这里发现了属于自己的传奇。

　　对于教师而言，我们与幼儿持续交流互动，共同建构课程；及时捕捉幼儿的兴趣与需求，并进行价值判断；秉持"让幼儿多想""让幼儿多说""让幼儿多做"的原则，鼓励幼儿思考、表达与尝试；以多方面、多角度、多层次的支持方式促进幼儿主动学习，多向成长，教师从中也不断厘清课程建构脉络，课程架构和实施的能力越发提升。

（本主题活动由殷虹、吴亚红、徐静、史欣欣、李玲玉提供）

大班戏剧主题《花木兰》

参考绘本：蔡皋．花木兰 [M]．济南：明天出版社，2013．

主题分析与架构

一、主题来源与发展价值

　　故事《花木兰》来源于北朝乐府民歌《木兰诗》，是一个弘扬中华优秀传统文化的文学作品。讲述了北朝时期一位叫花木兰的传奇女子，女扮男装替父从军保家卫国、为尽孝心而弃官返乡的故事，赞扬了木兰善良孝顺、机智勇敢、精忠报国的优秀品质。通过本主题的开展，可以让幼儿在多元的戏剧活动中创编故事情节、表达观点与想法、体验不同角色，感受中华优秀传统文化的魅力。

二、幼儿基础分析

　　大多数幼儿知道花木兰是替父从军的巾帼英雄，但因对故事背景不了解，导致对于该主题所传递的替父从军、保家卫国的精神缺乏深刻感受。在戏剧能力方面，幼儿能依据情节框架创编故事，并能与同伴分工合作表演，但在情节的丰富性、台词的生动性、表演的创造性方面还有待提升。

三、主题目标

　　1.通过戏剧主题活动，了解花木兰替父从军、保家卫国的故事情节，从中感受花木兰善良孝顺、英勇机智、精忠报国的优秀品质。

2.能根据情节发展线索，通过即兴扮演、场景建构等方式，创编招募新兵、初入军营、沙场激战、胜利归来的情节与台词，并能用丰富的语言、表情及动作进行演绎。

3.能根据表演需要，选用多种工具及材料创意制作古代的服饰、盔甲及各类兵器等，并关注作品的创意性及实用性。

4.在戏剧游戏过程中，通过与同伴协商制订游戏计划，明确游戏分工，自主分配角色并尝试合作表演，体验戏剧游戏带来的乐趣。

5.通过亲身参与剧场布置、剧目宣传、创意制作、戏剧表演观演等项目活动，提升艺术创作、语言表达、交流合作、解决问题等能力。

四、分幕线索构架与价值分析表

分幕	核心价值	戏剧冲突
第一幕 招募新兵	了解历史背景，知道花木兰替父从军的原因，感受花木兰的孝心	木兰父亲年迈无法从军
第二幕 初入军营	感受花木兰在军营中不畏艰辛、吃苦耐劳的品质	木兰虽为女儿身，但也苦练功夫，为上阵杀敌做准备
第三幕 沙场激战	感受花木兰足智多谋、英勇无畏的形象	匈奴来袭，全军应战
第四幕 大获全胜	了解花木兰弃官返乡的原因	拒绝封官加爵，只愿回家与父母团圆

五、戏剧主题课程实施网络图

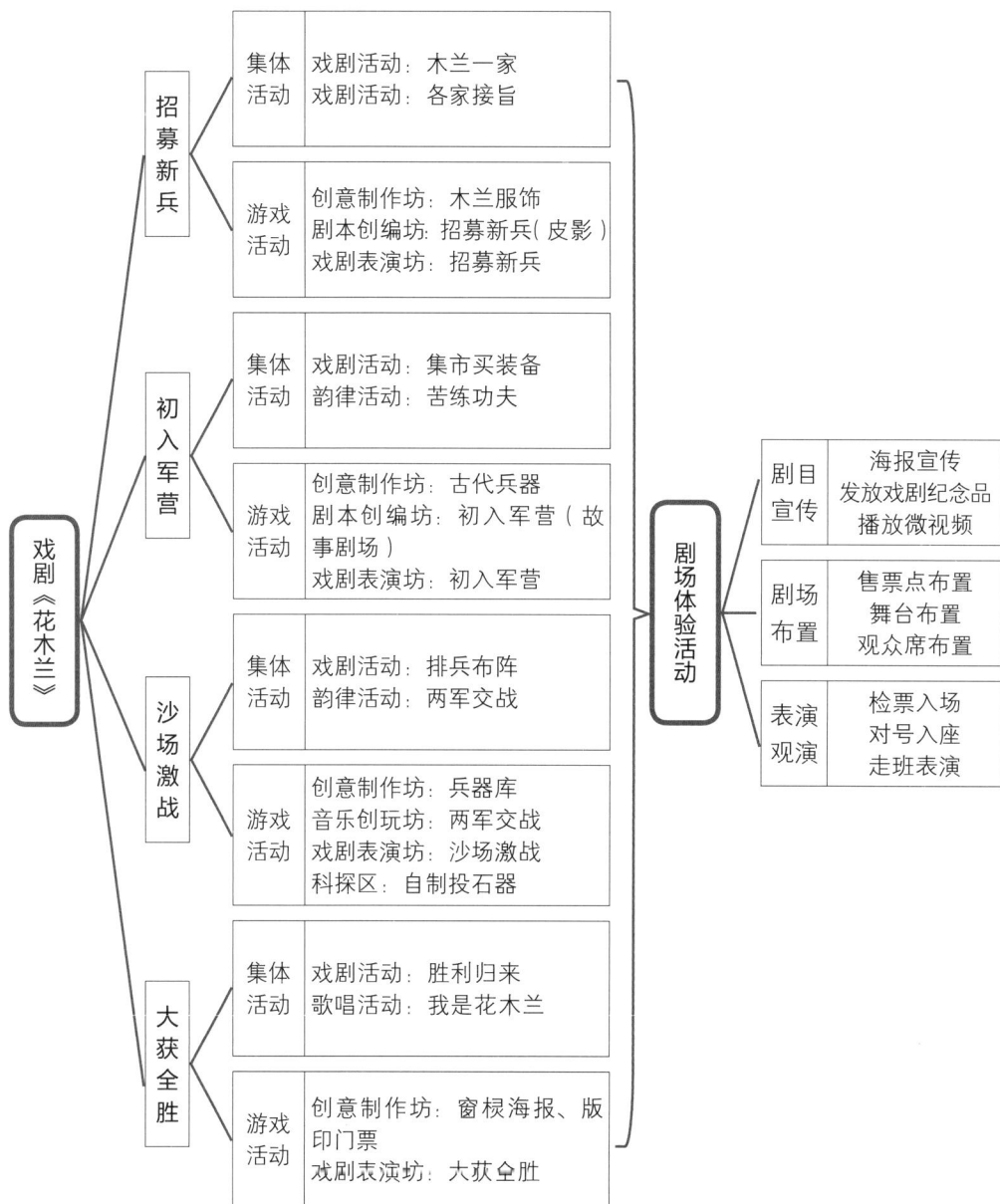

| | 招募新兵 | 集体活动 | 戏剧活动：木兰一家
戏剧活动：各家接旨 |
| | | 游戏活动 | 创意制作坊：木兰服饰
剧本创编坊：招募新兵（皮影）
戏剧表演坊：招募新兵 |

戏剧《花木兰》

招募新兵	集体活动	戏剧活动：木兰一家 戏剧活动：各家接旨
	游戏活动	创意制作坊：木兰服饰 剧本创编坊：招募新兵（皮影） 戏剧表演坊：招募新兵
初入军营	集体活动	戏剧活动：集市买装备 韵律活动：苦练功夫
	游戏活动	创意制作坊：古代兵器 剧本创编坊：初入军营（故事剧场） 戏剧表演坊：初入军营
沙场激战	集体活动	戏剧活动：排兵布阵 韵律活动：两军交战
	游戏活动	创意制作坊：兵器库 音乐创玩坊：两军交战 戏剧表演坊：沙场激战 科探区：自制投石器
大获全胜	集体活动	戏剧活动：胜利归来 歌唱活动：我是花木兰
	游戏活动	创意制作坊：窗棂海报、版印门票 戏剧表演坊：大获全胜

剧场体验活动

剧目宣传	海报宣传 发放戏剧纪念品 播放微视频
剧场布置	售票点布置 舞台布置 观众席布置
表演观演	检票入场 对号入座 走班表演

六、戏剧主题资源利用与环境创设

1. 资源盘点

可利用资源	资源内容	资源利用的可能性
绘本资源	有关孝亲、爱国、和平的绘本，如《我是花木兰》《花木兰》《穆桂英挂帅》《杨门女将》《长征路上的红小丫》等	可投放在阅读区供幼儿阅读，以此拓展幼儿对中华优秀传统文化的认识
人力资源	历史老师、服装设计师、话剧演员、剧场工作人员等	邀请专业人员入园为幼儿开展服装道具制作、爱国故事演讲、剧目表演等活动
社会资源	常州博物馆、常州淹城春秋乐园、无锡三国城	实践活动：参观常州博物馆 亲子活动：游览常州淹城春秋乐园、无锡三国城

2. 环境创设

（1）材料投放：投放各类绘本，搜集四大工作坊所需的各类材料，支持幼儿游戏。

（2）环境准备：创设与《花木兰》主题相关的环境，进一步发挥环境对幼儿建构完整戏剧经验的支持作用。

戏剧主题环境

七、戏剧主题集体活动

分幕	活动内容	预设活动意图
第一幕招募新兵	戏剧活动：木兰一家	尝试创编木兰一家的日常生活情节，在角色扮演的过程中感受木兰一家相亲相爱的家庭氛围
	戏剧活动：各家接旨	尝试创编各家接旨的情节和对话，感受人们保家卫国的情感
第二幕初入军营	戏剧活动：集市买装备	了解古代集市场景，并能用肢体合作建构各店铺，形成集市情境
	韵律活动：苦练功夫	感知乐曲ABA结构特点并创编军营练功、骑马等动作，感受花木兰在军营中不畏艰辛、吃苦耐劳的品质

分幕	活动内容	预设活动意图
第三幕 沙场激战	戏剧活动：排兵布阵	创编木兰排兵布阵的方法，尝试按照指令完整演练阵法
	韵律活动：两军交战	感知乐曲激昂、有力的特点，创编军队进攻、团战、围攻的动作及队形。通过合作表演，感受两军交战的紧张气氛
第四幕 大获全胜	戏剧活动：胜利归来	创编花木兰胜利凯旋、举国欢庆但她拒绝封赏的情节，感受木兰精忠报国、不追求名利的精神品质
	歌唱活动：我是花木兰	熟悉歌曲旋律并借助图谱学唱歌曲，进一步萌发对花木兰的敬佩之情

八、主题区域游戏创设表

区域名称	游戏名称	游戏目标	投放材料	观察与指导要点
创意制作坊	头饰、服饰制作	能用多种材料制作花木兰在不同场景中的头饰及服装	硬纸板、测量工具、穿线工具、磨具、雕刻工具、各类废旧材料	观察幼儿设计的服装、头饰是否体现角色特征
	窗棂海报制作	能结合窗棂元素，选择合适的材料创意制作海报	工具箱、颜料、KT板、水管、塑料瓶、超轻黏土、其他装饰材料	引导幼儿结合窗棂元素设计海报，凸显海报的基本元素
	版印门票	能根据版印的步骤进行门票制作，体验制作的乐趣	宣纸、吹塑板、铅笔、水粉	观察幼儿能否按照步骤进行门票制作，并观察在此过程中还存在哪些困难
	兵器库制作	能用多种材料，发挥想象及创造能力尝试制作兵器库	KT板、纸箱、纸板、PVC管、竹竿、木棍、纸筒、木棒、麻绳、纸杯等	观察幼儿在制作过程中遇到问题是否能及时调整计划并解决问题
剧本创编坊	故事剧场	1. 能有序、连贯、清楚地讲述戏剧故事 2. 能用图文结合的方式记录创编的故事情节及台词	剧场模型、纸、笔、胶水、硬卡纸、相关绘本等	1. 观察幼儿是否能根据故事线索创编情节，关注情节是否具有逻辑性与合理性 2. 关注幼儿记录剧本的情况
	皮影游戏	能两两合作完成皮影游戏，并在此过程中能够清楚连贯地讲述故事内容，并尝试创编	皮影幕布、不同形象的皮影玩偶、舞台背景道具、绘本等	观察幼儿能否生动演绎并讲述故事

区域名称	游戏名称	游戏目标	投放材料	观察与指导要点
音乐创玩坊	两军交战	能跟随音乐节奏和旋律变化进行舞蹈，并尝试用富有表现力的动作表达两军交战的情境	各类乐器、队列图、音乐	观察幼儿是否能根据韵律节奏，选择不同的队列图进行表演
戏剧表演坊	木兰剧场	积极参加表演活动，并能与同伴协商、轮流扮演角色，合作表演	计划板、材料、书写区	观察幼儿在表演活动中能否与同伴合作表演，并观察在此过程中他们如何解决遇到的问题
科探区游戏	自制投石器	探究制作投石器的方法，体验制作成功的乐趣	清水积木、PVC管、PVC架子、轮子、纸筒、皮筋、篓子、报纸	关注幼儿能否按照设计图进行制作，及时捕捉探索中幼儿感兴趣的探究点

主题活动展开

一、集体活动

戏剧活动：木兰一家

活动目标

1. 了解木兰一家的人物关系，尝试创编木兰一家的日常生活情节。

2. 在角色扮演的过程中感受木兰一家相亲相爱的家庭氛围。

活动准备

材料准备：相关幻灯片。

活动过程

（一）暖身活动：抱抱乐

游戏玩法：幼儿根据教师的铃鼓节奏自由行走，在此过程中，教师可变换铃鼓的节奏。当铃鼓停止时，幼儿要根据教师的口令"一家××口人"，快速地按照指定的人数抱在一起。

（二）主题活动

1. 结合幻灯片，了解木兰的家庭成员。

（1）了解木兰的家庭成员

提问：请仔细观察画面，看一看木兰一家都有谁？他们有什么特点？

小结：花木兰父亲年纪大了，体弱多病；母亲温柔体贴，十分勤劳；弟弟活泼可爱，年龄还小；花木兰不仅孝顺、聪明，且作为女生从小喜欢习武，曾跟父亲学习骑射。

（2）在"猜猜他是谁"的游戏中表现木兰的家庭成员。

游戏玩法：一人任意选择一位木兰的家庭成员并用动作即兴表现，其他幼儿需猜测其扮演的角色是谁，并说明理由。

（组织要点：在观察图片的过程中，引导幼儿细致观察画面，并鼓励幼儿用较完整的语言进行讲述。在游戏过程中，要鼓励幼儿个性化地表现不同角色，不要给予幼儿"标准"。）

2. 创编木兰一家的生活情节。

（1）分组讨论并绘制木兰和家人的生活场景。

（2）小组合作并分角色扮演木兰一家的生活情节。

（3）分组表演，相互评价。

（组织要点：引导幼儿围绕情节、对话、动作及同伴合作等方面进行互评。）

3. 依据旁白，完整表演木兰一家的生活情节。

游戏玩法：教师结合幼儿现场创编的情节讲述旁白，各小组跟随旁白的内容轮流表演。

旁白：有一名女子名叫花木兰，她不仅孝顺、聪明，且作为女生从小喜欢习武，曾跟父亲学习骑射……她的父亲年纪大了，体弱多病……母亲温柔体贴，十分勤劳……

（组织要点：教师可根据幼儿的表现灵活调整旁白内容，如当幼儿表现较为单一时，教师可丰富旁白内容，给予幼儿行动提示。）

（三）结束活动

教师带领幼儿跟随音乐回忆本次活动内容。

戏剧活动：各家接旨

活动目标

1. 尝试创编各家接旨的情节和对话，感受人们保家卫国的情感。

2. 体验戏剧创编与表演的乐趣。

活动准备

材料准备：音乐、记录表、视频。

活动过程

（一）暖身活动：走走走，给我一个……

游戏玩法：幼儿按节奏行进，教师说"给我一个……"时，幼儿用肢体呈现造型并定格。

（组织要点：引导幼儿运用肢体动作大胆展现人物角色的各种造型，教师通过思路追踪，了解幼儿的想法。）

（二）主题活动

1.出示告示，引发讨论。

导语：一天早上，一名士兵骑马来到街头，在墙上张贴招兵告示，主要内容为："现有匈奴来犯，为保卫家园，现向各家各户征用一位男丁，上阵杀敌，报效国家。"

提问：会有人从军吗？为什么？

（组织要点：鼓励幼儿大胆表达观点，且不给予幼儿"标准"答案。）

2.颁布圣旨，各家接旨。

（1）观看视频，了解古代接旨的情景。

（2）分组创编各家接旨的情节并表演。

3.花家接旨，木兰替父从军。

（1）教师入戏扮演花父，表达自身不得不接旨的无奈心理。

（2）小组讨论，分析此时花木兰的内心想法。

提问：当木兰面对父亲的年老体弱、弟弟的年幼，且老父亲不得不接旨的情景，她会想些什么？请小组讨论并分组表演。

小结：花木兰不愿年老的父亲和年幼的弟弟上战场，决定替父从军。

（组织要点：在小组交流、合作表演中，引导幼儿用语言及肢体动作表现出花木兰对父亲的孝心和弟弟的关爱。）

（三）结束活动

听音乐回忆今天的活动内容。

戏剧活动：集市买装备

活动目标
1. 了解古代集市场景，并能用肢体合作建构不同的店铺，形成集市情境。
2. 体验与同伴合作建构的乐趣。

活动准备
材料准备：关于古代集市与店铺场景的课件。

活动过程

（一）暖身活动：变变变
游戏玩法：幼儿跟随教师的指令用肢体动作做出相应造型。
（组织要点：本环节重点关注幼儿肢体动作的创意性及表现力。）

（二）主题活动
1. 皮影故事，回顾花木兰出征的故事。
导语：上次我们讲到了木兰想要替父从军，现在通过一段皮影戏回顾一下吧。

2. 欣赏图片，了解木兰替父从军需要做的准备。
提问：从军前，木兰需要准备些什么？又要去哪里买呢？
小结：木兰需要去马市买马，去兵器库买兵器，去干粮店买食物，去成衣铺买男装。

3. 场景建构，同伴合作用肢体建构出热闹的集市。
（1）分组建构，6人一组合作建构店铺场景。
（2）分组展示，介绍建构的作品。
（3）相互评价，提升游戏经验。
（4）合作表演，教师扮演花木兰，进入各"店铺"互动表演。
（组织要点：在本环节中，教师重点关注幼儿小组是否能依据各店铺特性进行建构。）

（三）结束活动
幼儿跟随音乐回顾本节课活动内容，并猜想木兰进入军营后的生活。

韵律活动：苦练功夫

活动目标

1. 感知乐曲 ABA 结构特点，并创编练功、骑马等操练的动作、队形。

2. 能与同伴合作表演，体验韵律活动的乐趣。

活动准备

经验准备：了解练兵的一些基本动作和军营练兵的场景。

材料准备：音乐《功夫》选段 、记录板。

活动过程

（一）欣赏乐曲，感知乐曲 ABA 结构特点

过渡：木兰进入军营后开始苦练功夫，让我们来听一段音乐。

提问：这段乐曲一共有几段？听上去感觉怎么样？听上去木兰好像在做什么？说说你的理由。

小结：这段乐曲一共分三段，讲的是木兰来到军营后开始苦练功夫，第一段是在练习骑马，第二段是在练习打拳，最后一段是在练习射箭。

（组织要点：引导幼儿依据乐曲旋律及节奏的特点展开想象，从而进一步感受乐曲所表达的情境、情绪等。）

（二）倾听乐曲 A 段，感受乐曲旋律，创编骑马的动作

提问：我们可以怎么表现骑马的动作呢？让我们跟着音乐试一试。

邀请幼儿代表示范，共同提炼动作。

集体跟随乐曲进行表演。

（三）倾听乐曲 B 段，感受音乐的旋律，创编打拳的动作

提问：我们可以怎么表现打拳的动作呢？

邀请幼儿代表示范，共同提炼动作。

集体跟随乐曲进行表演。

（组织要点：幼儿个别创编，教师提炼动作要领，并引导幼儿通过同伴互学的方式，相互学习，进一步优化各自动作；同时，要关注幼儿做动作时的节奏感及力量感。）

（四）再次欣赏 A 段乐曲，创编射箭的动作及队形

1.幼儿分组讨论，自主设计射箭动作及队形，并跟随乐曲练习。

2.分组展示：幼儿自主展示队形，并跟随乐曲进行表演。

（组织要点：关注幼儿自主设计并合作表演的情况。）

（五）结合图谱跟随乐曲完整表演

1.集体表演，巩固动作。

2.分组表演，相互评价。

（组织要点：引导幼儿能跟随乐曲节奏和旋律的变化进行舞蹈，且动作富有表现力。）

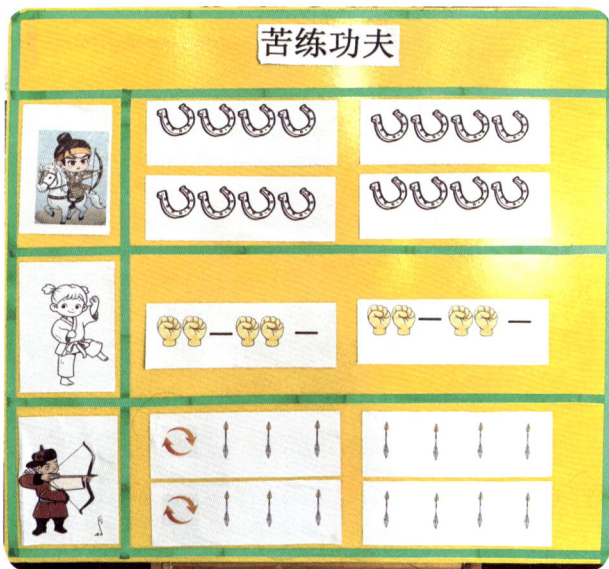

"苦练功夫"图谱

戏剧活动：排兵布阵

活动目标

1.创编木兰排兵布阵的方法，尝试按照指令完整演练阵法。

2.大胆表达自己的想法，感受与同伴排兵布阵的乐趣。

活动准备

材料准备：相关幻灯片、鼓、雪花片（绿色、黄色、蓝色各 5 个）、纸、笔。

活动过程

（一）暖身活动：照镜子

游戏玩法：幼儿两人一组，一名幼儿先做动作，另一名幼儿进行模仿。

（组织要点：可引导幼儿围绕练武进行动作的创编与模仿，为后续活动做经验铺垫。）

（二）主题活动

1.了解排兵布阵。

（1）**提问：**为了在战场上取得胜利，除了苦练功夫以外，我们还要学会排兵布阵，那什么是排兵布阵呢？

（2）观看视频，了解排兵布阵。

小结：排兵布阵就是听好指令，军队快速排列队伍、摆列阵型。

2.共同演练三字阵。

（1）示范阵法。

三字阵：黄色表示步兵，绿色表示骑兵，蓝色表示弓箭手，三组形成三角阵型。红色敌军向我军进攻，将军发号施令，分别由步兵、骑兵、弓箭手轮流出击。

（2）幼儿尝试合作模拟三字阵法。

听令！步兵准备，步兵出击，步兵撤退；骑兵准备，骑兵出击，骑兵撤退；弓箭手准备，弓箭手出击，弓箭手撤退。

提问：演练的时候要注意什么？

小结：演练时要注意撤退方向、位置、速度。

（组织要点：通过讲解示范及合作模拟，引导幼儿初步感知排兵布阵的方法。）

3.分组布阵及演练。

提问：现在你们是花木兰，你们还会怎样设计阵法呢？

（1）小组合作布阵并自主演练。

（2）分组介绍阵法并相互评价。

（组织要点：在小组合作设计并模拟阵法的过程中，进一步提升幼儿的设计能力及合作能力。）

（三）结束活动

播放舒缓轻柔的音乐，引导幼儿共同回顾活动过程。

韵律活动：两军交战

活动目标

1. 感知乐曲激昂、有力的特点，创编两军交战时进攻、团战、围攻的动作及队形。

2. 通过合作表演，感受两军交战的紧张气氛，体验韵律活动的乐趣。

活动准备

材料准备：音乐《大河之舞》选段。

活动过程

（一）欣赏乐曲，感知乐曲 ABC 不同的特点

提问：乐曲听上去感觉怎么样？乐曲一共有几段？每段音乐可能发生了什么事？

小结：乐曲一共有三段，第一段讲的是步兵、骑兵及弓箭手分别进攻，第二段讲的是小组之间的团战，最后一段讲的是合作发起总攻。

（组织要点：引导幼儿根据创编的情节框架，结合乐曲特点展开想象并表达自己对于乐曲的理解。）

（二）分段倾听乐曲并创编相应动作

1. 倾听乐曲 A 段，感受乐曲旋律，创编进攻的动作。

（1）**提问：**步兵、骑兵及弓箭手可以怎么进攻？哪一队先进攻？

（2）商定进攻方案。

（3）集体创编相应动作并跟随乐曲进行表演。

（4）幼儿自主选择相应的队伍并跟随乐曲进行表演。

2. 倾听乐曲 B 段，感受乐曲旋律，分组创编团战的动作。

（1）**提问：**战事越来越激烈，现在进入团战环节。我们小组合作进攻，又可以怎么做呢？

（2）小组商定团战方案并跟随乐曲进行表演。

（3）分小组表演并相互评价。

3. 倾听乐曲 C 段，感受乐曲旋律，集体创编进攻的动作。

提问：两军都进入了总攻环节，我们又可以怎么做呢？

（1）师幼共同讨论总攻方案。

（2）跟随语令提示，集体合作跟随乐曲进行表现。

（组织要点：引导幼儿根据乐曲旋律及节奏的变化，尝试创编相应的动作并随乐表现。）

（三）结合图谱，跟随乐曲完整表演

1.引导幼儿回忆创编的内容，并完整表演。

2.分成两队表演两军对抗的情节。

3.聚焦韵律表演过程中出现的问题，开展即时性评价。

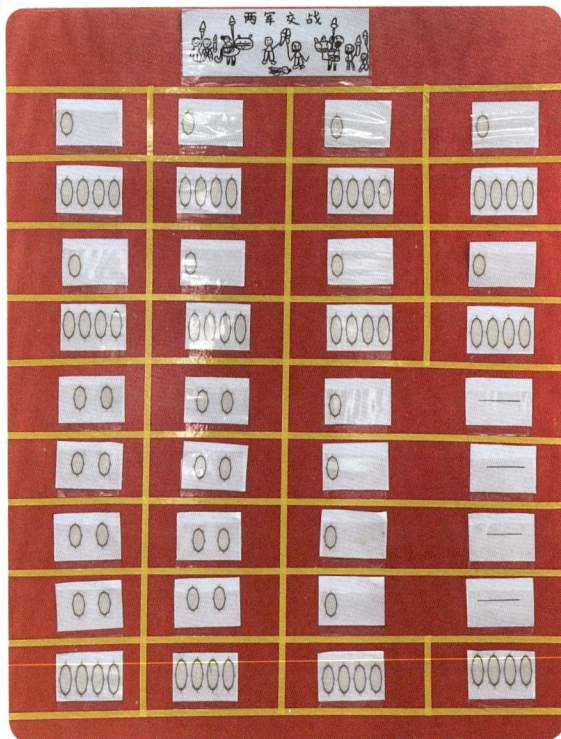

"两军交战"图谱

戏剧活动：胜利归来

活动目标

1.创编花木兰取得胜利凯旋、举国欢庆、弃官返乡的情节。

2.感受花木兰精忠报国、不追求名利的精神品质。

活动准备

材料准备：轻音乐、记录表等。

活动过程

（一）暖身活动：走停游戏

游戏玩法：幼儿在一定空间内自由行走，当教师说出指令时幼儿要做出相应的动作，如拍手、跳跃等。

（二）主题活动

1. 观察图片，建构皇宫场景。

导语：花木兰所在的军队打了胜仗，在回京的路上受到了人们的欢迎，当他们来到宫殿门口时，大臣立马上报陛下。

（1）**提问：**北魏时期的皇宫长什么样？陛下上朝的时候是怎样的？

（2）幼儿代表建构皇宫场景。

（组织要点：引导幼儿有效分析图片中的场景细节，多人合作，运用肢体动作建构皇宫场景。）

2. 创编陛下的台词

（1）**提问：**陛下想将花木兰留在京城当官，他会对花木兰说些什么？做些什么呢？

（2）幼儿分组创编对话并合作表演。

（组织要点：基于幼儿前期铺垫经验，围绕当时的历史背景进行创编，教师用笔记录下幼儿创编的台词，并将其贴在记录板上，引导幼儿运用适当的语气讲述台词。）

3. 话题讨论，了解花木兰弃官返乡的原因。

提问：花木兰会接受陛下奖赏留下做官吗？为什么？

小结：原来花木兰一直惦记家中年迈的父母，因而她放弃丰厚的奖赏返回家乡孝敬父母。

（组织要点：在本环节中，教师要尊重并接纳每一位幼儿的观点，引导幼儿大胆表达个人观点与想法。）

4. 通过"良心巷"表达对木兰的赞扬。

游戏玩法：幼儿扮演城里的居民，教师扮演花木兰所在的军队，幼儿面对面站两排，面对大获全胜回京的军队，说出他们心中的话。

（三）结束活动

听音乐回忆今天的课堂内容。

结语： 花木兰替父从军，英勇杀敌。面对陛下的奖赏，花木兰一一谢绝，只为回到家中孝敬自己的父母。

歌唱活动：我是花木兰

活动目标

1.熟悉歌曲旋律并借助图谱学唱歌曲，进一步萌发对花木兰的敬佩之情。

2.体验歌唱活动的乐趣。

活动准备

材料准备：图谱、钢琴伴奏。

活动过程

（一）话题导入，我了解的花木兰

提问： 你们喜欢花木兰吗？为什么？

小结： 听到大家的分享，我们深深感受到花木兰真不愧是巾帼英雄，有首歌曲就是唱的关于花木兰的故事，我们一起来听听吧。

（二）欣赏歌曲，熟悉歌曲旋律，理解歌词内容

1.欣赏歌曲并尝试回忆歌词内容。

2.教师根据幼儿回忆的内容出示图谱。

3.引导幼儿根据歌曲内容将图谱按照歌词顺序排列。

（三）跟随图谱内容，学唱歌曲

1.演唱歌曲：共同验证图谱排列顺序。

2.集体跟唱：教师关注幼儿困难点。

3.摘句练习：解决幼儿的困难点。

（四）多形式演唱歌曲

1.边唱边玩"击鼓传花"游戏。

游戏玩法： 歌曲开始，向同一个方向传递花，一拍传一下，当唱到最后一句，谁接到花谁就说一句自己想说的话。

2.加入动作表演，引导幼儿有感情地演唱。

（组织要点：在熟悉歌曲旋律、理解歌词的基础上尝试演唱歌曲，鼓励幼儿大胆提出演唱过程中遇到的困惑，在演唱过程中提升幼儿的表达表现力。）

（五）拓展延伸，改编歌词

结束语： 我们已经会唱这首歌曲了，那我们还能对花木兰说点什么呢？大家可以去音乐创玩坊尝试替换歌词再来唱一唱。

《花木兰》歌谱

二、区域游戏活动

创意制作坊

游戏目标

1.根据角色特点、故事情节的需要,运用多种形式及材料,制作角色头饰、道具、服装、海报、门票。

2.在创作过程中,愿意用自己的方式表现自己的感受与想象。

3.能与他人合作进行艺术表现,体验共同创作的快乐与成就感。

游戏材料

KT板、PVC管、竹竿、木棍、麻绳、纸杯、轮子、纸筒、皮筋、报纸、硬纸板、测量工具、穿线工具、雕刻工具、各类废旧材料。

游戏过程

游戏一:头饰制作

制作陛下帽子的底座与珠帘

试戴陛下的帽子

游戏二:铠甲制作

按照尺寸裁剪铠甲片

串联成铠甲

游戏三：窗棂海报制作

设计窗棂海报

将海报粘在承重架上

游戏四：版印门票

制作底板及上色

印刷完成

游戏五：兵器铺制作

制作兵器铺框架

兵器库制作完成

剧本创编坊

游戏目标

1. 能依据剧幕框架尝试创编剧本内容,并愿意用图画和文字进行记录。

2. 围绕故事情节,能有序、连贯、清楚地讲述创编的情节。

3. 在与同伴合作创编的过程中,体验剧本创编的乐趣。

游戏材料

绘本、纸笔、iPad、阅读打卡册、故事二维码、耳机、录音笔、场景作品图、胶水、硬卡纸、皮影幕布、不同形象的皮影玩偶、舞台背景道具、相关绘本等。

游戏过程

游戏一:故事剧场

剧本创编

依据剧本内容进行讲述

游戏二:皮影游戏

观看剧场表演

剧本记录

音乐创玩坊

游戏目标

1. 能跟随音乐节奏和旋律的变化进行律动，且动作富有表现力。
2. 能围绕音乐旋律设计相关队形，体验韵律表演的乐趣。

游戏材料

音乐、队列图。

游戏过程

游戏：两军交战

小组设计对战队形　　　　　　　按设计的队形跟随乐曲进行表演

戏剧表演坊

游戏目标

1. 能依据表演计划，与同伴分工、合作表演。
2. 喜欢参与戏剧表演活动，并在评价环节中大胆表达自己的感受。

游戏材料

计划板、服装、道具、纸笔、自制剧本。

游戏过程

游戏：木兰剧场

制订演出计划并协商自选角色

观演评价

科探区游戏

游戏目标

1. 能根据设计图选择适宜的材料，探究制作投石器的方法。
2. 愿意主动探究，体验制作成功的快乐。

游戏材料

清水积木、PVC 管、PVC 架子、轮子、纸筒、皮筋、篓子、报纸等。

游戏过程

游戏：投石器制作

制作投石器框架

试验投石器

三、剧场体验活动

剧目宣传

制作宣传海报

现场售票宣传

剧场布置

给观演座位标号

检票入场等待演出

表演观演

小演员表演

演出收获家长一致好评

主题实施小结

　　在《花木兰》戏剧主题活动开展过程中，孩子们通过参与多元的戏剧活动，大胆演绎、创意表现，获得了全面的发展。在集体活动中，他们能根据情节发展线索，通过即兴扮演、场景建构等方式，创编"招募新兵""初入军营""沙场激战""大获全胜"四幕的情节与台词，并能用丰富的语言、表情及动作进行演绎。在戏剧区域游戏中，孩子们积极思考，创意制作戏剧表演中所需的道具、服装、宣传海报等，同时在剧本创编坊中不断丰满故事场景、情节、内容等，丰富剧本情节；在戏剧表演时，他们能生动地演绎角色，展现故事内容；在剧场观演活动中，他们能根据表演的内容及"演员"的台词、展现的动作等进行多角度的点评。此外，幼儿还能通过各类活动的深度体验，感受花木兰善良勇敢的品质、保家卫国的热情、英勇战斗的精神，体会到"孝顺父母、报效国家"的真挚情感。在此过程中，教师作为幼儿的合作者、引导者，作为活动的观察者、推动者，努力营造激发幼儿参与戏剧活动的环境和氛围，师幼共同经历及展现戏剧创作，从而不断提升自身的戏剧专业素养。

（本主题活动由吴丽娜、鲁丹、谢秋香、张静、顾静艳提供）

大班戏剧主题《了不起的小红鸟》

参考绘本：乔·霍奇金森．了不起的小红鸟 [M]．西安：未来出版社，2012.

主题分析与架构

一、主题来源与核心价值

本主题来自绘本《了不起的小红鸟》，讲述了小红鸟为加入乐队积极争取机会，通过不懈的努力证明自己，最终成功加入乐队并赢得才艺大赛冠军实现梦想的故事。故事中的小红鸟大胆自信地展现自己的长处，并为梦想而不懈努力的角色形象深深吸引着大班幼儿，让其深刻感受到每个人都有自己独特的价值和潜力，懂得只有认可和接纳自己，才能成为更好的自己。

二、幼儿基础分析

大部分大班幼儿对于戏剧主题活动中的角色、情节、场景、工作坊、表演等已建立初步的认知。他们愿意在戏剧活动中想象创造，并且愿意尝试用肢体、表情、语言和声音表现角色的特征。大多数小朋友愿意在戏剧活动、表演坊中大胆表现自己，但部分幼儿在戏剧表演中缺乏大胆展示自我的信心与能力。

三、主题目标

1.感受小红鸟为梦想而坚持不懈的品质，知道每个人都有自己的特长和优点，愿意大胆展现自我。

2.通过即兴扮演等方式，创编小红鸟应聘歌手、乐队参赛等情节与对话，并能用较为丰富的语言、表情及动作进行大胆演绎。

3.能根据表演需要，大胆尝试运用纸箱、羽毛、无纺布等各类材料设计与制作舞台场景，以及小红鸟、乐队成员等角色的头饰与服装，并关注作品的实用性与美观性。

4.在戏剧游戏过程中，能与同伴协商制订游戏计划、明确游戏分工，自主分配角色尝试合作表演，体验戏剧活动带来的快乐。

5.能与同伴协商完成剧目宣传、剧场布置、观演表演等剧场体验活动，体验与小伙伴一起参与戏剧活动的快乐。

四、分幕线索构架与价值分析表

分幕	核心价值	戏剧冲突
第一幕 大赛初始		小红鸟想参加歌唱比赛，其他动物嘲笑它
第二幕 应聘歌手	知道每个人都有自己的优点和长处，要大胆展示自我	小红鸟想应聘歌手，但被拒绝
第三幕 组团参赛		小红鸟在同伴的鼓励下努力战胜自己，站上舞台表演
第四幕 完美谢幕	懂得实现梦想需要坚持	

五、戏剧主题课程实施网络图

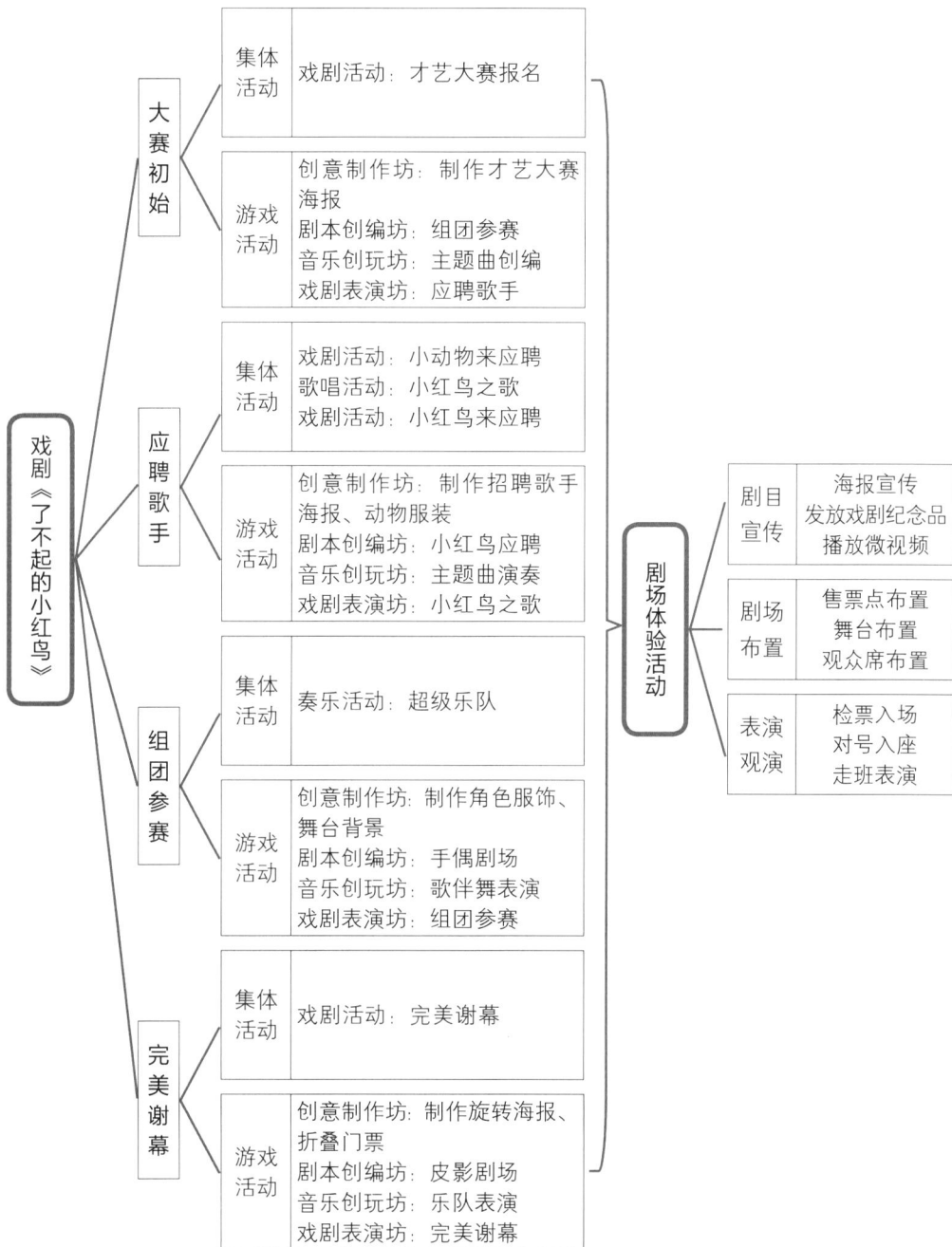

戏剧《了不起的小红鸟》	大赛初始	集体活动	戏剧活动：才艺大赛报名
		游戏活动	创意制作坊：制作才艺大赛海报 剧本创编坊：组团参赛 音乐创玩坊：主题曲创编 戏剧表演坊：应聘歌手
	应聘歌手	集体活动	戏剧活动：小动物来应聘 歌唱活动：小红鸟之歌 戏剧活动：小红鸟来应聘
		游戏活动	创意制作坊：制作招聘歌手海报、动物服装 剧本创编坊：小红鸟应聘 音乐创玩坊：主题曲演奏 戏剧表演坊：小红鸟之歌
	组团参赛	集体活动	奏乐活动：超级乐队
		游戏活动	创意制作坊：制作角色服饰、舞台背景 剧本创编坊：手偶剧场 音乐创玩坊：歌伴舞表演 戏剧表演坊：组团参赛
	完美谢幕	集体活动	戏剧活动：完美谢幕
		游戏活动	创意制作坊：制作旋转海报、折叠门票 剧本创编坊：皮影剧场 音乐创玩坊：乐队表演 戏剧表演坊：完美谢幕

剧场体验活动	剧目宣传	海报宣传 发放戏剧纪念品 播放微视频
	剧场布置	售票点布置 舞台布置 观众席布置
	表演观演	检票入场 对号入座 走班表演

六、戏剧主题资源利用与环境创设

1. 资源盘点

资源类型	资源内容	资源利用的可能性
绘本资源	动物类:《鸟类不简单》《神奇鸟世界》《羽毛:不只是为了飞行》	绘本中有许多介绍各种鸟类特征的画面,因此可以将许多画面迁移到认知活动中,以此丰富幼儿的认知经验
	情感类:《勇敢做自己》《我喜欢自己》《没有什么做不到的事》	该系列绘本表达了每个人都有自己的优点与长处,要为此而感到骄傲,可将其投放于剧本创编坊的区域游戏中,丰富幼儿的戏剧创作经验,加深对主题核心的理解
社会资源	剧院、各种表演舞台	通过观看各种儿童剧表演,了解角色在舞台上的表达表现方式,丰富幼儿的戏剧表演经验
网络资源	乐器、乐队表演视频	了解演唱会的流程、各种乐器的演奏知识、乐队合作表演的形式,丰富幼儿的戏剧创作经验

2. 环境创设

(1)材料投放:一是提供与本主题相关的角色手偶、故事盒子等材料,帮助幼儿熟悉和讲述故事情节;二是提供各大工作坊的区域游戏材料库,可根据幼儿的创作需要增减材料,激发幼儿的艺术表现与创造能力。

(2)环境准备:创设与《了不起的小红鸟》相关的主题环境、区域环境、主题墙等,使环境能与幼儿产生互动。

《了不起的小红鸟》戏剧主题环境

七、戏剧主题集体活动

分幕	活动内容	预设活动意图
第一幕 大赛初始	戏剧活动：才艺大赛报名	幼儿根据才艺大赛的情节，创编不同动物参加大赛时的动作、语言
第二幕 应聘歌手	戏剧活动：小动物来应聘	1. 创编不同动物来应聘的情节，包括语言、动作 2. 以小组的形式讨论表演的节目与形式
	歌唱活动：小红鸟之歌	借助《布谷鸟》的歌曲旋律，创编《小红鸟之歌》的歌词
	戏剧活动：小红鸟应聘	通过台词、动作来塑造小红鸟敢于坚持、不放弃的形象，创编小红鸟想办法应聘歌手的情节
第三幕 组团参赛	奏乐活动：超级乐队	围绕赛前准备的情境，借助器乐合作进行乐曲演奏
第四幕 完美谢幕	戏剧活动：完美谢幕	采用内心独白的戏剧表现形式，表现小红鸟从胆怯到勇敢面对的心理转变，感受成功的喜悦

八、主题区域游戏创设表

区域名称	游戏名称	游戏目标	投放材料	观察与指导要点
创意制作坊	制作旋转海报	1. 用低结构材料制作、装饰海报 2. 根据故事内容的发展，尝试制作《了不起的小红鸟》中不同分幕的旋转海报	彩纸、胶水、剪刀、吸管、头箍、帽托、毛根、范例图片（如台历）等	1. 在制作海报的过程中，观察幼儿对于自己所要制作的海报是否了解 2. 在活动中观察幼儿和同伴是否能分工创作，体验共同创作的快乐
	制作鳄鱼服装	1. 观察服装图片和模型，发现戏剧中鳄鱼的服装特点 2. 能组合使用多种材料，制作凸显动物特性的服装	服装图片、收集的各种材料（如报纸、塑料袋、布）等	1. 鼓励幼儿根据动物的特性，进行想象与创作 2. 观察幼儿是否能用多种材料进行艺术装饰，丰富服装细节
	制作折叠门票	1. 能尝试制作折叠门票 2. 能以自身为主体区分左右，为门票设计行与列	彩纸、海报纸、油画棒、勾线笔、各类装饰材料	1. 观察幼儿能否将门票制作为折叠的形式 2. 观察幼儿能否解决在制作过程中遇到的问题

续表

区域名称	游戏名称	游戏目标	投放材料	观察与指导要点
剧本创编坊	手偶剧场	1. 能运用手偶,借助"时间、地点、人物、事件"四要素创编故事情节 2. 通过画一画、涂一涂、贴一贴等操作自制手偶,并和同伴进行交流讲述	动物手偶、勾线笔、彩纸等	1. 观察幼儿能否根据"四要素"大胆讲述,创编剧本情节 2. 观察幼儿能否按照故事情节顺序进行手偶表演
	皮影剧场	1. 结合剧本情节,能根据作品主题、情节加以想象,并创造性地表演人物对话 2. 能用连贯的语言,适当的动作、表情,大胆表现角色性格特征 3. 遵守游戏规则,体验同伴之间互相帮助的友好情感	电台(皮影台)、动物玩偶、剧本	1. 观察幼儿表达表演的完整性如何 2. 观察幼儿表演时,动物出场的顺序是否正确 3. 观察幼儿在表演的过程中能否使用恰当的表情和动作 4. 在互换角色表演时,观察幼儿的表演是否有递进,是否在前面基础上有所提高
音乐创玩坊	主题曲创编	1. 能够联系戏剧故事情节合理地改编、创编歌词并进行记录 2. 能够跟着音乐伴奏完整演唱	记录纸、记录笔、剪刀、图谱板、蓝牙音箱	1. 观察幼儿能否联系戏剧情节合理创编、改编歌曲歌词 2. 观察幼儿能否将创编的歌词表征形成图谱 3. 观察幼儿能否根据音乐伴奏完整演唱创编的歌曲
	主题曲演奏	1. 能依照图谱用打击乐器为戏剧伴奏 2. 初步探索乐器的配器方案	常见小乐器、自制小乐器(如奶粉罐、擀面杖、塑料袋、易拉罐)	1. 观察幼儿是否能正确使用乐器并根据乐曲节奏进行演奏 2. 观察幼儿是否能与同伴合作演奏
	歌伴舞表演	1. 根据音乐伴奏设计舞蹈动作及舞蹈队形 2. 结合设计的动作与队形练习伴舞 3. 体验与同伴共同表演的乐趣	记录笔、记录纸、队形图谱、蓝牙音箱	1. 观察幼儿设计的舞蹈队形变换是否适宜 2. 引导幼儿以小组长制练习舞蹈动作与队形变化

区域名称	游戏名称	游戏目标	投放材料	观察与指导要点
戏剧表演坊	了不起的小红鸟	1. 能根据小组制订的游戏计划，用生动的语言和丰富的动作合作表演 2. 能客观评价自己或同伴的表演，且在遇到问题时能通过协商解决 3. 体验戏剧表演的乐趣	各种小鸟头饰、道具、舞台等	1. 引导幼儿创造性地表达表现，其中需要注意角色的定位、说话的语气等 2. 注意各角色间的场地站位
建构游戏	小红鸟的舞台	1. 能结合游戏计划，熟练运用多种建构材料和建构技巧，组合搭建故事中的戏剧场景 2. 能用完整连贯的语言介绍自己的作品，能和自己的建构作品进行互动游戏	积木、仿真砖、树木、易拉罐、薯片桶、小红鸟模型	1. 引导幼儿运用多种建构技巧进行剧场搭建 2. 引导幼儿自主创造小红鸟的舞台，思考如何布置更合适

主题活动展开

一、集体活动

戏剧活动：才艺大赛报名

活动目标

1. 在戏剧活动中理解小红鸟被嘲笑的原因。

2. 围绕情节线索创编不同动物看到"才艺大赛"海报时的情节，并能自信大胆地演绎不同角色对话。

3. 体验戏剧活动的乐趣。

活动准备

相关幻灯片、小红鸟头饰1个、背景音乐、海报板、记录纸笔。

活动过程

（一）暖身活动：我会 ××

游戏玩法： 每个人扮演一种小动物围圈站，每人依次走到圈中说"我会 ××"，并做出相应行为，其他人跟随模仿。

（组织要点："自信大胆地展现自己"是该主题重要的核心价值之一。该游戏中教师要重点关注幼儿是否能积极主动参与游戏并大胆展现自我。）

（二）主题活动

1. 出示才艺大赛海报，引出情节创编线索。

导语： 一天，在动物小镇的大街上张贴了一张才艺大赛的海报，小动物们纷纷议论起来。

2. 小组合作，创编表演小动物想要参加才艺大赛的情节与对话。

提问： 会有谁来参加呢？它们又会说什么呢？

（1）小组讨论选择一种小动物进行情节对话的创编。

（2）分组进行展示交流。

（组织要点：教师要特别关注每组幼儿在表演相同动物、相同才艺时的不同表达，以及幼儿在交流讨论过程中的合作情况。）

3. 教师入戏，理解小红鸟被嘲笑的原因。

教师扮演小红鸟，助教扮演小动物，进行互动对话：

小红鸟：我也想来报名。小动物：你个子这么小，你能有什么才艺？

4. 教师出戏，幼儿围绕"小红鸟是否应该参加大赛"这一话题大胆表达自己的想法。

提问： 小红鸟的心情是什么样的？你觉得小红鸟会继续参加比赛吗？说说你的想法。

（组织要点：通过教师入戏能够引导幼儿在交流讨论中理解感受小红鸟被人嘲笑后的心情，从而正面引导给予小红鸟鼓励与支持。）

（三）结束活动

欣赏幻灯片了解故事原版开端，为下一活动做好铺垫。

戏剧活动：小动物来应聘

活动目标

1. 能根据故事线索尝试合作创编小动物应聘歌手的情节。

2. 能够与同伴合作进行表演，自信大胆地表现自己。

3. 体验与同伴合作创编的乐趣。

活动准备

材料准备：相关幻灯片。

活动过程

（一）暖身活动：停动游戏

游戏玩法：幼儿跟随铃鼓节奏，模仿小动物们走路，当鼓声停止时，幼儿模仿小动物的叫声。（在此环节中，教师需选择有叫声的小动物发出口令。）

（二）主题活动

1. 出示招聘海报图片，引出情节创编线索。

故事：动物们为准备"才艺大赛"刻苦练习，但是它们发现缺少一位歌手，于是张贴了"招聘公告"。

提问：招聘公告贴出来后，有许多的小动物前来应聘，都会有谁呢？

（组织要点：引导幼儿围绕"歌手"这一身份，有目的地猜想可能前来应聘的动物，为后续活动做经验铺垫。）

2. 小组合作，创编不同动物应聘歌手展示才艺的情节。

（1）抱团游戏进行分组。

游戏玩法：全体幼儿走动起来，当听到"×人抱团"的口令时，就要马上按数量抱团分组。

（2）小组合作，确定一种小动物，合作创编该动物才艺展示的节目。

3. 在"招聘"的情境中，分组展示创编内容，并交流评价。

教师入戏评委：你们都准备好了吗？赶紧来展示一下你们的歌喉吧！

（组织要点：教师在巡回指导中，要关注幼儿合作创编时能否通过商讨确定角色、选择曲目、完成排练。在入戏评委的环节中，要给予每组幼儿肯定，挖掘亮点。）

（三）结束活动

回顾活动：刚才小朋友们扮演了……我们来看看绘本中都有哪些小动物来应聘呢？它们会成功吗？小红鸟在家又会做什么准备呢？

歌唱活动：小红鸟之歌

活动目标

1. 欣赏音乐，感受乐曲活泼、欢快的曲风。

2. 借助图谱学唱歌曲，并能多形式地进行歌曲表演。

3. 体验歌唱活动的乐趣。

活动准备

材料准备：歌谱、音乐《布谷鸟》伴奏。

活动过程

（一）欣赏歌曲，引出图谱

导入： 小红鸟为了成功应聘歌手，在家努力练习，我们听听看，它是怎么唱的?

提问： 你听到了什么? （幼儿回答后教师出示对应图谱。）

（组织要点：教师可引导幼儿多次倾听歌曲，直至引出歌曲的全部图谱。）

（二）借助图谱，学唱歌曲

1. 结合图谱尝试跟唱。

过渡： 让我们来把这首好听的歌唱一唱吧!

2. 根据幼儿掌握情况，将难点进行摘句练习。

（三）用多种形式演唱，巩固歌曲

1. 藏图游戏（鼓励幼儿脱离图谱演唱歌曲）。

2. 分组演唱（分组按乐句进行合作演唱）。

3. 加入动作演唱（结合对歌曲的感受和理解，利用身体动作进行演唱）。

（组织要点：通过多种形式的演唱，巩固加深幼儿对歌曲的记忆，并且根据幼儿对歌曲的理解，进行动作的创编。）

（四）延伸活动

结语：《小红鸟之歌》完成了，这样小红鸟就可以带着这首歌去参加才艺大赛了，那就让我们一起期待一下吧!

小红鸟之歌

1 = D 4/4

我 是 森 林 中 的 小 红 鸟，家 住 在 美 丽 的 半 山 腰。

看 太 阳 落 下 去 又　回　来，世 界 多 美 妙。

我 们 跳 着 动 人 的 舞 蹈，美 妙 的 节 奏 让 你 知 道。

快 快 和 我 们 一 起 来 吧，一 起 享 受 这 舞 台！

《小红鸟之歌》歌谱

戏剧活动：小红鸟来应聘

活动目标

1. 围绕情节线索，创编小红鸟为参加歌手应聘而想办法的情节，感受小红鸟为实现梦想而坚持不懈的精神。

2. 在活动中大胆表达自己的想法，体验创编的乐趣。

活动准备

材料准备：纸、笔、铃鼓。

活动过程

（一）暖身活动：情绪变变变

游戏玩法： 幼儿跟随教师铃鼓的节奏在场地上自由行走，当铃鼓声停止时，幼儿根据教师指令做出相应的情绪动作，如开心、害羞、伤心……

（二）主题活动

1. 话题讨论，引出情节线索。

过渡： 上次有许多小动物前来应聘，可是大熊它们都说不合适。

提问： 你觉得小红鸟会来应聘歌手吗？为什么？

（组织要点：本环节要引导幼儿用辩证性思维参与话题的讨论，幼儿的每一种观点都有价值并值得大家尊重。）

2. 小组合作，创编小红鸟为参加歌手应聘而想办法的情节。

过渡： 就像有的小朋友说的那样，小红鸟并没有放弃，它决定想一个办法参加歌手应聘。

提问： 小红鸟会想什么办法呢？请把你们的想法画下来。

（1）小组合作讨论，并通过绘画的方式记录创编内容。

（2）分组运用"即兴扮演"的方式展示创编内容。

（组织要点：在分组展示的过程中，可关注幼儿合作方式的差异。）

3. 观察图片，了解小红鸟为参加歌手应聘而做的努力。

提问： 小红鸟想了什么办法？它为什么这么做？

小结： 小红鸟为了不让大家因为它的矮小而拒绝它，于是它踩着高跷、披着斗篷、戴着帽子，把自己伪装成高大的形象，成功让大家听到了它美妙的歌声。

4. 通过"良心巷"游戏表达对小红鸟的认可。

提问： 当大家知道这么美妙的歌声是小红鸟唱出时，会对小红鸟说什么呢？

游戏玩法： 所有的小朋友面对面站成两排，形成"巷子"，教师扮演小红鸟从"巷子"中走过，每位幼儿在"小红鸟"靠近时就表达心中的想法。

（组织要点：教师在扮演小红鸟时，要根据幼儿的表达灵活回应，以凸显小红鸟善良、不计前嫌的形象特征。）

（三）结束活动

结合活动剪影，师幼共同回忆本活动内容。

奏乐活动：超级乐队

活动目标

1. 欣赏乐曲，感受乐曲欢乐活泼的旋律与节奏。

2. 结合图谱了解乐曲结构，并与同伴合作配乐演奏。

3. 体验合作演奏的乐趣。

活动准备

材料准备：图谱、乐器（如蛙鸣板、碰铃、沙锤、铃鼓）、匹配的乐器图片、音乐伴奏《布谷鸟》。

环境准备：将幼儿奏乐队列分为四队。

经验准备：熟悉乐曲旋律与节奏。

活动过程

（一）欣赏乐曲，感受乐曲旋律

导语：有了小红鸟的加入，乐队终于组队成功了，为了能够在才艺大赛上拿奖，它们决定好好排练，它们会选择什么曲子呢？我们一起来听一听。

提问：听完这首乐曲后你有什么感受？

小结：这首乐曲欢快活泼，听起来让人感觉到愉悦。这首乐曲叫做《布谷鸟》。

（二）认识节奏型，配乐器演奏

1. 教师出示节奏型。

提问：认识这些节奏型吗（全音符、四分音符、八分音符）？谁知道它们应该怎么拍？

小结：这张图谱中包含全音符、四分音符和八分音符的节奏型。

2. 用拍手的方式跟随音乐尝试完整拍打。

3. 用乐器演奏图谱。

过渡：我们在演奏的时候怎样才能拿大奖？怎样才能演奏整齐呢？

（1）商讨配器方案。

提问：你们觉得这些节奏用什么乐器演奏比较合适？说说理由。

（2）形成配器方案。

（3）与同伴合作，演奏乐曲。

（4）交换乐器，再次演奏。

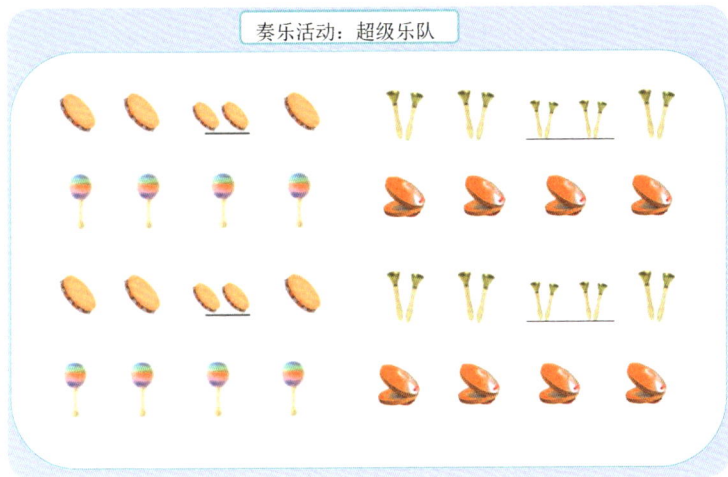

图谱

（三）延伸活动

设疑：才艺大赛时乐队能否成功演出呢？后面又会发生什么故事呢？

戏剧活动：完美谢幕

活动目标

1.理解小红鸟因担心被嘲笑而不敢上台比赛的心理。

2.在角色扮演的过程中，即兴创编大家鼓励小红鸟上台比赛的情节与对话。

3.能在活动中大胆表达自己的想法，体验戏剧活动的乐趣。

活动准备

材料准备：动物头饰、音乐等。

活动过程

（一）暖身活动：反口令游戏

游戏玩法：幼儿跟随教师铃鼓的节奏在场地上自由行走，当铃鼓声停止时，幼儿根据教师指令做出相反的动作。如听到"开心"指令时,幼儿就做出难过的样子;听到"走"指令时,幼儿就要停止走动;听到"安静"指令时,幼儿就吵闹起来;等等。

(组织要点:引导幼儿调动身体各个部位表现不同情绪。)

(二)主题活动

1.互动交流,理解小红鸟的担心。

过渡:才艺大赛马上开始了,其他的小动物都已经准备好了,小红鸟去哪里了呢?

提问:小红鸟为什么不敢上台?它在担心什么?

小结:在聚光灯的照耀下,小红鸟觉得自己好渺小,怕自己唱不好,也担心大家会因为它的矮小而嘲笑它,所以不敢上台。

2.通过"角色圈"的游戏,创编鼓励小红鸟的对话。

过渡:如果你是小动物,你会怎么鼓励胆怯的小红鸟呢?

游戏玩法:幼儿扮演小动物围成圆圈,教师扮演小红鸟站在圈中,每人走到圈中对"小红鸟"说出一句鼓励、打气的话。

(组织要点:在本环节中,教师不必拘泥幼儿表达的语言是否丰富,更重要的是关注幼儿是否能够真情实感地表达。)

3.同伴合作,分角色表演"完美谢幕"的情节。

(1)分配角色,进行角色装扮。

(2)在教师旁白的提示下,合作表演故事内容。

(组织要点:在本环节中,教师在读旁白时,可根据幼儿的表现灵活调整。如幼儿表现较为丰富时,教师可简化旁白,给幼儿预留更多即兴创编的空间;如幼儿表现较为单一时,教师可丰富旁白内容给予幼儿行动提示。)

(三)结束活动

播放舒缓音乐,放松活动。

二、区域游戏活动

创意制作坊

游戏目标

1.能结合戏剧表演的需要,运用多种材料设计与制作头饰、道具、服装、海报、门票,用于剧场体验活动。

2.能通过同伴协作的方式解决在制作中遇到的问题。

3.对制作活动感兴趣,体验创意制作的乐趣。

游戏材料

低结构材料(如彩纸、硬纸板、纸盘、纸箱、吸管等)、装饰材料(如毛根、彩色毛球、卡通眼睛、小彩棒、无纺布等)、绘画材料(如颜料、调色盘等)。

游戏过程

游戏一:制作旋转海报

借助齿轮让海报转起来

制作更大的旋转海报

游戏二:制作鳄鱼服装

讨论鳄鱼服装的设计

优化制作鳄鱼铠甲

游戏三：制作小鸟服饰

自制小鸟服装

小红鸟的演出服

游戏四：制作折叠门票

设计折叠式门票

门票展示区域

剧本创编坊

游戏目标

1.能在手偶剧场、皮影剧场的游戏中，依据情节线索即兴创编戏剧情节与角色对话。

2.能运用生动、丰富的语言，结合操作材料合作演绎创编的故事内容。

3.在与同伴合作游戏的过程中体验情节创编的乐趣。

游戏材料

素描纸、卡纸、剪刀、双面胶、胶棒、扭扭棒、马克笔、勾线笔。

游戏过程

游戏一：手偶剧场

创编表演剧本

手偶剧场演绎剧本

游戏二：皮影剧场

制作剧本

皮影剧场演绎剧本

音乐创玩坊

游戏目标

1.能借助图谱、乐器、道具等多形式地表演歌曲、韵律。

2.尝试仿编歌曲，并用表征绘画的方式绘制图谱，并替换演唱。

3.体验音乐活动的乐趣。

游戏材料

图谱、小乐器、自制乐器、纸笔。

游戏过程

游戏一：主题曲创编

创编、改编歌词

将创编的歌词片段插入图谱板

游戏二：主题曲演奏

选择合适的乐器尝试演奏

根据歌唱图谱探索打击节奏

游戏三：歌伴舞表演

小组讨论表演队形

按队形集体表演

戏剧表演坊

游戏目标

1. 能根据小组制订的游戏计划，用生动的语言和丰富的动作合作表演戏剧《了不起的小红鸟》。

2. 能客观评价自己或同伴的表演，并针对存在的问题通过协商、合作等方式尝试解决。

3. 体验戏剧表演的乐趣。

游戏目标

各角色服装、招聘海报、头饰、道具、乐器（如大鼓、沙锤、摇铃、木鱼）、剧本、场景等。

游戏过程

游戏：了不起的小红鸟

张贴表演计划

剧本情节讨论

建构区游戏

游戏目标

1. 能结合游戏计划，熟练运用多种建构材料和建构技巧，组合搭建故事中的戏剧场景。

2. 能用完整连贯的语言介绍自己的作品，能和自己的建构作品进行互动游戏。

游戏材料

低结构材料（如硬纸板、纸盘、纸箱、纸筒等）、清水积木。

游戏过程

游戏：小红鸟的舞台

合作搭建舞台框架

小红鸟的舞台搭好啦

三、剧场体验活动

剧目宣传

卖力宣传剧目

门票售卖现场

剧场布置

我们的售票场地

布置检票处

表演观演

我们的演出正式开始啦

小演员认真听观众的评价

主题实施小结

在《了不起的小红鸟》的主题活动实施过程中，孩子们通过丰富、有趣、多元的戏剧活动，在思考、表达、角色扮演的过程中，体验了小红鸟的"成长"经历，切身感受到了每个人都有自己独特的价值和潜力，只有认可和接纳自己，才能发现并展现真正的美。

在创设主题环境时，我们把主动权还给孩子，通过交流互动，了解孩子们的需求，从而有针对性地创设支持性环境，并鼓励幼儿尝试参与班级戏剧角、主题墙等环境的创设。幼儿在各主题区域游戏中，制订游戏计划、大胆想象创作、同伴协商合作，在不断尝试、调整、优化的过程中，逐渐形成良好的学习品质，从而获得多元能力的发展。

在主题实施过程中，教师的课程开发与设计能力、游戏创设与实施能力等均获得了显著提升。教师观察儿童、分析问题的能力，也在实践过程中得到了锤炼。

（本主题活动由戎佳、惠红红、镇云栋、谭尚谦、卜丽提供）

戏剧活动案例

篇

用心研"剧"，"研"之有悟

——中班戏剧《猫头鹰喔喔呼！》主题架构与实施

常州市新北区薛家镇中心幼儿园　齐　琪　朱　骅

一、儿童本位，确立主题

（一）幼儿基础分析

通过日常谈话观察发现，许多中班幼儿在集体面前不够大胆自信，对于自己有哪些优点和长处了解不足。当与同伴交往中遭遇"排挤"时，也很少会主动想办法协商与解决。

（二）绘本价值分析

《3-6岁儿童学习与发展指南》中指出，中班幼儿应该知道自己的优点和长处并为此感到满意。基于幼儿现状，如遇到被否定时容易消极气馁、对于自己有哪些优点认识不足等问题时，我们筛选相关绘本，从中选择《猫头鹰喔喔呼！》这一绘本开展主题活动。

该绘本讲述了猫头鹰为了融入母鸡中，虽然被多次否定仍不放弃，最终通过展示捕捉老鼠的技能成功融入母鸡中的故事。结合中班幼儿年龄特点，我们将该绘本核心价值定位为自我认同与自信。

二、多层审议，架构主题

（一）制订戏剧主题目标

依托确立的戏剧主题价值分析和幼儿的基础分析，再结合《3-6岁儿童学习与发展指南》以及幼儿当下的戏剧能力，制订了较为合理的戏剧目标。

1.通过戏剧主题活动，体验与感受猫头鹰遇到困难而努力克服的优秀品质及愿意展现自己优点和长处的自信与大胆，从而产生自我认同感。

2. 通过即兴扮演、场景建构等方式，创编猫头鹰误入鸡窝、学做小公鸡、勇抓小老鼠等情节与对话，并能用较为丰富的语言、表情及动作进行大胆演绎与表达。

3. 能根据表演需要，大胆尝试运用纸盘、纸箱、羽毛等各类材料设计与制作农场场景、猫头鹰和母鸡等角色的头饰与服装，并能够在此过程中关注作品的实用性与美观性。

4. 在戏剧游戏过程中，能与同伴协商制订游戏计划、明确游戏分工，自主分配角色，尝试合作表演，体验戏剧活动带来的快乐。

5. 能在老师的协助下，小组合作完成剧目宣传、剧场布置、观演表演等剧场体验活动，且在遇到问题时能想办法去解决或主动寻求老师的帮助。

（二）预设主题线索

基于戏剧主题审议，我们初步形成本戏剧主题的分幕及课程框架（表1）。

表1

分幕	核心价值	戏剧冲突	预设学习活动分解
第一幕 误入鸡窝	遇到困难不气馁，坚持想办法融入母鸡们	迷路的猫头鹰无意钻进了母鸡窝后，想留在温暖的母鸡窝	科学活动：我了解的猫头鹰 戏剧活动：逃路的猫头鹰 戏剧活动：发现猫头鹰
第二幕 学做公鸡		猫头鹰尝试用各种办法学做小公鸡，但因为不是真正的小公鸡而不被母鸡认可	戏剧活动：学做小公鸡 韵律活动：小公鸡
第三幕 勇抓老鼠	展示自己的长处，做回自己	母鸡们害怕小老鼠，不被接纳的猫头鹰用自己的特长勇抓小老鼠	韵律活动：小老鼠的狂欢 戏剧活动：捕鼠能手猫头鹰
第四幕 快乐农庄	重塑自我，和睦相处	母鸡们认同并接纳猫头鹰，共同生活	戏剧活动：开心农场

（三）资源盘点

在资源整合方面，我们将有关绘本进行了梳理，并将可生成的活动与其一一对应，将课程中所涉及的戏剧内容进行汇总，同时对课程中涉及的图片、音频、视频素材进行归纳整理（表2）。

表2

资源类型	资源内容	可生成的活动
绘本资源	《晚安猫头鹰》	该绘本讲述了一只猫头鹰被许多昼行动物吵得无法入睡的故事，作者用对比的方法呈现了昼行动物与夜行猫头鹰的不同生活方式。书中各种动物产生的拟声词可以迁移运用到戏剧活动中，开发设计音效模拟游戏
	《猫头鹰一家》	该绘本讲述了一只猫头鹰从一枚蛋成长为独当一面的成鸟，并离巢开始了自己的生活。书中许多画面可以迁移到科学认知活动中，以此丰富幼儿的认知经验
	《一只特立独行的鸡》	该绘本中公鸡克莱德和本主题中的猫头鹰很相似，它们都能为了得到大家的认可而去百般努力，最终意识到每个人都有自己的优点与长处，并为此而感到骄傲。该绘本可投放于"剧本创编坊"的区域游戏中，丰富幼儿戏剧创作的经验，加深对主题核心的理解
视频资源	关于猫头鹰的科普视频	通过视频欣赏了解猫头鹰的外形特征及生活习性，丰富幼儿对猫头鹰的科学认知

三、主题实施，关注质量

每一次戏剧活动结束后，老师们都会立即进行即时教研，总结本次戏剧活动的得失。通过本主题各戏剧活动的实施、研讨、调整与优化，我们也有一些自己的思考。

（一）活动设计要立足幼儿，做到满足幼儿发展需求

在活动开展前期，我们组织幼儿开展了对猫头鹰的认知调查，发现幼儿虽了解猫头鹰的外形特征，但对于猫头鹰会抓老鼠及怎么抓老鼠缺乏了解。由于幼儿对于猫头鹰认知经验的缺失会直接影响到后期课堂中对猫头鹰这一角色的多元表现，我们决定开展科学活动——"我了解的猫头鹰"，并将其作为本主题下的第一个集体活动。

图1

一方面，我们围绕猫头鹰的外部特征、生活习性，对接科学领域核心经验以及中班幼儿的年龄特点，对相关资源进行了筛选（图1），帮助幼儿全面、直观、深入地了解猫头鹰的相关信息；另一方面，将戏剧作为幼儿学习的手段，创设丰富的游戏，支持幼儿进一步加深对猫头鹰习性及特征的了解。

（二）活动环节要动态调整，做到符合幼儿能力水平

活动设计只是教师为达到教学目标设计的"保本"环节，现场要根据幼儿的实际情况进行调整，比如戏剧活动《迷路的猫头鹰》中的 Whoosh 游戏（图2），原本分为3次游戏，引导幼儿即兴扮演不同情境下的猫头鹰和其他动物，做出肢体动作及发出叫声，但是预设的游戏目的并不明确，于是教师在活动中重新调整思路，将三段故事内容进行整合调整，使其更符合幼儿的游戏水平（图3）。在游戏中，如果幼儿动作较为单一，教师可以使用丰富、细化的角色语言对其提示，让幼儿明确模仿任务；如果幼儿无法生动表现，教师要及时运用情境性语言进行提示；如果该幼儿能力较强，教师可以只提供一个情节，至于该角色做什么、说什么都可以给孩子空间进行即兴表演。在语言表达方面，教师要关注幼儿即兴表演时的语言完整性和丰富性；在肢体表达方面，教师要关注幼儿动作展示的适宜性及差异性。

图2

图3

（三）组织策略要灵活多变，做到帮助解决幼儿问题

在教学过程中，教师要明晰每个环节的目标，并能结合幼儿表现，围绕目标随机调整自己的组织策略，使幼儿在活动中出现的问题得到有效解决。

在戏剧活动《趣味农场》中，我们遵循幼儿的认知规律，创设了场景认知、分组建构、展示评价、场景互动四个环节，帮助幼儿在了解农村基础设施的基础上（图4），尝试多人合作用肢体动作进行农场的场景建构。在建构的过程中，教师发现幼儿较容易建构鸡窝、牛棚、羊圈等场景，但是对于拖拉机的建构缺乏相关的经验，不了解拖拉机的构造及运行方式，幼儿建构起拖拉机来存在明显的问题。这时，教师可以及时调整活动环节，利用视频、图片等网络资源或墙上角色等帮助幼儿了解拖拉机的相关构造（图5），从而精准丰富地进行拖拉机的建构展示。

另外，在小组展示分享交流环节中，为避免无法兼顾所有幼儿的问题，教师可以

采用分组教学的方式，分两个课时进行场景建构。当孩子在建构时，教师要及时抓取资源拍照，以便于后续小组展示。

《我知道的农场》调查表

班级 中班 姓名 于露

农场里有些什么（如：拖拉机、设施设备、牲畜等）	分别有什么作用
	1.可以耕地。2.可以运粮食。3.可以去镇上(代步车)
	1.生蛋 2.抓虫子 3.照顾小鸡
	防护阻隔
	1.牛奶 2.加工

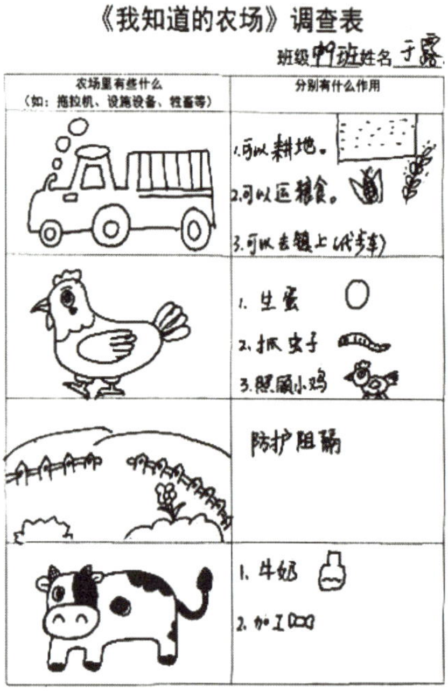

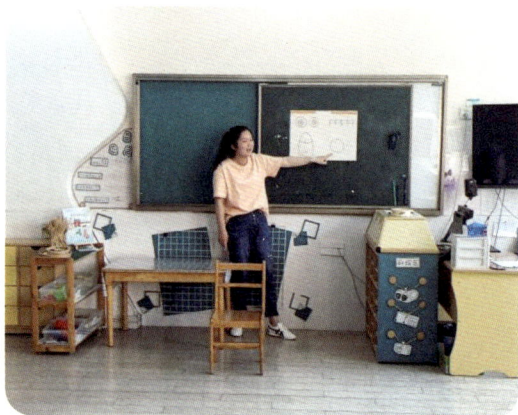

图 4

图 5

（四）评价交流要及时有效，做到给予幼儿适宜挑战

教师的有效评价对幼儿经验的重构和生长起着关键作用。我们不仅要关注幼儿的戏剧能力，还要关注幼儿的行为规则、合作能力、想象力、创造力等多方面能力并综合进行评价，同时提出适宜的挑战，进一步激发幼儿的创造想象、表达表现等能力，并形成良好的学习品质。

如在情节创编活动《学做小公鸡》中，当幼儿大胆想象，多元表现猫头鹰学炸毛本领时，教师提出：“除了用自己的身体表现炸毛外，还可以借助哪些材料来表现呢？”幼儿有的借助自己的衣服表现炸毛，有的用自己长长的辫子表现炸毛（图 6），还有的借助丝巾披在肩膀上表现炸毛，或多人组合表现炸毛（图 7）。教师提出借助材料的提示激发了幼儿的创造性表达。

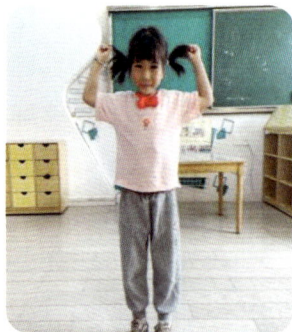

图 6

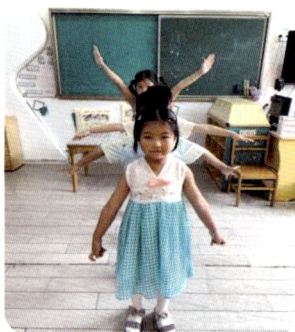

图 7

（五）师幼共创剧本，艺术加工舞台

首先，在既定的剧本大框架下，我们将课堂中孩子们自发的语言梳理融进剧本中编成台词；其次，考虑如何从剧本走向舞台，并呈现艺术性、审美性、拓展性时，需要我们对舞台呈现进行艺术化加工，具体有以下几点做法：

1. 借助皮影游戏，创新观看体验

故事的开始我们以旁述默剧的形式建构一片茂密的森林，小动物在各自忙碌着，猫头鹰被吵醒了。由于这种展现形式建构时间较长，对于中班幼儿来说有难度，且舞台上动物角色过多，比较拥挤。于是，我们和孩子们讨论商量，最终决定尝试用皮影戏的方式来呈现（图8）。此外，我们在第三幕猫头鹰抓老鼠、吃老鼠的情节中也运用了这一形式。

图8

2. 融合声效游戏，凸显情境氛围

幼儿对于配音游戏非常感兴趣，他们会在课堂上利用口技的方式模拟各种动物的叫声，通过拍打地板模拟刮风下雨的声音等。但在表演戏剧的时候，孩子们发现有的声音比较难模仿，比如鸟叫声。我们将问题抛给了音乐创玩坊的孩子们，他们和家长一起找来了鸟叫口哨，在教室寻找适宜的材料模仿雷声、雨声，孩子们把他们找到的、制造的声音也搬上了舞台。

3. 融入一物多玩，创新舞台道具

由于演绎"迷路的猫头鹰来到鸡窝后发生的故事"这一情景时长较长，幼儿很难长时间保持造型，且这一段故事内容的表演相对单一、枯燥，演员之间缺少互动。于是我们迁移《屏风》戏剧中一物多玩的经验，用立方体建构舞台背景，激发幼儿的想象力。有的幼儿用立方体建构第一幕里的鸡窝（图9），幼儿演绎的母鸡蹲在上面睡觉；有的幼儿用立方体建构大树（图10）；有的幼儿用立方体建构农场里的谷仓。

图9　　　　　　　　　　图10　　　　　　　　　　图11

4. 基于个体差异，调整表演方式

幼儿的学习方式和发展规律各不相同，当一些戏剧能力较弱的幼儿选择了富有挑

战的角色时，教师要肯定幼儿的大胆尝试，并采取多种方式支持幼儿的表达表现。如在音乐游戏《小老鼠偷鸡蛋》中（图11），为了解决部分幼儿不能够跟着音乐节奏运蛋的问题，我们灵活调整了表演方式，由节奏感较强的孩子表演运蛋，节奏感较弱的孩子自由选择背蛋、举蛋。

5. 融入挑战游戏，增强表演趣味

幼儿乐于参与有规则、有挑战的游戏。因此在各个故事情节中，我们巧妙融入适宜且富有挑战的小游戏，以提升戏剧表演的趣味性。如在看守鸡窝的情节中，融入"木头人"游戏，增强幼儿的表演乐趣。

综上所述，艺术化的处理让戏剧焕发了鲜活的生命活力，让戏剧舞台赋有艺术的感染力！

四、主题复盘，梳理经验

《猫头鹰喔喔呼！》戏剧主题的开展是一个循序渐进的过程，从该主题的架构与实施过程来看，主题审议贯穿始终，直接推动了课程从开始到实施、从反思到调整的整个研究历程。

主题审议不仅能让教师深入了解整个戏剧主题，还能在一次次的课程预设、实施、研讨中感受过程大于结果、体验重于知识，明确戏剧主题的开展并不仅仅只是为了将戏剧搬上最终的舞台，更重要的是让幼儿在这过程中有多方面的感受与经验的拓展。我们梳理了课程审议的相关板块与关注重点，为今后戏剧主题的开展积累经验（表3）。

表3

课程审议板块	关注重点
绘本价值分析	基于绘本的核心价值：角色、场景、情节、画面
幼儿基础分析	1. 在日常观察中，通过幼儿的日常表现和对话交流摸底幼儿经验基础； 2. 通过问卷调查，了解幼儿对相关角色的认知程度； 3. 通过回忆盘点，梳理幼儿以往的戏剧经验； 4. 通过游戏互动分析幼儿的戏剧能力，包括：声音表现、肢体表现、同伴合作、解决问题、想象创造等能力
主题目标	戏剧认知、戏剧能力、戏剧情感
主题课程资源	图书、教室等物质资源；学科专家、教师、学生等人力资源；自然环境资源、社会环境资源；图片、音视频资源；戏剧小游戏等资源

结语： 在整个课程实施过程中，教师通过多次打磨，不断完善组织流程，根据幼儿的兴趣与需要及时调整策略；同时自身的课程开发与实施的能力及戏剧素养得到了显著提升。他们用心研剧，研之有悟，百想齐思，思附践行，基于幼儿的兴趣与需要所生成的戏剧活动让幼儿实现自由、自主、快乐地成长。

传统文化润童心，"戏"创精彩"剧"成长

——中班戏剧《十二生肖》主题架构与实施

常州市新北区薛家镇中心幼儿园　刘　璐　杨丽荫

一、戏剧主题确定与选择

（一）基于传统文化传承的需要

习近平总书记曾指出：中华优秀传统文化是中华民族的突出优势；我们要特别重视挖掘中华五千年文明中的精华；结合时代要求继承创新，让中华文化展现出永久魅力和时代风采。在幼儿园中渗透传统文化教育，是心灵的浸润、精神的洗礼、文明的传承。因此，我们决定在幼儿教育中开展中国传统文化类的戏剧主题活动。

（二）基于幼儿兴趣与发展的需要

《幼儿园教育指导纲要》指出，一个活动的选择既要贴近幼儿的生活，选择他们感兴趣的事物和问题，又要有助于拓展幼儿的经验和视野。真正属于孩子的课程内容是源于其兴趣或对于其发展有益的内容。

教师们凝聚年级组力量，盘点了很多适宜中班幼儿的传统故事并分析其价值，如《八仙过海》《鲤鱼跃龙门》《龙的传说》等；再结合日常与幼儿的交谈，发现很多故事中的神话形象与幼儿已具备的经验相差较远，但他们对于自身的年龄与生肖是比较敏感的，且十二生肖中的许多动物都是幼儿熟悉并喜欢的。因此，教师们初步拟定开展以《十二生肖》为主题的戏剧活动。

二、戏剧主题架构与实施

（一）课程资源的拓展与情节框架的选定

关于十二生肖的故事，市面上有许多的版本。我们选定了赖马编著的绘本《十二生肖的故事》作为蓝本，因为该绘本情节趣味性强，"渡河比赛"选生肖的情节符合中

班幼儿的认知，便于幼儿理解。但情节中老鼠为争第一而将猫推入河中这一反面行为不宜让幼儿触及，所以需要对此版本的情节进行合理筛选，删除不适宜的部分，并从相关故事的绘本中汲取幼儿感兴趣的、对幼儿有经验拓展功能的元素，丰富该主题。如我们融入了金波编著的绘本《十二生肖故事》中中华传统文化剪纸艺术的元素，丰富幼儿对传统文化的认知；汲取了刘嘉路编著的绘本《十二生肖谁第一》中龙施云布雨的情节画面，丰富了情节内容等。

最终确定《十二生肖》的故事线索为：在很久以前，人们无法知道确切的时间，生活非常不方便，于是，玉皇大帝在生日这天举办了一个渡河比赛，选择能顺利渡河并达到终点的前十二名动物的名字作为生肖来计算年代。各个动物大显身手，最终十二个动物被选为生肖。

（二）依托审议，架构四幕，预设课程内容

幼儿对于《十二生肖》这一主题的经验到底有多少呢？在这一主题中，幼儿又会有哪些收获？借助问卷调查，教师发现大多数幼儿知道自己和家人的生肖，但对于十二生肖到底有哪些动物及由来缺乏了解，也不知道十二生肖的顺序，幼儿无法理解十二生肖所蕴含的传统文化底蕴。由此可见，这一主题的开展能帮助幼儿在建构十二生肖相关经验的同时感受中华传统文化的魅力。

结合幼儿的已有经验和基础，教师们经过数次的研讨与分析，最终确定了《十二生肖》的四幕架构，并预设了每一幕中的课程相关内容，详见表1。

表1

分幕	核心价值	戏剧冲突	预设学习活动分解
第一幕 十二生肖的由来	知道十二生肖的由来	人们不知道如何计算岁数	戏剧活动：我的生肖 戏剧活动：生肖比赛大讨论
第二幕 发布公告选生肖	了解十二生肖是通过渡河比赛的名次确定的	公告引发动物关注与议论	戏剧活动：发布公告选生肖
第三幕 渡河比赛	知道十二生肖中有哪些动物，并了解其正确的排列顺序与循环规律	每种小动物都想得第一，相互争抢	体育活动：虎兔过河 戏剧活动：神秘的龙 戏剧活动：龙来了 韵律：造木筏渡河 戏剧活动：小狗小猪来渡河
第四幕 十二生肖终确定	知道十二生肖是中国特有的民族文化		儿歌活动：十二生肖

（三）过程教研，持续优化，提升课程质量

四幕架构的成形与课程内容的确立并不是一蹴而就，而是通过教师们反复的教研与思辨，最终梳理而成。在此过程中，教师们也积累了一些经验，具体如下：

1. 关注课程内容的适宜性，合理预设课程内容

删减： 在最初设计的课程中教师还开发了角色塑造的《玉皇大帝》和场景建构的《天宫》两节集体活动。一开始，教师考虑到中班幼儿对中国传统神话人物缺乏一定的了解与认知，对于什么是天宫，幼儿也知之甚少。于是，教师想通过这两节集体活动让幼儿对此有个浅显的认识。然而，在课程审议中发现，"玉皇大帝"和"天宫"这两个元素可以借助相关绘本、音频资料等来帮助幼儿了解，如《八仙过海》《西游记》等。因此，单独设立这两个集体活动对于幼儿想象创造的意义与价值并不是很大，于是教师将其进行了删除。

替换： 在课程架构初期，第一节集体活动是谈话活动《我的生肖》，结合幼儿自身的生活经验与认知，聊聊幼儿自身和家人的生肖；但发觉该话题较为单一，内容也不具有拓展性和趣味性。那么，除了单纯用叙述的方式外，还能加入什么内容来丰富这个活动使其变得有趣呢？于是，教师回归戏剧的本真，注重戏剧体验，将单一的谈话课替换成富有趣味的戏剧集体活动《我的生肖》。介于本届中班幼儿的生肖为鸡和狗，教师们可以让幼儿在聊一聊中再次认识自己的生肖，在趣味模仿中深入探索生肖动物的秘密，激起幼儿的兴趣，以此打开该主题系列课程的第一篇章。《十二生肖》主题集体活动安排见表2。

表2

角色	课程内容	占比设置
鼠 牛	情节创编：发布公告选生肖	同一节课，贯穿始终
虎	体育：虎兔过河	老虎游泳作为课程的暖身环节
兔		兔子渡河方式是课程的重点内容
龙	角色塑造：神秘的龙 情节创编：龙来了	通过两节课，重点塑造龙的形象
蛇 马	分幕表演一：渡河比赛1	放在分幕表演一的末尾，简短说明
羊 猴 鸡	韵律：造木筏过河（羊猴鸡）	合作造木筏，用韵律的方式贯穿本节课始终
狗 猪	情节创编：小狗小猪来渡河	同一节课，并列进行

十二个动物在课程设置中并不是并列呈现的，而是需要结合故事情节、幼儿认知经验及动物本身所承载的文化价值来安排。此外，教师在活动设计、环节安排等方面也是有所侧重的。

例如，"龙"这一形象在故事中没有过多阐述，只有短短一句话"龙去施云布雨，所以来晚了"，这就给孩子营造了很多的想象创编空间。而且龙对于中国人来说具有特殊的意义，与传统文化的内涵是相契合的，所以我们放大对于龙的刻画与角色塑造，开发了两个集体活动——《神秘的龙》重点是通过故事、墙上角色等方式，调动幼儿已有经验，了解龙的基本外形特征；《龙来了》重点是结合魔法照片、小组合作、借物想象等方式，鼓励幼儿大胆表现"龙施云布雨"的情节，帮助幼儿深刻感受龙的本领及高尚且仁慈的内在形象。

2. 关注课程趣味性，巧妙融入戏剧小游戏

经过多次讨论，并依托角色特征、故事情节，我们匹配了不同的戏剧小游戏。

（1）根据角色特征

在"鼠牛渡河"这一情节中，因为老牛天生视力不好需要老鼠坐在背上帮它指路，所以两人合作渡河，这一情节与"盲推"游戏十分的契合，因此我们选择了"盲推"游戏帮助幼儿表现鼠牛渡河的过程。其具体游戏规则是1名幼儿扮演老鼠，1名幼儿扮演牛，老鼠需要从起点出发推着牛的肩膀前进，并用动作提醒牛躲避障碍，最后成功把牛送到终点即河对岸（图1，图2）。通过"盲推"这一戏剧小游戏，引导幼儿两两合作，感受鼠牛渡河的情节。

图1　　　　　　　　　　　　　　　　图2

（2）依托故事情节

故事中关于"小猪参赛"的情节是：小猪在比赛前吃了好多东西，吃得肚子圆鼓鼓的。吃饱的小猪在河边上睡着了，被河水冲走也不知道。它在水面上漂呀漂呀，最终漂到了河对岸，获得了渡河比赛的第十二名。根据小猪漂在水面上的这一情节，我们在情节创编"小狗小猪来渡河"活动中设计了"垫球"游戏。首先，幼儿在气球上画出小猪的样子，再在规定时间内用手垫球不让气球掉落，模拟小猪在水面上的漂浮

的场景（图3）；其次，幼儿合作垫球，模拟水的推力，让"气球小猪"成功渡河（图4）。"垫球"游戏与故事情节相契合，不仅提高了幼儿手部力量的控制力、专注力，还让幼儿在游戏中进一步体会小猪渡河的情节。

图3　　　　　　　　　　　　　图4

3. 关注课程有效性，灵活运用戏剧策略

戏剧教学策略是关于有效地解决教学问题的方法、技术的操作原则与程序的知识。对于教师而言，一方面要了解有哪些戏剧教学策略，各自的含义是什么；另一方面要知道这些策略在什么时候用在什么地方，以及使用这种教学策略所要达到的目的。适宜的戏剧教学策略不仅能更好地激发幼儿在戏剧活动中的创作潜能，还能提高活动的有效性，因此在活动中我们也在不断探寻戏剧策略使用的有效性。接下来就以戏剧活动《龙来了》为例，具体阐述教师是如何使用戏剧教学策略的。

故事一：皮影故事

教师利用欣赏皮影故事这一策略，帮助幼儿回顾故事前半部分内容。改变以往简单口述或视频回忆等枯燥方式，通过由教师操作皮影表演并配音鼠、牛、虎、兔渡河的情节，引起了幼儿浓厚的兴趣（图5）；接着以手偶的形式请出"龙王"，幼儿在与"龙王"奇特新奇的对话方式中，了解龙为了造福人类而不顾比赛得失的情节，初步感受"龙王"的善良与仁慈（图6）。

图5　　　　　　　　　　　　　图6

故事二：流动剧场

故事中讲到龙因为去干旱的地方施云布雨，所以来晚了。那么在干旱的地方，森林、小河、动物们都是怎样的呢？当龙王来施云布雨后，它们又会有哪些转变？其中有很多的想象创编空间，教师利用流动剧场这一策略，先由幼儿场景建构干旱的森林、枯竭的小河，助教老师扮演龙王，当龙王在其中施云布雨后，森林和小河又再次焕发生机（图7）。

图 7

4. 关注课程多元性，有机整合领域课程

在《十二生肖》的课程架构中，除了设置指向幼儿戏剧多元能力发展的课型，如角色塑造、场景建构、情节创编等，教师还依托故事情节，尝试将戏剧课程与五大领域相融合。比如根据虎兔渡河的情节，我们设计了体育活动《虎兔过河》，结合《3—6岁儿童学习与发展指南》中幼儿在走跑跳方面的相关要求，在渡河情境中我们融入体育技能：单脚跳、双腿蹦、交替跳、跑跳等，探索不同的渡河方法，通过体育游戏，发展幼儿坚持的意志品质（图8）；另外，《语言领域核心经验》中提出：我们要通过讲故事、念儿歌等活动给幼儿提供接触、理解不同句式的机会，发展幼儿的语言多样性。于是我们通过儿歌活动《十二生肖》这一对仗、排比且有韵律感的儿歌文学，帮助幼儿进一步回顾故事发展的情节顺序，巩固幼儿对十二生肖顺序的记忆（图9）。

图 8

图 9

此外，我们还根据"羊猴鸡渡河"的情节设计了韵律活动《造木筏过河》，幼儿跟随音乐节拍表现造木筏的情节，并尝试创编运木头、砍木头、锯木头、绑绳子和划船的动作，在韵律活动中体验创造表达的乐趣。

三、戏剧主题复盘与反思

1. 多层审议，让架构更科学

审议的主体自下而上，层层深入，从级组老师到园区行政再到项目组领衔人，最后回归幼儿。我们在一次次的研讨中不断推敲，秉承精益求精的工匠精神，寻求主题架构的最优化。

2. 即时教研，让课程更优化

戏剧教学活动的设计并不是一成不变的，我们利用备课现场生动、形象地模拟教学课堂，教师们在思维碰撞中共同调整、优化教学设计。基于幼儿的实际，我们对部分课程反复推敲、多次调整。每次上课后，教师都会进行即时性教研，进行总结与反思，梳理自己教学过程中的不足之处，并与其他教师形成互动并优化。

3. 整合资源，展现课程新样态

在课程实施中，有效开发与利用资源能很好地拓宽幼儿经验的广度，优化课程框架。如在课程实施中，我们嫁接了《十二生肖》系列绘本、《龙的传说》等绘本资源，进一步拓宽幼儿对相关动物的认知边界，丰富幼儿的认知结构。

在体验《小猪渡河》的活动中，我们借助气球这一材料，模拟胖胖的小猪睡觉渡河的故事情节。此外，我们还借助网络音频资源，帮助幼儿了解木筏的构造，为"羊猴鸡渡河"的课程积累经验。当然，家长资源也是课程开展必不可少的助力。在戏剧开展前期，我们借助亲子调查，丰富幼儿的已有经验；在课程实施中，家长充分发挥创造潜能，在工作坊提供示范；最后在走班表演中，我们也邀请家长参与，让家长在沉浸式体验中感受幼儿的成长变化，并参与评价，完善戏剧评价体系。

通过资源的多元开发和有效整合，让戏剧课程更加饱满，课程的实施更有深度，进而展现戏剧课堂的新样态。

"衣"心"衣"意 裁出美好

——大班戏剧工作坊中服装制作项目

常州市新北区薛家镇中心幼儿园 陆佳 席娜

案例背景：

在筹备戏剧走班表演活动的过程中，孩子们在创意制作坊中自主成立了服装制作项目组。为支持幼儿在项目游戏中深度学习，使其获得创意想象、动手制作、审美情趣等能力的提升，我们跟随幼儿的脚步开启了服装制作项目活动。

探索一：材料库初建

在戏剧主题初期，孩子们在表演区都穿着成品服装表演（图1），随着戏剧主题的推进，我们在创意制作坊中提供了白色T恤，孩子们用画笔、颜料在T恤上绘画出角色形象，以此作为表演服装（图2）。

图1

图2

为鼓励幼儿想象创造，大胆表现，我们思考"服装制作的形式是否有更多的可能""如何提高大班幼儿的合作游戏、审美创美的能力"等问题，并尝试更深入的探索。

为有效支持幼儿游戏的深入开展，我们组织幼儿围绕创意制作坊中存在的问题进行探讨，孩子们觉得应该调整布局，于是孩子们成立了服装制作项目组，分小组合作商讨布局调整计划（图3，图4）。

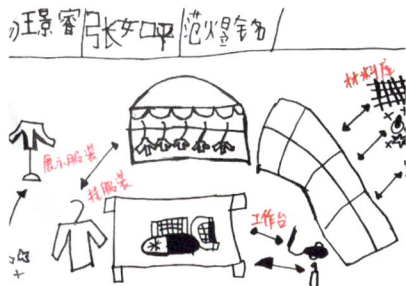

图3　　　　　　　　　　　　　图4

孩子们迁移了管理材料库的经验，复盘了管材料库遇到的问题及解决方法，共同梳理了服装制作项目组所需的材料清单，并制作标签，设立材料管理员。就这样，服装制作项目组正式成立（图5，图6）。

图5　　　　　　　　　　　　　图6

探索二：服装初制作

1. 绘制服装设计稿

为支持幼儿有计划地开展游戏，我们鼓励幼儿从绘制服装设计图开始，在《你真好》的戏剧主题中，孩子们为恐龙角色制作了服装，此时孩子们已有在服装上凸显角色特征的意识（图7）。

图7

2. 量体裁衣

孩子们根据服装设计图制作了第一批服装,但是在试穿的过程中发现尺寸不合适。孩子们开始新一轮的探索,并想出了多种方法:一是他们请来小演员躺在无纺布上,沿着身体轮廓描画,以此作为服装制作的尺寸参照;二是照着小演员的衣服尺寸裁剪;三是用尺子对小演员的衣服进行测量;四是借助绘本《一寸虫》中的经验比画量,最终形成了一定的量体裁衣经验(表1)。

表1

方法	照片、表征	过程
躺着量		制作坊的两位幼儿A和B找来了小演员C,请她躺下来,A、B分别从左右两边沿着C的身体轮廓描画,但是画得比较慢,其间C一直问:"画好了吗?我要去表演了!"终于画好后,A、B按照画下来的线剪下了无纺布
衣服量		有了之前的经验,制作坊的小朋友发现,因为只需要量出衣服的尺寸就可以,所以这一次他们借用了小演员的外套,这样就不会影响他们表演啦
尺子量		A和B在科探区材料库找到了卷尺,借助《各地娃娃到北京》中延伸的测量经验,对比外套和无纺布,最终测量出服装的尺寸
比画量		通过阅读绘本《一寸虫》,我们又丰富了更多测量的方法,比如利用大拇指和中指的"一拃"作为单位,或者是用手臂来比画衣服的长短

解决了服装的大小问题后,孩子们开始探索如何将裁剪的两块相同大小的布料进行缝合。孩子们迁移生活经验想到了多种方法,如使用胶水、胶枪、订书机、儿童缝纫机等(表2)。

表2

胶水	胶枪	订书机	针线

问题一：衣服怎么"变小"了？

孩子们按照服装设计图纸，比对测量的尺寸，采用了胶枪固定、订书机拼合等多种方式进行缝合，但缝合的衣服依然不合适，问题到底出在哪儿呢？通过分享交流，幼儿仔细观察发现：原来，我们的身体不是平平的，如果缝合时直接将两片材料贴在一起，衣服就会"变小"，自然穿不上了（图8）。

图8

孩子们说："做一件大一点的衣服就好了。"但已经制作好的服装就这样扔掉吗？是不是还可以再"抢救"一下？带着这样的问题，孩子们又坐在一起进行头脑风暴，经过反复讨论与尝试，终于出现了让大家都比较认同的方法：在衣服前后两面之间加上一些布条用来连接。

问题二：衣服怎样设计更方便穿脱呢？

戏剧表演坊的孩子们需要一些角色服装，于是向服装制作项目组下了"订单"，服装制作项目组的孩子们在完成"订单"任务的过程中又遇到了新的问题：表演区中，一个角色在不同场景中由不同幼儿扮演，在换角色时来不及换衣服。基于这个问题，孩子们制订了下一步改良计划，为制作出穿脱更方便的衣服形成了三套方案（表3）。瞧！他们借鉴了生活中的经验，把服装款式从T恤简化成无纺布制作的套头式、开衫式、刺毛贴式，这样设计不仅可以调节大小，还方便穿脱。

表3

套头式	开衫式	刺毛贴式

探索三：审美新高度

为增加服装的美感，提升幼儿的审美创美能力，我们做了以下探索：

1. 探索材质，贴合特征

以《了不起的小红鸟》戏剧为例，制作项目组的小朋友本来计划用无纺布做大熊和狮子的服装，但是表演的小朋友表示："我能不能穿家里以前买的服装？因为它毛茸茸的更像大熊。"看来，幼儿已经对布料的材质有了更深的感受，他们会依据角色特征联想衣服的触感，使服装和角色更匹配（图9）。为了支持幼儿的想法，我们共同收集了毛料、皮毛，用它们制作成大熊和狮子的服装，果然更符合角色特征了！

图9

2. 区分色系，凸显角色

如在戏剧《你真好》的服装制作过程中，剧中涉及恐龙角色有小戟龙、霸王龙和薄片龙，各角色的服装相似，特征不凸显，导致幼儿在表演时很难区分角色。于是孩子们提议用颜色来区分角色，如活泼可爱的小戟龙是浅绿色、粗暴可怕的霸王龙是墨绿色、温柔善良的薄片龙是深绿色（图10）。

图10

3. 整体装饰，避免零碎

在对服装进行细节装饰的过程中，幼儿喜欢选择零碎的材料，且粘贴随意，在材料的选择和布局上没有明确的计划性和目的性。为了让服装的装饰布局合理、色彩和谐、富有美感，提升幼儿对作品的欣赏与评价能力，我们采用四步走的策略：

第一步——欣赏。通过欣赏其他班级好的服装作品或者是现成的舞台服装，进一步提升幼儿的审美能力，了解服装的装饰不是多而杂，而是少而精。在交流互动中分享装饰材料的选择与运用的思考。如大1班的环卫工人服装，孩子们使用气囊材料去设计与制作，当时我们以为它只是气囊口袋，但孩子们却说："因为环卫工人都是老爷爷老奶奶，他们每天工作起早贪黑，很容易发生交通事故或者摔倒，这些安全气囊可以更好地保护他们的身体。"

第二步——计划。虽然前期也绘制了服装设计图，但较为简单、笼统，细化后的计划不仅标注了用到的材料，小组内的分工也更加明确。

第三步——调整。服装制作好后先邀请小演员们试穿，并在集体交流中分享小观众的视觉感受和小演员的穿着体验。服装项目组再根据大家提出的意见和建议优化下阶段项目游戏计划，明确服装修改方案。

第四步——展评。在戏剧主题的尾声，服装制作项目组的孩子们制作了款式多样、风格各异的各种角色服装，为戏剧节的开展增添了许多色彩。孩子们穿上自制的服装在户外场地热情地售票宣传本班剧目、在绚丽的舞台上尽情地表演、在创意服装秀中大胆地展现，"设计师"还大方地向大家分享自己的设计想法。

我们的收获：

我们将服装制作项目组的行动路径进行了梳理（图11）。

戏剧是一门综合的艺术形式，包含了语言、社会、艺术等多个领域，幼儿在艺术创作的过程中，实现了主动参与、动手操作、合作探究，创造性地表达表现，最终获得了审美、创美能力的提升！

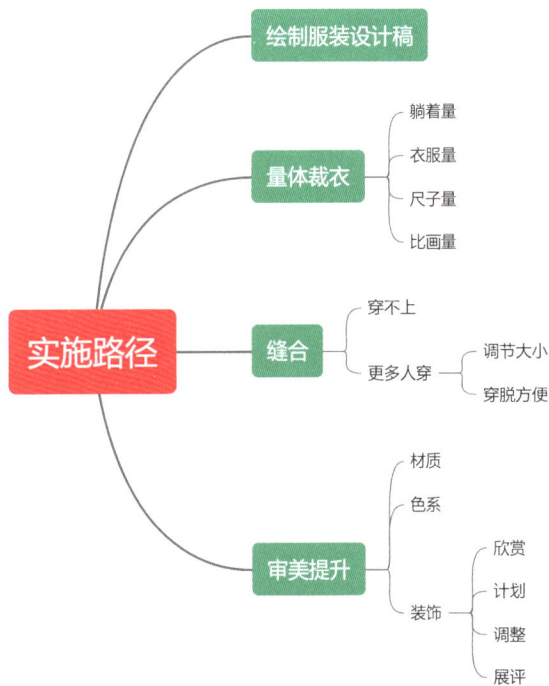

图11

以"版"为媒　"画"见倾心

——以大班戏剧主题《花木兰》版画门票项目游戏探究为例

常州市新北区薛家镇中心幼儿园　徐珏同　刘　丹

本学期，我们班开展了历时一个月的戏剧主题活动《花木兰》，在主题活动结束后，孩子们为了准备走班表演，自主加入场景布置、剧目宣传、道具制作等各大项目小组中。

一、基于问题，引发探索

各项目小组为了走班表演，围绕游戏计划做着各种准备（图1）。一次游戏后的分享交流中（图2），门票制作项目小组的孩子们提出："走班表演需要上午、下午两场，一共有70多个小观众来观看。可是，我们小组只有两个人，根本来不及做门票。"

图1

图2

这一问题引发了其他孩子的讨论，并记录下自己的想法（表1）：

表1

雨雨：我们可以像上学期一样，在延时班让每个小朋友都画一张，就很快了	思华：每个人都画一张，有的小朋友画得不好看，影响我们门票的售卖	睿睿：让老师用打印机打印，就和舞台剧院、电影院、游乐园里的门票一样	青青：老师打印下来的就是一幅图，还没有我们自己画得好看

根据孩子们的对话与表征，我们分析发现他们已获得如下经验：

1. 有着丰富的观剧经验，能发现舞台剧、电影院、游乐园等门票形式的相似之处。

2. 能在发现问题、解决问题的过程中迁移生活经验。

3. 不再只是简单地关注门票的形式，而开始关注门票的实用性。

基于以上的观察与分析，我们明确了孩子们的兴趣点，同时也进一步思考游戏的推进方向："如何简便、快速地制作出所需的门票？"为了支持幼儿进一步探索，我们通过利用家长资源、借助网络支架、丰富班级材料等途径，帮助孩子寻找便捷、快速制作门票的方法，并展开讨论：

辰辰：我妈妈说她做会计的时候有一张纸叫复写纸，只要你拿一张纸在上面写，下面就会印出来。

阳阳：我在博物馆参观时，看到一种在木板上雕刻的"画板"，然后用颜料刷一刷，它就能印在纸上了。我爸爸告诉我它是我们中国制造的，花木兰也是中国的。

大家对这两位小朋友的分享很感兴趣，并开始了尝试，实践后孩子们通过对比发现复写纸和版画的区别（复写纸和版画实践结果对比见表2）。

表2

		复写纸虽然可以复写，但复写张数少，一次只能复写出一张。颜色单一做出来并不美观
		版画能雕刻符合戏剧元素的模板，只要一刷就能制作好多张，不仅速度快，画面也好看

最终，孩子们决定用版画的形式来制作门票，这样不仅能在《花木兰》的主题中进一步感受中国元素，同时也能解决"来不及制作门票"的问题。

分析与反思：儿童的问题是课程发展的主要线索，由问题引发问题，在不断发现问题、解决问题、引发新问题的过程中，孩子们的经验在螺旋生长，课程也在向纵深推进。

二、分析价值，资源盘点

（一）分析活动价值

对接《幼儿园领域关键经验与教育建议》《3-6岁儿童学习与发展指南》，全面分析了版画活动对大班幼儿在艺术、科学、社会等各领域的发展价值（表3）。

表3

	领域模块	主要指标	发展目标
艺术	感受与欣赏	审美欣赏	幼儿对传统艺术和民俗文化感兴趣，能用表情、动作、语言等表达自己对艺术作品的理解
	表现与创造	表达表现	1. 幼儿会使用多种绘画工具和材料，并能组合使用 2. 幼儿能综合运用折纸、泥塑、剪贴等多物体组合方式创作复杂的立体造型和场景
社会	自我意识	自我体验	1. 幼儿能主动参与各项活动 2. 幼儿能自己的事情自己做，也愿意学习新的技能 3. 幼儿敢于挑战自己，愿意尝试新的或有难度的事情
	社会适应	社会归属感	知道我国的一些重大成就，爱祖国，为自己是中国人感到自豪
语言	阅读与前书写	前书写	幼儿愿意用图画和文字表现事物或故事，书写姿势正确
科学	科学能力	实践探究	1. 幼儿能用一定的方法验证自己的猜测 2. 幼儿能正确使用简单的工具，按流程进行操作
	科学经验	发现物体变化	幼儿能发现材料的特性与存在的不同形式，通过一定方式进行验证
健康	控制与平衡能力	精细动作	1. 幼儿能根据提示画图，且线条基本流畅 2. 幼儿能沿着轮廓线剪出由曲线构成的简单图形

（二）剖析幼儿经验基础

1. 孩子从中班到大班，已经有丰富的制作门票的经验，会使用不同颜色的纸区别演出的场次，门票中也含有相应的元素。

2. 大部分孩子了解版画的特点，他们还知道版画是中国的传统工艺，需要专门的刻画材料才能进行版画拓印，但他们的操作经验并不丰富。

（三）盘点活动资源

我们对园内、园外有可能支持项目推动的各类资源进行了盘点（"版画门票"项目游戏资源清单见表4），创设了"版画门票"项目组游戏环境，支持幼儿开启版画门票的探索之旅。

表4

可利用资源		资源利用的可能性	具体描述
人力资源	博物馆、临平书院讲解人员	带领幼儿体验版印活动，帮助幼儿了解版画的历史和版印的制作过程	1. 活动前制订活动计划，商讨采访内容 2. 活动中实地参观、现场采访、亲身体验 3. 活动后集体交流
	家长	借力家庭，拓宽知识视野及体验	助力解决在游戏过程中遇到的问题，丰富知识经验
物质资源	绘本资源	通过绘本阅读，一方面了解有关版画的知识，加深幼儿对版画的了解；另一方面通过绘本资源支持区域游戏的推进和版画欣赏	有关版画的绘本，如《夏天的故事》《这样玩趣味版画》《有版有眼》《了不起的印刷术》《刻印中的小美好》
	视频图片资源	通过观看真实的有关版画的相关视频或图片，帮助幼儿进一步了解版画的制作方法	有关版画的纪录片、制作视频等
环境资源	游戏区域	通过显性环境与隐形环境，支持版画的创作	欣赏支架、材料库增加

分析与反思：《3-6岁儿童学习与发展指南》指出："提供丰富的便于幼儿取放的材料、工具或物品，支持幼儿进行自主歌唱、表演等艺术活动。"在资源盘点的过程中，我们要充分预设、准备可能支持幼儿操作与探索的多种材料，让资源架构起孩子探究学习的各种可能。

三、依托观察，适时支持

故事一：版画门票初探索

孩子们在创意制作坊的材料库中发现了带有流苏穗子和印有中国传统纹样的书签，他们觉得这个流苏和花纹很有中国特色，用来设计《花木兰》的门票正合适。于是，他们绘制了第一稿版画门票的设计图（图3），并开始了第一次版画拓印的尝试。

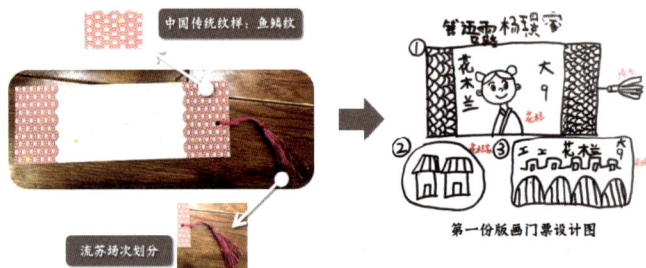

图3

他们取来了吹塑板，用剪刀把其裁剪成书签大小，用铅笔在上面用力地刻画出设计的门票图案，再用毛笔蘸取丙烯颜料在刻有图案的一面来回刷，确保每个角落都沾有颜料。接着，他们把沾满颜料的一面扣在白纸上，并用拳头在上方来回敲打进行拓印。

游戏结束后，该项目小组的小朋友提出了他们遇到的问题：

1. 为什么印出来的画面不清楚？

2. 为什么印出来的字是反的呢？

其他幼儿针对这两个问题提出了自己的一些猜想，具体如下：

问题一：为什么印出来的画面不清楚？

洋洋： 可能是刻画得太轻了，要用力，刻深一点就会清楚了。

芸芸： 有可能画得太小了，一些小的图案就很难印出来。

依依： 颜料有问题，可以换一种试试。

问题二：印出来的字为什么是反的？

妍妍： 为什么"木"和"兰"印出来就是对的？只有"花"印出来是反的呢？

晔晔： 因为"木"和"兰"左边和右边都是一样的，印出就是对的。"花"的上面印出来的也是对的，只要刻字的时候把"化"字的左边和右边换个位置就可以了。

真的是像晔晔说的这样吗？为了验证晔晔的猜想，我们立马进行了验证，但结果失败了（图4）。

图4

为了解决以上两个问题，我们开展了一系列的活动来帮助幼儿积累相关经验。

针对问题一：为什么印出来的画面不清楚？

我们通过美术集体活动"这样玩纸版画"，借助观看网络视频、小组合作操作等方式，帮助幼儿进一步掌握版画材料与工具的使用技巧。

同时，我们利用班级常见的材料进行对比、操作，筛选出安全、便利，且适合孩子们进行版画设计的材料（图5）。

图5

最后孩子们对比各材料的特点、最终效果选择出了最优的组合：

1. 油墨颜料流动性强，无需加水，适合于各种纸张，印出的图案效果清晰。

2. 橡皮相比木板软硬适中，需使用刻刀操作，唯一缺点是版面较小。

3. 吹塑板是较适合儿童版画创作启蒙的材料之一，在使用过程中，铅笔印刻需要一定力气，而线条也不能过于复杂，这样画面就会清楚。

针对问题二：印出来的字为什么是反的？

我们和孩子们一起玩"照镜子"戏剧小游戏，帮助幼儿在合作游戏中，感受"镜像"画面（图6）。在科探区我们还创设了游戏"神奇的镜子"，支持幼儿通过实践操作、表征记录等方式探索"镜像"空间（图7）。

图6　　　　　　　　　　　　　　图7

当幼儿积累了一定的"镜像"经验后，我们把"如何才能印出正确的字"这个问题抛了出来，鼓励孩子们合作，动手实践，尝试记录下自己的发现，并与同伴相互分享自己的做法和实验结果。

分析与反思：当幼儿遇到问题时，我们不要急于给出"标准"答案，而是要根据幼儿的兴趣与需要，提供材料、环境、经验等方面的支持，鼓励幼儿通过多元方式去实践探索、表征记录，寻求解决问题的方法。

故事二："阳刻"印章诞生记

在掌握了"正印反刻"的方法后，门票项目组的孩子们利用制作的《花木兰》门票模板，拓印了许多门票，大大提高了门票制作的效率。但是，他们在门票上添加座位号的时候又发现了新的问题：

1.原先预留下来的座位号位置，很难写上数字。因为油墨的油性很大，常用的笔很难在上面留下印记。

2.如果每张不同座位号的门票都需要制作一块模板的话，工作量又太大。

3.门票模板较小，上面还要呈现图片、剧目、座位号等信息，刻印时拥挤在一起很不好看。

基于以上的问题，孩子们又开始了新的尝试。他们把吹塑板裁成一小块一小块的，这样就使得不同元素形成了独立的模板。这样就可以按照需要，自由排版拓印门票了。这种方法虽然解决了布局问题，但他们印出来的图案还是会有大片的油墨背景，依然无法顺利地在对应位置上写上相关信息。

此时，萱萱小朋友说："我家中有一套活字印刷的游戏，可以直接把需要的部分印出来，还没有油墨背景。"孩子们通过对比观察发现，玩具印章上需要的部分是凸出来的，这就是阳刻，而吹塑板自制模板上需要的部分是凹进去的。于是，孩子们开始新的尝试，他们想制作出像游戏材料中一样的阳刻印章（图8）。

图8

他们迁移了《自信的中国人》主题下习得的活字印刷术的经验，制订了新的游戏计划。

分析与反思：我们要重视幼儿直接经验的获得，强调幼儿的经验建构，真正关注幼儿的生活和经验，关注幼儿的行动和思维，尊重幼儿的体验和感受。

故事三：制作线上观剧二维码

在门票制作项目组的不懈努力下，形式各样的版画门票终于送到了每位小观众手中。当表演结束后，人群散去，我发现果果蹲在垃圾桶旁边捡被丢弃的门票。

我问：果果，你在干吗？

果果：我把我们做的门票捡起来，他们用完就扔掉了，这是我们辛辛苦苦做的，我要带回去给爸爸妈妈看。

当时，这一场景也触动了我，我在想："要怎样才能让其他小观众们也很珍惜这一张张精心制作的门票呢？"同时也把这个问题抛给了孩子们。

欣欣说："我们的语言区可以扫码听故事，那么可以扫码看视频吗？如果可以的话，我们就能把表演的视频变成二维码贴在门票上，这样小朋友想看剧了就可以让爸爸妈妈随时扫码观看了。"欣欣的想法得到了大家的认同，我们和孩子们一起在网上搜寻了相关教程，最终制作了"线上观剧二维码"。

四、结语

如果孩子是远航的帆船，那我们就是助力前行的风浪；如果孩子是蜿蜒攀爬的藤蔓，那我们就是给予着力点的支架。活动前，教师要有充分的预设和准备；活动中，教师要基于观察，不断地给予幼儿适当的支持；活动后，教师要和孩子们一起复盘反思，回顾梳理相关经验，不断助推幼儿多元经验的螺旋生长。

植入项目化理念，推动幼儿深入探究

——以大班创意制作坊项目"旋转海报"为例

常州市新北区薛家镇中心幼儿园　陈丽蓉　吴心怡

项目背景：

戏剧月进入尾声，我们即将开展走班表演活动，海报项目小组的小朋友们开始思考：我们要制作一个与众不同的海报，这样就能吸引更多的观众了。于是，项目小组的成员来到幼儿园戏剧艺术长廊寻找灵感，他们被往届同学制作的各种类型的海报所吸引（图1），他们发现原来宣传海报还可以转起来，这看起来非常有趣。孩子们由此打开了创意海报的制作思路，并计划挑战制作旋转海报。

图1

故事一：项目提案

旋转的方式有很多，那么要用怎样的形式制作海报呢？这是孩子们遇到的第一个挑战。于是，我们利用网络资源丰富关于旋转的经验，利用调查问卷了解生活中哪些物体是旋转的，进一步感知"旋转"这一现象（图2）。

图2

对于旋转海报的设计，项目组成员各抒己见。为了确定一套最可实施的方案，小组内先采取了"自荐方案"的形式，他们两两合作，并通过探索形成了初步设计方案，等到交流项目方案时，大家再相互讨论确立最终方案。各小组的实施方案及评价如表1所示。

表1

设计小组	设计图	具体方法	自荐理由	幼儿评价
第一小组			我看到其他班的小朋友用一根很长的纸筒并套上打好孔的大纸箱就能手动旋转海报	很多班级都是这样设计的，没什么意思
第二小组			晾晒的毛巾架本身就可以旋转，省时省力，我们直接改造就可以了	确实很方便，可是我们用什么来晾毛巾呢
第三小组			我们在科探区玩"探秘齿轮"游戏时，发现齿轮带动旋转非常有趣	看起来很有趣，可是乐高积木上面怎么做海报啊

我们发现，在孩子们眼中每套方案都存在或多或少的问题，他们能依据自己的实际需求与困惑提出观点。通过自荐及互评环节，孩子们最终选定了第三小组的设计方案，他们认为：这套方案与众不同，而且只需要用现成的游戏材料组合改造即可完成，非常巧妙。

孩子们的收获：

孩子们解锁了关于旋转的新发现，还从生活中发现了更多的旋转现象。同时他们愿意借鉴相关经验并尝试迁移与运用，以形成自己的设计方案。在项目小组内若遇到观点不同时，也能通过"自荐方案"的形式表达自己的观点，同时能客观评价他人的设计。

我们的思考与支持：

学习是儿童主动建构知识的过程，激发幼儿主动参与是项目化学习推进的关键。我们发现，孩子们对于第三小组"齿轮带动齿轮"旋转的方案非常感兴趣。为了进一步吸引儿童探究，我们与幼儿共同创设了能激发他们探究兴趣的项目化学习空间，增设了相关材料。同时，我们还通过调查了解了更多关于齿轮转动的原理及其在生活中的应用等。为了支持幼儿的深度学习，我们不仅搜集了多元的学习素材作为项目游戏支架，同时还生成了关键性集体活动《齿轮的秘密》来丰富幼儿的相关经验，为后续持续探究提供经验基础。

故事二：主体结构设计

虽然项目小组已经确立了第三套方案作为基本样式，但为了确保项目工作的高效推进，项目小组成员还共同制订了项目工作计划，细化了每一位成员的分工。通过计划解读我们发现，幼儿想利用齿轮作为基座，然后将设计的立体场景式海报直接粘在其中一个齿轮上，通过转动把手实现旋转（图3）。

第一次尝试：他们先将旋转底座进行组合，接着通过对比底座尺寸，他们在材料库找到了适宜的纸箱并直接进行粘贴。但他们发现小小的齿轮根本带动不了纸箱的重量，而且因为整个装置上重下轻的原因，旋转海报根本不稳固。此外，他们还发现纸箱体积太大挡住了旋转的把手，操作起来也不方便（图4）。针对发现的两个问题，项目组内成员进行讨论，他们喜欢用表征的方式回顾项目工作经验。结合探索中遇到的问题提出了具体的解决方法（表2）。

 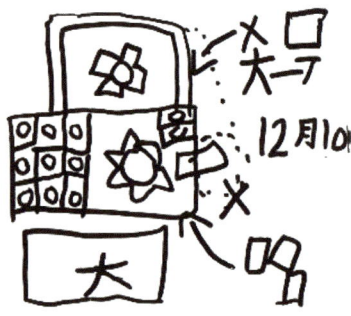

图3   图4

表 2

我们的尝试	我们的问题	我们的方法
	纸箱体积太大，挡住了旋转手柄	自制一个圆形平台作为立体海报的底板，那么就能减轻重量并且不挡住旋转手柄
	纸箱太重，旋转基座小，上重下轻容易倒	基座下制作一个大圆盘，或者增加基座的重量

第二次尝试：结合讨论结果，项目组成员调整了制作计划，细化了制作流程（图 5）。

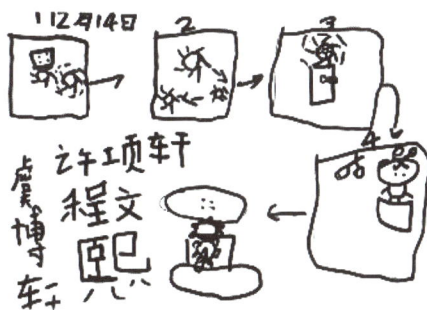

图 5

首先，找到一个合适的圆形物体，复刻两个圆形轮廓。一个做基座底板，一个粘贴在齿轮上做微型立体海报底板（图 6）。

图 6

其次，为了让基座更稳固，成员们需要将上下两个圆板固定在旋转基座上。通过目测的方法，对准基座上下的位置并反复调试（图7），从而确保基座的稳定性，最终实现旋转。

图7

孩子们的收获：

项目小组成员在制订计划、实施计划及调整计划的过程中，发现问题、解决问题的能力不断提高，遇到困难时不再是推卸责任或者直接寻求教师帮忙，而是愿意和同伴在一起通过回顾工作的方法，共同商定解决问题的办法。同时，他们对于项目工作的思路也越来越清晰了。

我们的思考与支持：

在项目工作推进的过程中，教师是一个默默的观察者，不急于帮助孩子们去解决问题，而是在孩子们需要支持的时候再出现。例如，当我们捕捉到该项目组的工作方法和思路值得借鉴或者有实在无法解决的问题时，我们会采用项目小组分享交流会的形式交流工作经验，梳理工作方法，引发幼幼互动，拓宽孩子们的制作思路。在整个过程中，如果我们捕捉到该项目组的成员制订与调整计划的能力比较强，我们会邀请他们介绍自己的工作方法。针对此项目，其他小组的小朋友们也提出了新的思考：旋转海报只要会旋转，就能吸引小观众了吗？我们还能在上面做点什么呢？不是你们觉得好看的就是观众所喜欢的啊？项目组的成员很认可这个观点，于是我们班举行了海报设计金点子海选活动（图8）。

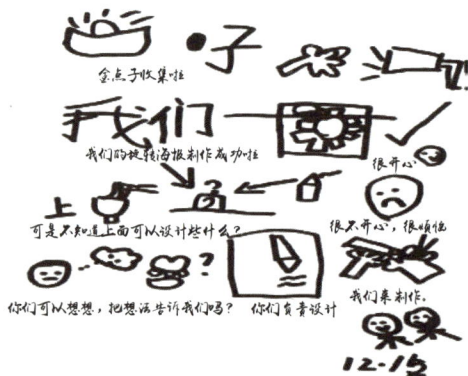

图8

故事三：整体优化

通过海报设计金点子海选活动，孩子们征集到了许多的素材，项目组成员还与设计者对话，充分了解他们的想法。有的小朋友觉得海报上应该重点突出戏剧中的主角（图9），这样就可以让别人知道主要是谁的故事；有的小朋友觉得要把戏剧表演的4场分幕画下来，这样就可以让别人了解该戏剧的主要情节（图10）；还有的认为要把走班表演的时间、地点做得明显一点（图11），这样别人就会一下子记住来我们班看表演了。大家说的都很有道理，于是项目小组的成员们计划整合部分建议并进一步优化。（以下方法以《了不起的小红鸟》戏剧为例。）

  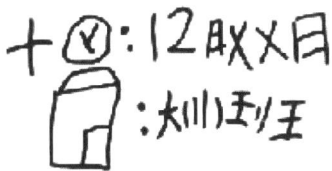

图9　　　　　　　　图10　　　　　　　　图11

第一步：确立宣传设计方案。首先，项目小组成员认为，戏剧中的主要角色都应该被呈现出来，让观众知道是小红鸟和其他动物之间的故事。其次，小红鸟的故事发生在森林里，可以制作一棵大树来告诉观众这个戏剧的场景。此外，还可以围一圈彩色的栅栏代表舞台，舞台上小红鸟和其他小动物们都是闪闪发光的小明星。最后，他们也计划加上演出时间和演出地点（图12）。

图12

第二步：收集材料。材料可以为幼儿提供更多创造性的可能，于是项目组成员结合他们创作所需，列出了相应的材料清单（图13），不断丰富材料库（图14，图15）。

图13

图14

图15

第三步：分头行动。他们按照计划分头行动，有的成员用超轻黏土覆在底板做基础装饰，他们认为小红鸟的故事发生在森林里，所以绿色更合适；有的成员制作各类角色造型，并进行整体布局（图16，图17）。有的成员找来了彩色小棒做立体栅栏，围成一个舞台。最后轩轩小朋友看完基础造型后还提出："我怎么觉得森林里空荡荡的，可是又不想再花很多时间做小草小树了。"于是他从材料库里找出了绿色的拉花进行整体的平铺点缀（图18）。果然，结合大家的智慧，专属戏剧《了不起的小红鸟》的旋转海报制作完成了。

图16

图17

图18

孩子们的收获：

在整个项目实施过程中，孩子们非常愿意听取同伴的想法，能尊重他人的思考并整合大家的亮点建议，愿意尝试不断优化项目作品。另外，孩子们不仅在整体的设计上有自己的规划和思考，在材料的选取上也有自己独特的见解。

我们的思考与支持：

项目活动以小组合作的形式展开，幼儿可以尝试通过组内的分工、协作、交流和讨论等方式，共同克服困难，并在教师适时指导下确保项目顺利进行，同时在不断发现问题和解决问题的过程中产生了深度学习的可能。

每个项目作品的背后都是孩子们精心的设计，我们的根本目的不是教会孩子们制作一个作品，而是通过项目工作的形式，让他们逐步感受到做事的方法以及为什么而做。当走班表演前，孩子们会带着旋转海报进行宣传售票，他们也能从中获得满满的成就感。

故事四：项目分享与回顾

历经两周的自制旋转海报活动即将进入尾声，项目组的孩子们还把自己探索的制作经验以思维导图的形式进行了梳理，让更多的孩子了解他们的项目，学习、借鉴他们的探索经验。

分享与回顾的过程也是学习的过程，这其中有分享、有争论、有创新。同时，我们也捕捉到，孩子们关于旋转海报的探索兴趣并没有结束，他们对齿轮旋转充满了好奇。他们纷纷表示：玩具上的齿轮太小，我们是不是可以制作一个大型的可以旋转的齿轮呢？于是，新的项目《自制大齿轮》由此生成。

结语：

每个项目背后都有教师为项目能够持续不断探究所付出的努力，更是教师和孩子深深浅浅的成长印记。在实践中我们清晰地认识到，植入项目化理念，推动戏剧创意项目制作，能让幼儿在"玩中学、寻中学、做中学"的过程中真正成为游戏的主人。

多元途径驱动幼儿剧本创编

——以大班戏剧主题《小蛋壳奇遇记》为例

常州市新北区薛家镇中心幼儿园 王 颖 奚亚娟

　　戏剧主题背景下的剧本创编是一种通过丰富、多元的游戏支持幼儿自主生发戏剧情节与对话的游戏形式。可通过故事剧场、手偶表演、口袋故事、皮影表演、绘制剧本等游戏，鼓励幼儿根据自己的经验创编剧本，体验戏剧创作的乐趣。在推进幼儿剧本创编游戏的过程中，教师又该如何支持呢？本文将以大班戏剧主题《小蛋壳奇遇记》剧本创编为例具体介绍推进策略。

策略一：巧用戏剧游戏，激发情节想象。

　　剧本创编游戏的类型是多种多样的，如情境式大转盘、表演剧场（图1）、木偶表演、故事地图（图2）、骰子故事等，游戏情境的创设能激发幼儿在创意表达、合作表演的过程中生发更为生动的戏剧情节与角色对话，从而进一步丰富幼儿剧本创编的经验。

图1　　　　　　　　　　　　　图2

策略二：挖掘绘本资源，拓展情节线索。

绘本是一个广阔的资源库，我们与幼儿共同收集了与戏剧主题相关的绘本，拓展戏剧主题相关经验。幼儿在创编的过程中，可以通过阅读绘本，寻找创作灵感。如在小翔创编戏剧情节的时候，土豆小朋友正在阅读绘本《春天，昆虫醒啦》，当他看到竹林的时候说："小蛋壳也可以来竹林，它会遇到小猴子和小鸟。"小翔听了土豆的发言后就将竹林画进了剧本中，并和土豆讨论发生的故事和对话。在菲菲创编小蛋壳来到森林的情节时（图3），小翔看着《春天画报》说："春天来了，桃花开了，柳树也变绿了，小动物开始了忙碌的一天，小蛋壳走到这里。"幼儿借助季节性绘本，不仅拓宽了创编过程中小蛋壳可能的去处的选择面，还利用绘本进行环境描写，渲染了环境氛围（图4）。

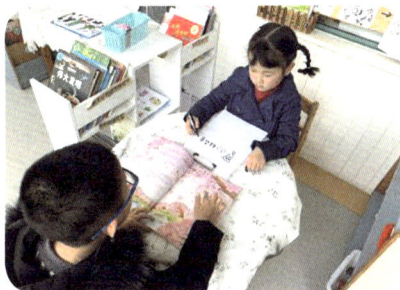

图3

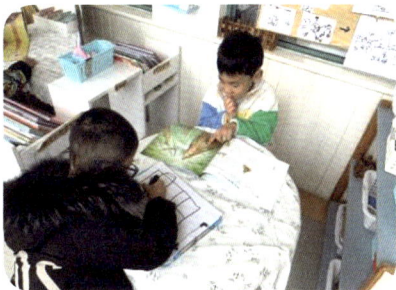

图4

策略三：活用底板支架，支持情节创编。

底板支架是幼儿情节创编的经验扶手，其主要作用是记录和展示幼儿的游戏经验，实现经验共享。基于幼儿思维方式的差异性，我们生成了表格式支架板（图5）和思维导图推进式支架板（图6）。这两种形式均能让幼儿在游戏的过程中明晰故事框架，紧扣中心思想进行剧本创编。

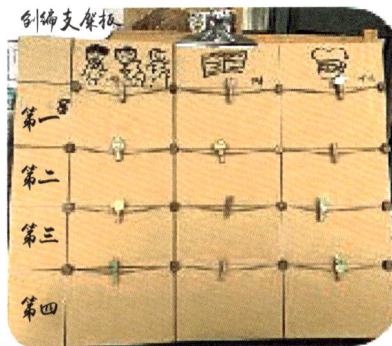

图5

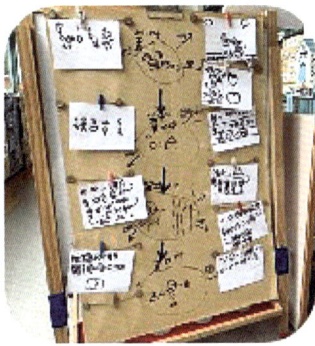

图6

策略四：围读剧本，优化情节发展。

通过项目小组的剧本围读，动态调整剧本。孩子们在剧本围读时会发现剧本中不

图7

合理的地方，及时进行调整，让剧本更加符合逻辑。如菲菲、小翔、土豆和晨晨一起分享自己的剧本（图7），当小翔说："小蛋壳来到了排放废气的大工厂，它遇到了小老鼠。"话还没说完，晨晨就说："老鼠是生活在地洞里的。"土豆说："这里是空气污染，小蛋壳可能会遇到蝴蝶或者是小鸟。"小翔说："那好吧，我改一下。"

策略五：多形式记录，完善剧本。

孩子们用自己喜欢的方式记录剧本，记录的形式也越来越多元。幼儿基于前期戏剧经验积累，结合记录日记、日计划的经验，整理记录创编的剧本。在此过程中，幼儿的逻辑思维更加清晰，记录的方式也更加富有个性。如细心的豆豆会用数字标注出每个角色的出场顺序（图8）；小翔会用树状图式的记录方式，他认为"像大树一样的剧本很扎实又很美观，让人能一下子看得清楚"（图9）；菲菲选择一词一图的记录方式，她觉得"这样记录能把剧本中人物说的话都写下来"（图10）。当然，表演坊的孩子们也会遇到看不懂剧本的问题，创编剧本的孩子们会及时与表演坊的孩子们沟通，采用扫码录音的方式让大家都能看懂剧本（图11）。

在追随幼儿的兴趣与实际问题的过程中，教师要不断给予幼儿适时、适宜的支持，鼓励幼儿在创编剧本、发现问题、解决问题的过程中实现经验的螺旋生长。孩子们将自编的故事投放在表演坊供大家表演，不仅实现了经验的辐射，同时他们的自信心也得到了增强。

图8

图9

图10

图11

策略六：家园合力，乐享情节演绎。

在《小蛋壳奇遇记》的戏剧表演中，家长们也积极地参与其中。在第四幕"小蛋壳价值大"中，我们抛出了这样一条情节创编线索："蛋壳究竟有什么用途呢？"起初，幼儿对蛋壳的作用不是很了解，除了教师在班级中对幼儿共同科普之外，幼儿们也自发在家中制作了各种蛋壳工艺品与大家一起分享。在幼儿对蛋壳用途有了初步了解后，可以利用周末的亲子时间，邀请爸爸妈妈们和幼儿共同依据第四幕的情节进行创编。当幼儿创编出各种各样的有趣情节后，都迫不及待地和全班同学一起分享，并且说出了和爸爸妈妈创编时的趣事。在亲子合作创编的过程中，家长更了解戏剧活动对幼儿的发展价值，也进一步理解了孩子独有的学习方式，更重要的是体验到了亲子合作的乐趣。

策略七：开展生成活动，升华情节体验。

在游戏后的分享交流中，海报宣传组的畅畅提出了问题："我们做的环保宣传海报只有我们幼儿园的小朋友能够看到，那怎么样才能让更多的人保护环境呢？"思考了一会儿后，孩子们都积极想办法并且把自己的好办法画了出来。

在孩子们共同投票下生成了《写给 ×× 的一封信》的活动，在与孩子们的聊天中发现幼儿对写信的格式不是很了解，因而我们借助网络资源，与幼儿共同学习了写信的格式。在此基础上，孩子们将自己的需求和情感在信中表达，并且将写信这一情节融入创编的剧本中。

结语：

在整个实践过程中，我们践行"融合性·生长性"的戏剧教育理念，立足实践探索中存在的问题，关注幼儿在剧本创编游戏中的需要，不断优化支持策略。在此过程中，幼儿的想象创造能力、语言表达表现能力、同伴协作能力等均得到了全面发展。

自主创编 "剧"显"本"色

——剧本创编策略分享

常州市新北区薛家镇中心幼儿园 陈 玲 杨思思

很多人好奇,幼儿园戏剧剧本中的情节、台词究竟是怎么来的?在剧本创编方面,孩子们遇到了哪些问题,教师又是如何帮助幼儿应对问题进行创编的呢?下文将从戏剧教学活动和区域游戏两条路径展开分享。

路径一:戏剧教学活动助推幼儿剧本创编

(一)情节创编

1.绘本中情节创编的问题及策略

在平时的戏剧集体活动中,我们会开展有关情节和台词的创编活动。如在绘本《你真好》的故事开头(图1),绘本仅用了两个画面来呈现霸王龙出现并且抓捕小戟龙的情节。孩子们在表达表现的过程中发现了一些问题,并随之提出疑问。

绘本《你真好》

霸王龙出现,捕食小戟龙。

图1

问题一:情节单一,缺乏趣味。

怎样让这一幕的情节更为丰富和精彩呢?于是,我们就此问题开展了情节创编活动。围绕"霸王龙"和"小戟龙"两个角色，大家聚焦问题、展开讨论。

首先，老师提出第一个问题："霸王龙出现前，小戟龙们会做些什么呢？"孩子们想到小戟龙们可以晒晒太阳、散散步，玩捉迷藏、"123 木头人"游戏，爬山等。老师简单的一个引导，再融合孩子们的想法，情节就丰满了。

接着，老师问了第二个问题："那霸王龙出现后，它们之间还会发生什么呢？"在前期的观察中，我们发现当孩子们即兴表演"霸王龙抓捕小戟龙"的情节时，塑造出的霸王龙的角色形象较为"模式化"，均为凶猛、粗暴的形象特征。为鼓励幼儿更加多元地想象与创造，我们以"怎样让抓捕的环节更有趣"这一问题，引发孩子多角度地去思考与创作。

策略：融合戏剧小游戏，丰富情节。

在交流碰撞中，有的孩子说："可以把我们平时玩的戏剧小游戏加进去。"这一想法得到了大家的认可，这样一来不仅使表演更加有趣，同时也丰富了戏剧情节。如小戟龙被抓后，霸王龙承诺："如果玩石头剪刀布赢了我，我就放了你。"这一游戏的加入，也凸显了霸王龙狡诈、贪玩的角色形象和想要戏耍小戟龙的心理（表 1）。

表 1

表演中的精彩瞬间	教师解读
	霸王龙出场前，小戟龙在草地上玩"123 木头人"游戏
	小戟龙为营救同伴，和霸王龙玩石头剪刀布的游戏

问题二：创编的情节过于松散，很难集中呈现。

在《你真好》第三幕的情节创编中霸王龙与薄片龙成为好朋友，那它们可能会去到哪里做些什么呢？孩子们依此创编了很多情节，有的孩子说它们会一起玩游戏，晒太阳，钓鱼吃；有的说它们会一起去爬山看日出日落，看晚霞；还有的说它们会坐着小船看太阳从海平面升起的样子，对着流星许愿……大家天马行空，洋洋洒洒说了很多。看来霸王龙和薄片龙可以一起干的事情实在是太多了，那么我们应该如何筛选整合呢？

图2

策略：回归绘本寻找线索，聚焦典型事件。

老师带着孩子们再次阅读绘本（图2），大家发现故事的主要场景是霸王龙生活的陆地和薄片龙生活的大海，它们各自在自己的地域生活，孩子们说："它们既然决定成为朋友，那么就应该领着朋友到自己的世界去看一看。"于是，孩子们以场景为线索，讨论并投票，选出最感兴趣的两件事作为戏剧的主要情节：一是薄片龙带霸王龙去海底世界参观，二是霸王龙带着薄片龙去陆地上游玩（表2）。

表2

表演中的精彩瞬间	教师解读	表演中的精彩瞬间	教师解读
	薄片龙带霸王龙参观海底世界		霸王龙带薄片龙摘红果子、爬山

2. 生成剧中情节创编的路径

戏剧《你真好》作为绘本主题剧，尚且有绘本做参考，那没有绘本做支撑的生成剧又该如何创编呢？

（1）亲子创编，集思广益

在无蓝本而生成的戏剧《小蛋壳奇遇记》主题背景下，孩子们结合自身生活经验，围绕情节线索，亲子合作创编了许多有关"垃圾宝宝找家"的有趣情节（图3）。

图3　　　　　　图4　　　　　　图5

（2）追随幼儿兴趣，表演故事

在众多亲子创编的故事中，悦悦创编的《鸡蛋壳找家》引起了大家的兴趣（图4）。平常被我们忽略的小蛋壳成为她故事里的主角，整个故事讲述了蛋壳从被丢弃的垃圾变成了有用的肥料的故事，太有意思了。随后我们把故事投放在表演区，让孩子们尝试表演。

（3）确立主线，创编故事

孩子们在表演后提出角色少、情节简单的问题。那小蛋壳一路上还会遇到谁，又会发生怎样有趣的事情呢？于是我们将"蛋壳找家"作为故事的主线，在此基础上进行续编。生病的蚯蚓，受伤的乌龟，还有小鸟，这些续编的角色陆续加入"蛋壳找家"中，故事《小蛋壳奇遇记》就完成了（图5）。

（二）台词创编

相较于情节创编，台词的创编更有挑战性。在台词创编方面，我们结合《3-6岁儿童学习与发展指南》中的语言领域目标和建议，迁移语言领域相关的支持策略，进一步提升幼儿台词创编的能力。

1. 角色代入法。

例如，在《小蛋壳奇遇记》的台词创编中，大家发现小朋友们创编的台词过于短小朴实，不够具体生动。因而老师组织分享交流："如果是你，找不到家了，心情是怎样的？""当你朋友难过时，你会说些什么，做些什么呢？"引导幼儿代入角色去想象，与此同时，还播放音乐渲染氛围。在问题的启发、音乐的渲染下，孩子们更容易代入角色，产生共情，在此时创编出来的台词不仅真实还更加动人。（图6）

2. 多感官联想表达法。

在描述场景和事物时，我们会用到多感官联想表达法，例如，在《你真好》第三幕"美好时光"中，霸王龙带着薄片龙一起摘红果子吃，一开始孩子们只会说红果子甜甜的、很好吃，仅此而已。于是我们通过一系列问题引导孩子想象：第一次来到陆地的薄片龙看到红果子林，会有怎样的感受？你最想吃到怎样的红果子？你采到红果子了吗？它看上去会是怎样的？闻起来、尝一尝又会是怎样的呢？

图6

通过多感官的联想，对话逐渐变成了："这里是红果子林吗？可真美啊，这里的红果子又红又圆，一定很好吃吧。""那是当然，我摘个给你尝尝吧。""酸酸甜甜的真好吃呀，你也吃一个吧。"在角色代入的基础上，调动多感官联想，让孩子在脑海中浮现画面，让表达更为丰富。（图7）

图7

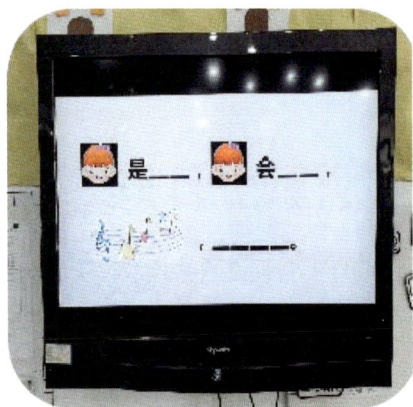

图 8

3. 句式支架法。

在台词创编中，教师提供句式支架，引导幼儿创编。如戏剧《了不起的小红鸟》第一幕围绕小动物们出场，开始孩子们创编的台词是这样的："我是小蛇，我会摇沙锤。我是大熊，我会敲鼓。"这时就有孩子提出大家的台词单调，不好听。那怎样才能让小动物们的出场词说起来更好听？有孩子说道：演员在说台词时可以有节奏地说，像平时大家念的儿歌那样。于是我们带孩子们诵读学过的儿歌，再次感知儿歌对仗工整、押韵的特点，进而开展集体儿歌式仿编活动；此外，还可以在区域投放支架，引导孩子们迁移仿编儿歌的经验进行台词创编。

利用句式支架法可以让小动物们的出场词说起来既有节奏感，又有韵律美，并且朗朗上口，活泼欢快。（图 8）

路径二：区域游戏促进幼儿剧本个性化表达

图 9

除了戏剧集体活动外，戏剧区域游戏也如火如荼地开展着。剧本创编坊和表演区的孩子更是用自己喜欢的方式记录着自主创编的剧本片段，其记录的形式也发生着革新。

（一）分幕图式

最初，孩子们的剧本就是自己画的 4 张分幕图（图 9）。今天计划演哪一幕，孩子们就把哪一幕的图插到今日剧目板的第一页，这就像是他们对演出剧目的一种约定。

在表演的过程中，小演员们常常会对剧情的发展产生争执。佳佳说："明明不是这样演的。"航航说："那要怎么演啊？"大家似乎还没有商量好，就开始表演了，所以演着演着孩子们意见就不统一了。

因此，我们从中发觉分幕图式只记录了每一幕的关键画面，缺少幕中的具体情节呈现。

图 10

（二）分幕连环画式

为了避免类似情况的发生，大家决定用连环画的方式（图10）把每一幕的主要剧情画出来。有的孩子还想出用数字标注角色的出场顺序，这样大家演起来就顺畅多了。

可没过多久，又有新的问题出现：虽然连环画式的剧本能呈现情节，但没有对话参考，有些相对内向的孩子就不是很愿意去表演，那么这种方式就无法支持孩子更好地表达。

（三）多元注解式

孩子们想到如果能把创编的故事录下来就好了，于是他们带来了录音笔放在剧本创编坊，用来录制自己即兴创编的剧本（图11），小演员可以通过扫码的方式先听剧，后演剧。有的孩子表示，不光可以录剧本，还可以写剧本。于是孩子们尝试用文字和符号的方式解读剧本画面的关键信息（图12）；还有人想到用表征标注角色匹配的动作、表情（图13），以便小演员能更到位的演绎剧本内容。

图11　　　　　　　　图12　　　　　　　　图13

（四）留白式

剧本是一成不变的吗？其实不然。在剧本演绎后期，大部分孩子对剧情的发展都有了较深刻的理解，已经能参照剧本内容演绎得相当精彩。那除了按剧本演，还可以怎样演呢？为了鼓励孩子们更自主的创编，我们决定将部分固定的情节删除，让孩子们开始尝试使用留白式的剧本（图14），在故事框架下即兴演绎自己的戏剧故事。

教师的感悟：虽然最终的戏剧表演只是短短的十几分钟，但我们创编的过程很充实。我们更加关注的是孩子们过程性的体验与生长，希望我们的孩子们能享受戏剧所带来的美好时光，幸福成长，愿每个人都能品尝到有滋有味的戏剧人生。

图14

剧场体验，玩转戏剧走班表演游戏

常州市新北区薛家镇中心幼儿园　李婷婷　蒋心怡

缘起：

在借鉴以往走班方案时，我们发现，虽然走班游戏已经在很大程度上体现了游戏化和人人参与的原则，但还存在以下问题：①传统的走班游戏注重表演、观演过程，弱化了前期准备活动、售票等环节。比如在大厅进行售票时，桌椅布置简易且多由老师搭建，幼儿参与较少。②场次结束时间没有统一规划，各个场次结束时间不一，回班过程较为混乱。③对号入座等环节流于表面，没有落实到位。④整个活动中，幼儿的剧场体验感较弱。

针对当下戏剧走班表演的现状，本文将"生长性"理念作为走班表演理论基础，并融合项目课程的建构，探索推进戏剧走班表演的路径。

阶段一：聚焦问题，前期思考

为筹备这次走班游戏，幼儿与教师一起展开了圆桌会议，聊一聊各自对于开展走班游戏的想法，尤其是对于户外售票的想法。在讨论过程中，孩子们对户外售票的方式想法特别多，大家针对以下话题展开了讨论。

话题1：户外售票可行吗？

睿睿：教室门口场地太小，总是很拥挤，如果改成户外售票的话，肯定不会那么挤了。（图1）

琛琛：和爸爸妈妈出去旅游时，我们买票的售票大厅很大，而且有很多窗口，可以容纳很多人（图2）。

球球：我们可以在操场搭建一个售票大厅，这样每个班都可以在这个大厅里买票！

针对幼儿提出的想法，我们后续又进行了更深入的探讨。

图1   图2   图3

话题2：如何买票？

一开始大家讨论：看表演是免费的吗？可是平时跟爸爸妈妈看表演都要花钱的呀！可以用雪花片代替钱来买吗？几个雪花片能换取一张票呢？

慧慧：买票都是用钱买的，我们可以赚钱吗？其他人愿意花钱来看吗？（图3）

宸宸：我们可以卖门票，但是不能卖得太贵，太贵了别人就买不起了，每张门票可以定价一元。

对标《3-6岁儿童学习与发展指南》，结合幼儿的年龄特点（表1）与兴趣需要，我们最终采用了"一元一票"的现金购票方式，开展售票活动。

表1

领域	目标	教育建议	具体细则
数学认知	感知理解数、量及数量关系	通过实物操作引导幼儿理解数与数之间的关系，并用"加"或"减"的办法来解决问题	游戏中遇到让4个小动物住进两间房子的问题，或生活中遇到将5块饼干分给两个小朋友的问题时，让幼儿尝试不同的分法
			鼓励幼儿尝试自己解决生活中的数学问题，如家里来了5位客人，桌子上只有3个杯子，还需要几个杯子
			购少量物品时，有意识地鼓励幼儿参与计算和付款的过程

话题3：怎样吸引大家来买票？

那怎样让其他班小朋友到我们班来购票呢？万一观众都被其他班抢走了怎么办？班级的小朋友因此产生了"危机感"，纷纷出谋划策！

悦悦：那我们就送点小礼品，其他人肯定会被我们吸引过来的！

西西：我要穿着我的纸箱恐龙，这样卖门票很酷。

经过讨论，凡是买我们班门票的小朋友，都可以拿到美工区制作的恐龙黏土作品或开幕式用到的恐龙气球。关于如何吸引他人购票的问题，孩子们一直在兴奋地讨论。

睿睿说：我们的海报也要比别的班漂亮，这样别人一看到海报就会想来买的。

熙熙说：我要把美工区的立体门票送出去，别的班的门票肯定很简单，没有我们班的好看。

有了这些想法后，大家纷纷行动，开始有条不紊地为户外售票做准备。（图4，图5）

图4

图5

阶段二：户外售票，自主创新

（一）人员安排

在人员分配上，除了教师预设的售票员、负责吆喝的叫卖员外，孩子们结合生活经验，增添了礼品分发员及秩序维持员，还充分利用起戏剧节开幕式中用到的纸箱恐龙来充当吉祥物。

1.竞选风波：争相竞选，各亮己长

我们班数学一向最好的辰辰自告奋勇地表示，他肯定能当好售票员，绝对不会把钱算错；礼品分发员通过投票选举的方式，大部分小朋友都选择了美丽大方的萌萌；戏剧节开幕式后，还没来得及把纸箱恐龙带回家的小倪和炎炎，自然"抢占了先机"扮演吉祥物；负责吆喝的叫卖员不光需要声音响亮，而且还需要掌握招揽客人的技巧，是人员安排中难度系数最高的，这一项光荣的任务，最终通过投票选举的方式，落在了我们班最能说会道的然然身上。

确定售票小组的分工后，家长也积极配合着，在家帮助孩子提升售卖岗位的语言表达、宣传技巧等能力（表2）。

2. 剧场契约

无论是表演还是观演都需要遵守剧场契约，在讨论中，孩子们将需要遵守的规则画了下来（表2）。

表2

环节	我们的约定		
买票	1. 要排队买票	2. 买一张票需要支付一块钱	3. 要买一张红色、一张蓝色的票
卖票	1. 声音响亮，吸引别人来买	2. 不能卖两张颜色一样的票	3. 卖票的时候要记得收钱
表演	1. 表演的时候声音要响亮	2. 候场的时候要安静	3. 看好舞台，记得上场
观演	1. 要按照门票上的座位号对号入座	2. 看表演的时候不能走来走去	3. 看表演的时候要认真，还要鼓掌

3. 场地布置

布置售票场地前，孩子们为了任务能够高效完成，在提前考察现场后，他们再次进行了讨论：

阳阳：我们可以在两边放置攀爬网，然后在上面放上一个长长的梯子搭在上面（图6）。

露露：我们需要梯子，很多梯子，然后把这些梯子拼起来（图7）。

艺鑫：我们可以在大（2）班旁边的攀爬架那里卖票（图8）。

德鑫：这是攀爬网，里面是轮胎（图9）。

图6

图7

图8

图9

我们结合"户外自主性戏剧游戏计划表"，对户外项目组场地、材料、人员分配做了更详细的计划（图10，图11）。

图10

图11

在正式售票的前天下午，老师带领班级里的部分幼儿，在操场上热火朝天地布置我们的售票场地（图12~图15）。

图 12

图 13

图 14

图 15

4. 班级剧场环境与人员分工

有了售票环节的经验，接下来有关演出的安排就轻松多了。我们把班级划分成检票区、观众区、舞台区和演员候场区（图 16）。我们在对应的区域安排了检票员、秩序员（图 17）、演员。

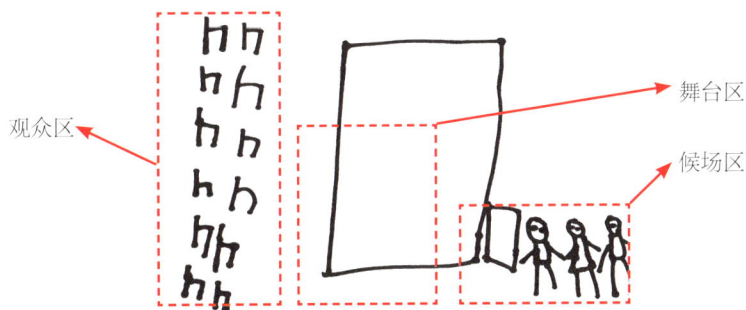

观众区　　　舞台区　　　候场区

图 16

图 17

大部分孩子都有过被检票的经历,当问及孩子们检票员需要做哪些事情时,诚诚是这样回答的:"检票员就是要站在门口,看看别人的票对不对。如果是我们班的票就可以进来看戏剧,如果不是就不能让他进来。"

秩序员需要对照门票上的座位号,核对小观众们有没有坐错位置,同时带领不认识座位的小观众找到座位。

阶段三:走班表演,精彩纷呈

(一)走班售票现场

终于到了正式走班表演这一天!户外售票"大厅"正在热火朝天地卖票(图18)。每个班级都通过颜色的不同分别制作了两张门票——一张红色的门票、一张蓝色的门票,便于幼儿区分第一场与第二场演出(图19)。同时,在门票上我们明显标记了演出班级、演出时间、演出剧目、座位号等元素,便于幼儿通过阅读门票上的信息了解剧目相关信息。为了吸引更多的小朋友购票,各班纷纷推出创意走班纪念品,如充满惊喜的盲盒(图20)、有纪念意义的笔筒(图21)、童趣又方便的热缩片(图22)。

图18

图19

图20

图21

图22

通过我们对现场的观察发现:① 演出开始前,有小朋友手拿两张颜色一样的门票不知道该去哪里看表演;② 看表演时有的座位没有人坐,是空在那里的;③ 有些班级的门票上没有标注班级,买到票的孩子不知道该去哪个班看表演。

这些问题的出现，提醒我们老师在后续优化时，应该做到：① 在演出开始前再次做好相关提醒，如强调"看清票面场次、倾听大笨钟的声音"等观影秩序；② 在班级的区域活动中及时开展数学中关于基数、序数及空间方位的游戏，帮助幼儿提升相关经验；③ 在门票上明确标记出班级。

（二）正式演出现场

孩子们纷纷穿上自制的服装，认真、专注地投入表演，享受着他们自己的舞台（图23~图25）。

图23

图24

图25

（三）观影互动现场

在表演结束后，班级采用多元形式与现场观众互动。有的以"问答互动"形式了解小观众对戏剧内容、角色及情节的了解与感受（图26）；有的以"现场随机采访"形式（图27）产生幸运小观众（图28），从而激发幼儿参与剧目评价的兴趣。

图 26   图 27   图 28

走班表演落下了帷幕，但是孩子们兴趣不减，他们把当天的感受用稚嫩的画笔描绘了出来（表3）。

表3

我觉得2班的《遇到你，真好》也挺好的，虽然跟我们班不一样，但是他们演的霸王龙我也很喜欢	我觉得8班的年兽好搞笑啊，他们卖票的时候我都被那个大狮子吓死了
我今天观看的是1班的《年兽来了》，我认为年兽这个角色表演时很凶猛，很符合角色特点，下午我表演时，也要把话说清楚，吸引观众	我觉得自己表演时的声音可以再大一点；希望下一次表演带上动作；觉得今天"病毒们"表演得很好，"垃圾桶们"表演得也很好

阶段四：总结提升，反思优化

（一）我们的经验辐射

本次活动后，我们制作了戏剧走班公众号（图 29）和项目课程展板（图 30），希望更多人了解我们的剧场体验活动。

图 29

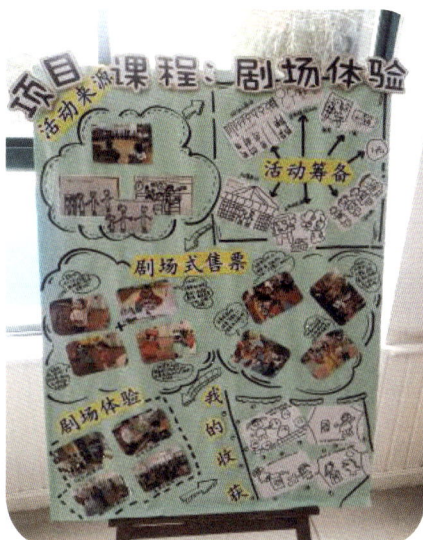

图 30

（二）我们的走班项目实施经验（图 31）

图 31

1.户外走班表演自主化

纵观现在我们的走班表演游戏,从前期讨论到中期实施,再到后期延伸,在活动过程中,教师追随孩子们的想法,尽可能地把话语权归还给孩子们,教师作为倾听者、引导者,为幼儿主导的走班表演游戏方案保驾护航。孩子们在一次次的讨论规划中得到锻炼,其主观能动性得到了最大化的体现。

2.户外走班表演项目化

我们通过与幼儿一起讨论交流,把戏剧走班表演看成一项游戏项目,分成"项目化游戏开始部分—项目化游戏发展部分—项目化学习结束部分"三个阶段。在此过程中,让幼儿主动把握户外走班项目的整个框架,并自主选择、主动参与自己感兴趣的部分,在参与的过程中实地调查、亲身体验,且愿意通过小组合作围绕遇到的问题开展深入的研究,从而提升解决问题、主动思考的能力。

3.户外走班表演课程化

以高光活动为契机,把幼儿的主体性和多方面潜能发挥到极致,同时把班级区域项目中的个性化成果,通过各小组之间的阶段汇报、分享交流,加以提炼和融合,生成个性化戏剧表演活动,真正将课程的预设与生成相结合,以课程的方式推动集体活动、区域游戏、项目坊工作等向纵深探究(图32)。

图32

大班音乐创玩坊游戏创新与实践

常州市新北区薛家镇中心幼儿园 徐依旻 陈晓旦

在大班《小蛋壳奇遇记》戏剧主题背景下，孩子们为了筹备走班表演，自主成立了场地布置、剧目宣传等项目小组。在活动推进的过程中，孩子们对本班剧目表演中的音效产生了浓厚的兴趣，因此开启了一段音效探索之旅。

一、探秘音效，由此开始

在戏剧表演时，凡凡提出："小蛋壳一会儿到了大海，一会儿又到了树林，它会听见很多有趣的声音，我们可以把这些声音表演出来。"丁丁连忙应和道："我会模仿打雷的声音，你听……"说完，就噘起嘴巴发出"轰、轰、轰"的声音，逗得大家哈哈笑，也引起了其他幼儿对音效探索的兴趣。由此，音效项目小组在几个兴趣相投的小伙伴的"相约"下就成立了，并共同开启了一场音效探索之旅。

二、剖析幼儿经验基础与活动价值

1. 兴趣分析

大班幼儿喜欢用歌唱、舞蹈、打击乐等形式，创造性地表现他们感兴趣的情节。相对中班幼儿而言，大班幼儿的同伴合作能力也进一步增强，他们能根据自己的兴趣点自主成立项目小组，并有着明确的目标。

2. 价值分析

基于幼儿的兴趣与需要，教师需要思考幼儿们在探索音效游戏的过程中有哪些可以挖掘的价值点？教师可以从哪些角度对幼儿在探索过程中遇到的问题提供支持，帮助幼儿在以往的经验基础上建构新的经验，开拓新的玩法？于是，我们对接了《3-6岁儿童学习与发展指南》中"艺术领域"3-6岁幼儿的学习与发展目标，加以分析（表1）：

表1

感受与欣赏		
目标：喜欢自然界与生活中美的事物		
3-4岁	4-5岁	5-6岁
容易被自然界中的鸟鸣、风声、雨声等好听的声音所吸引	喜欢聆听各种好听的声音，感知声音的高低、长短、强弱等变化	乐于模仿自然界和生活环境中有特点的声音，并产生相应的联想
表现与创造		
目标：喜欢进行艺术活动并大胆表现		
3-4岁	4-5岁	5-6岁
经常自哼自唱或模仿有趣的动作、表情和声调	经常唱唱跳跳，愿意参加歌唱、律动、舞蹈、表演等活动	积极参与艺术活动，有自己比较喜欢的活动形式

三、走进幼儿故事，感受音效魅力

阶段一："寻"音效——表征记录，探索发现

故事：音效藏在哪儿？

音效组成员们和老师们围坐在一起，开始商讨着接下来的计划：

闻泽：我们的音效应该怎么演呀？

老师：其他人觉得呢？

凡凡：我们还不知我们需要哪些音效呢。

老师：这是第一步，那接下来我们应该做什么呢？

彤彤：我们可以用材料来演了。

老师：直接就演吗？

瞳瞳：不行，直接上去演是演不好的。

睿睿：都没练习过，怎么可能演得好呀。

老师：是啊,也就是说我们在找到音效以后肯定是需要练习的,不然怎么能表演呢？让我们一起来把我们的计划画下来吧。

在大家的交流下，音效组制订了初步的游戏计划（图1），跟随计划，音效组的成

员们遇到了第一个要解决的问题："到底需要哪些音效呢?"孩子们针对这个问题进行了交流探讨,瞳瞳说:"我们可以先把每一幕的内容画下来,再把我们需要的音效圈出来,最后统计一下。"这个方法得到了小组成员的一致同意。于是孩子们立刻行动了起来,开始对剧本内容进行了绘图表征(图2),最后由一名成员圈画、一名成员汇总,很快便统计出了结果(图3)。

图1　　　　　　　　　　图2　　　　　　　　　　图3

根据统计结果,孩子们又发现了新的问题:

凡凡: 怎么第一幕只有三个音效啊?

闻泽: 好像音效的数量太少了,这样的话每一句要间隔很久才有一个音效。

凡凡: 妈妈晚上读绘本的时候好像有过声音的句子,我们是不是可以用呀?

老师: 我们去阅读区看一看吧。

教师的分析: 通过以上对话可以看出,孩子们很有想法,能够结合自己的生活经验思考问题,教师应该抓住孩子们的关键经验,有目的地选择适宜绘本进行探究,助推项目发展。

教师和孩子们来到阅读区共同选择了几本绘本进行阅读,发现了其中有关音效的元素,在绘本《大海的起点》中发现了"翻跟头""撑开""拖住"等词语,在绘本《春天总会来》中发现了"当当当"等词语,做上标记以后,教师也随即开展了一次集体活动《绘本中的声音》(图4)。在活动中,孩子们发现原来表示动作的词语,还有一些模仿声音的叠词里都藏着音效。活动结束以后,孩子们又一起商讨,并在原先的剧本中用绘图表征的方式加入了这些有关声音的词语,完成了新的剧本(图5)。

图4　　　　　　　　　　图5

教师的思考： 在活动的过程中，孩子们能够自主地制订计划，并根据计划进行项目的推进；在遇到问题时，能够根据自己的生活经验发现解决问题的方法，巧妙利用绘图表征的方式发现答案。

阶段二："拟"音效 —— 困难重重，分享探究

故事一：声音不像怎么办？

寻找出了需要的音效后，孩子们来到了计划的第二步：进行音效的探索。教师也在音乐创玩坊中提供了探索的常见乐器、自制乐器、废旧物材料等供幼儿探索模仿。在模仿第二幕"海鸥叫声"时，发生了这样一段对话：

凡凡： 这个声音不像海鸥的叫声啊！

闰泽： 海鸥不就是鸟叫声吗？

凡凡： 海鸥的叫声和别的鸟叫声不一样的，我听过。

闰泽： 那你来试一试呢。

凡凡： 我也不怎么会，但是我听过，不是这样的。

教师的分析： 幼儿在对海鸥叫声的认知上产生了分歧，由于每个孩子的生活与认识经验不同，教师要敏锐地捕捉幼儿的需要，并给予适当的指导。

为丰富幼儿的认知经验，教师充分利用网络资源，将剧本中涉及的海鸥叫声、海浪声、蛋壳破裂等声音通过音频、视频的方式供幼儿欣赏（图6）。教师还将许多大自然和生活中的声音制作成二维码粘贴在音乐创玩坊，当孩子们有需要的时候就可以随时扫码倾听了。

图6

图7

凡凡说： "老师，能不能把我们模仿的声音也制作成二维码呀？这样我们还能选哪一个声音更好。"大家非常赞同这一想法，并在游戏结束后和孩子们一起录制了他们的模拟音效，形成了孩子们自己的音效库（图7）。为拓展幼儿的认知，教师鼓励亲子共同关注与探索大自然和生活中有趣的声音。

虽然孩子们有了自己的音效库，但对于一些声音的探索他们还是不太满意，因而孩子们思考："有些声音是否有更好的替代呢？"孩子们在分享交流的过程中将自己模拟的声音展示给其他项目小组的孩子们听，想让大家帮忙出出主意。其他小朋友们很快就有了新的方法，比如雷声原先用的是塑料瓶敲击，源源提议可以使用响鼓和锣，

在敲击时，还可以逐渐增加力度让声音更真实。恒恒提议在模拟海星拨水声时可以直接用自来水来模拟，这些想法都得到了大家的一致认可。但孩子们也有意见不一致的时候，在配小蛋壳的哭泣声时，有的小朋友觉得应该轻轻抽泣，有的小朋友觉得应该有擤鼻涕的声音，还有的小朋友觉得应该哇哇大哭，孩子们对于哭声的理解不同，配的声音也不同，于是大家最终采用投票的方式选出了最适合的声音。

故事二：不一样的海浪声

图 8　　　　　　　　　　　　　　　　图 9

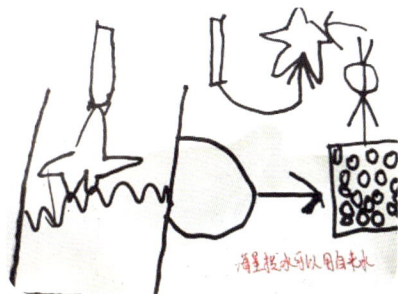

图 10　　　　　　　　　　　　　　　图 11

在一次分享交流时，凡凡把她遇到的新困难分享给了其他小朋友，把大家都难住了。原来是在剧本第二幕中有两段海浪声，第一段的海浪声用塑料袋配音，而第二段更强的海浪声就不知道该怎么演。睿睿提议说："你们塑料袋扇得用力一点就行了。"但是很快被驳回了，很多小朋友觉得区别不大（图 8）。依依提议说："能不能加一点别的声音，我在刚才摇了下那个装着绿豆的瓶子，感觉也挺像的。"老师说："那我们来试一试、听一听。"就这样，两个小朋友一起尝试用塑料袋和绿豆瓶一起演了演，发现声音的颗粒感变强了很多，小朋友们异口同声地说："好像真的听起来声音更强了。"老师这时补充道："原来还可以把乐器和乐器组合在一起，大家合作表演可以让场景里的声音更像原声。"就这样，音乐创玩坊里又一次掀起了一场组合乐器的热潮。在老师的引导下，成员们纷纷把自己能想到组合在一起的乐器画了下来（图 9），做成我们的场景设计图（图 10，图 11）。雷声可以用锣和鼓组合配音，海浪声可以用塑料袋、沙瓶、绿豆瓶组合配音，小朋友们玩得不亦乐乎。

教师的思考： 在整个活动中，小组成员们与其他幼儿的思维不断碰撞，在探究的过程中，孩子们很乐于去模仿他们听到的自然的声音，非常积极地参加艺术探究和表现活动，并形成一套自己解决问题的思路。

阶段三："演"音效 —— 项目联动，演出精彩

故事一：我们的音效图谱

音效组的孩子们在跟着旁白进行音效试演的过程中，又遇到了新的问题。

彤彤： 每次表演的时候，老是反应不过来，有的时候我刚开始表演，就已经到下一个声音了。

闰泽： 是啊，有的时候旁白说到了雷声，我刚准备拿鼓，一点都来不及。

老师： 大家还记得我们去年年兽主题时玩打击乐器看的什么吗？

闰泽： 看图谱。

教师在区域中投放了一块支架板供孩子绘制图谱，剧本创编坊的小朋友也对他们的图谱制作很感兴趣，一起加入了进来（图12）。图谱完成以后，孩子们在涉及音效的部分下方画上了红线，并且画上了需要的道具（图13，图14），随后认真地开始了练习，小组成员之间的磨合也越发熟练了。

  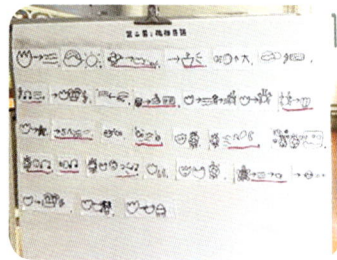

图12   图13   图14

故事二：一起来表演

小组成员们在区域游戏时进行了一次又一次的练习，其他孩子们不时地被小组成员们模仿的声音所吸引，旁边戏剧表演坊的小朋友也按捺不住了，一次又一次地在旁边驻足欣赏。

教师的分析： 其他小朋友对音乐创玩坊的表演也非常感兴趣，但是又因为自己并不在同一个小组而驻足，这是一个教育契机，可以让音乐创玩坊的游戏吸引其他幼儿的参与。

一天，音效组的小朋友们热情地邀请了戏剧表演坊的小朋友加入他们的游戏，可是闰泽说："我们模仿的有些声音需要很安静才能听见，他们表演的话我们的声音就听不见了。"戏剧表演坊的欣欣说："我们可以用皮影戏的形式呀，这样既不

会发出声音，也可以和你们一起演。"老师说："那要不你们用皮影戏表演，音乐创玩坊的小朋友给你们配音，我们一起来一次班级演出，怎么样？"全体小朋友纷纷表示同意。

合作达成以后，教师在音乐创玩坊又投入了皮影戏的幕布、角色道具等材料供孩子们表演使用，孩子们也随即开始了配合打磨。音乐创玩坊的小朋友帮助戏剧表演坊的小朋友了解音效剧本的内容，戏剧表演坊的小朋友也给音乐创玩坊的小朋友模仿的声音提出建议。过了一段时间，终于要表演啦！在大家的欢呼声中，两个项目小组的小朋友一起进行了演出，演出结束以后，大家的感受有很多。彤彤说："我觉得他们配合得好棒呀。"恒恒说："海鸥的声音好像真的一样。"老师说："能够有今天的演出，离不开两个项目小组的成员们不断的练习，他们的演出很成功，大家一起用掌声感谢他们，好不好？"热烈的掌声响起，借此机会，老师也邀请孩子们把自己的观看感受画了下来，带回家与爸爸妈妈一起分享。

教师的思考：在活动过程中，孩子们非常善于与同伴一起合作游戏，能够主动邀请别的小朋友加入，一起参与艺术表演，一起解决问题；同时在表演结束后，孩子们也能给予同伴自己的看法和评价，鼓励、赞扬同伴。

四、音乐创玩，且行且思且珍惜

回顾孩子们音乐创玩坊游戏的整个过程，孩子们从一开始的制订计划到最后的演出，经历了许多失败。在这一系列的探究过程中，如果说支持者、合作者、引导者是教师，那么我们的陪伴更能受到孩子们的喜欢和接纳。教师可以用自己的回应去激发和感染幼儿，陪伴着他们一起探究、尝试，陪伴着他们对生成的、未知的问题通过各种方法和途径去感知、去寻找、去解决。只有陪伴了我们才更能走进孩子，陪伴了才会发现新的惊喜，陪伴了才会追随着孩子的兴趣、需要和问题一步步地走向踏实。在陪伴的过程中，我们有了如下思考：

1. 捕捉有价值的生成点

我们要走近孩子，静心陪伴，发现孩子的兴趣点；要抓住契机，适时引导，支持两个项目小组的成员相互合作，共同表演，从而推动每位幼儿的全面发展。

2. 抓准问题的关键点

在音乐创玩坊游戏探究的过程中，孩子们经常会结合自己的生活经验思考问题。如凡凡在生活中和妈妈一起阅读绘本、在海边听过海鸥的叫声，在探究过程中遇到了疑惑或问题，她常常能作为"小老师"提出一些自己的建议和想法。这时教师应围绕问题核心，引发幼儿互动，进一步引导幼儿发现问题、解决问题。

3. 巧用幼儿的差异资源

通过分享交流，共同探讨项目小组无法解决的问题，借助全体力量，集思广益，将幼儿的差异资源转化为教育资源。如当幼儿觉得模仿的海浪声不像时，教师并没有急于给出建议，而是引发生生互动，鼓励其他幼儿大胆表达自己的想法，并提出合理建议。在"兵教兵"的过程中，最终实现差异资源的巧妙运用。

户外游戏场　戏剧新天地

——以大班户外戏剧游戏《西游记》为例

常州市新北区薛家镇中心幼儿园　蒋文增

环境剧场在本质上是创设一个表演的情境，使演员身心投入这一情境中，由此生发出一定的戏剧作品，从而为学前儿童戏剧经验的生长提供充分的外部条件。

当日常用来进行体格锻炼的户外场变成孩子们的戏剧场后，会发生点什么呢？

一、生活中发现契机

户外活动期间，我们班一个爬到攀爬网顶端的孩子喊道："我是孙悟空，我是第一名。"边说边做出孙悟空的造型，旁边的孩子紧随其后说："我才是孙悟空，孙悟空手里有金箍棒。"这个画面吸引了周围的小朋友，纷纷加入到"孙悟空"的扮演游戏中（图1）。

游戏中，孩子们通过比较爬的快慢来决出最厉害的孙悟空。在此过程中，孩子们又提出不同的角色："我是如来。""我是观音。"

在分享交流中，我们围绕这一游戏情况展开了交流，于是孩子们准备在户外开展一场围绕《西游记》的戏剧游戏活动。

图1

二、理论中判断价值

在戏剧活动开展之前，教师了解幼儿在小班、中班期间开展过的戏剧主题和戏剧小游戏，了解幼儿的已有经验。同步结合《3-6岁儿童学习与发展指南》《幼儿园教育指导纲要》《学前儿童戏剧教育》等资料，剖析大班戏剧活动的价值。

（一）幼儿戏剧已有经验（表1）

表1

年龄段	开展过的戏剧主题	开展过的戏剧小游戏
小班	《三只小猪》	《魔法故事棒》《击鼓传球》《拉个圆圈走走》
中班	《大树和小鸟》《我的幸运一天》	《请你跟我这样做》《吹泡泡》《身体动起来》

（二）戏剧核心经验（大班戏剧价值点见表2）

表2

认知	能力	情感
1.知道多种角色及其关联 2.知道戏剧的情节有开端、发展、高潮和结局 3.理解故事发生的多个场景，知道不同场景的空间位置以及内容 4.知道使用服装、道具可以使角色的形象更生动，并选择合适的材料进行创造性的装扮 5.知道剧场规则和礼仪制订的缘由，了解舞台的不同位置 6.进一步认识戏剧的不同样式 7.较为深入地了解戏剧话题的相关知识	1.能够想象情节的发生、发展、高潮与结局，创编完整的情节，积极参与戏剧冲突的讨论，寻求戏剧冲突的解决办法，能在教师的帮助下创编完整剧本 2.能够对戏剧主题做出合理的判断，并有一定的解析 3.能够用肢体和表情、语言和声音模仿事物，较为细腻地把握动作、表情的细节；能用肢体、表情及辅助材料进行多人合作造型 4.在教师的提示下，能用动作表现速度、重量、空间、大小、长短、距离；在教师的提示下，能表现声音的大小、粗细、快慢、远近 5.根据自己的想法，选用合适的材料进行角色装扮或场景布置，或在音乐中创作简单的舞蹈动作 6.动作鲜明，声音清楚，能够让其他角色或观众理解 7.能按照合理顺序上下场，并在教师的提示下合理站位	1.喜欢参与戏剧活动，产生主动创作戏剧的愿望 2.能在活动中大胆表达自己的想法，大方而自信 3.能明确自己和同伴的角色，并坚持做好自己的戏剧工作 4.初步养成遵守剧场规则的良好习惯

教师分析：面对幼儿的兴趣点，我们可以先了解幼儿的前期经验，结合当前年龄段的核心价值点，分析该戏剧活动主题可以给予幼儿的有利点，发现幼儿当下的最近发展区，以促进幼儿有价值地进行游戏及教师有目的地进行观察与引导。

三、实践中寻找方法

（一）集体交流，提升幼儿认知经验

对于《西游记》里的角色、场景和发生的故事，孩子们了解多少呢？我们引导孩子们通过观看视频，以及与家长交流等方式来丰富经验，并将自己的收获在集体中进行分享。

天天： 我知道了《西游记》里有四位师徒，他们分别是唐僧、孙悟空、猪八戒和沙僧，他们经历了八十一难才到西天取得了真经。

小小： 我知道红孩儿的故事，红孩儿是牛魔王和铁扇公主的孩子，他能喷火，很厉害的。

……

通过讨论活动，我们梳理出幼儿对"《西游记》"主题的已有经验（表3）。

表3

角色	孙悟空、唐僧、沙和尚、白龙马、猪八戒、哪吒、观音菩萨、如来佛祖、金角大王、银角大王、白骨精
场景	流沙河、火焰山、女儿国、蜘蛛洞、天庭、金银山洞、白骨精洞
情节	巧渡流沙河、遭遇红孩儿、唐僧怀孩子、三打白骨精、天庭识悟空、智胜金银大王

教师分析： 通过分享交流活动，能了解幼儿的经验，通过幼幼互动丰富认知经验，感知后期活动开展过程的生长点。

（二）合作讨论，共同形成故事地图

针对孩子们对现有的哪些情节和场景更感兴趣，以及是否更想来合作演一演等问题，我们开启了投票活动。投票结果显示，孩子们对"遭遇红孩儿""巧渡流沙河"和"智胜金银大王"这三大情节最感兴趣（图2），于是我们将其列入了优先开展的计划中。

图2

环境剧场建构前期，可以初步讨论出适宜制作场景的地方。于是，我们设计出了场地计划表，孩子们组团前往操场进行寻找与现场交流讨论，回班后共同画出了他们觉得适宜的场地，其中"巧渡流沙河"的场地为沙池区，"智胜金银大王"的场地在星光舞台表演区。唯有在"火焰山"场景场地选择上，小组间出现了分歧，于是孩子们决定以话题辩论的形式来确定最终场地（图3）。几轮辩论之后，孩子们决定场地为滑滑梯区，理由是滑滑梯区更适合红孩儿活泼的性格及表演时的安全性和动作的开放性。基于以上活动，孩子们形成了故事地图。

图3

教师分析：当我们将选择权交给孩子们后，孩子们反而进一步融入游戏，能在活动中主动出主意，想办法。同时孩子们能关注到角色的性格特点与户外游戏的安全性，经验迁移能力也展现了出来。

（三）游戏故事：巧渡流沙河

活动开始前，孩子们围在一起共同讨论"巧渡流沙河"情节的具体内容、需要用到的材料和各自的角色安排。

1. 选用角色材料

孩子们结合户外游戏材料与自然材料构思自身角色形象与游戏时所需要用的材料，如过河的车轮胎和观音菩萨的瓶子等（图4），构思结束后开始在户外收集所需要用的材料（图5）。

图4

图5

2. 自制角色标识

每个孩子结合自身角色，选用班级与园区的材料制作角色标识（表4）。

表4

幼儿	扮演角色	选用材料	集体照
恒恒	悟空	纸盘、吸管	
涵涵	悟空	纸盘、吸管	
颜颜	观音	纱巾	
佳佳	沙僧	毛根、玉米棒	
奕奕	八戒	发箍、纸盘	
萱萱	观音	纸盘、纱巾	
一诺	白龙马	纸盘	
馨馨	白龙马	纸盘	
悦悦	筋斗云	白纸	

3. 设计表演情节

孩子们就如何表演及演哪些内容展开了讨论，并绘制了情节故事（表5）。

表5

情节图	语言表述
	萱萱：唐僧师徒走到一个叫流沙河的地方，然后在他们考虑怎么过河的时候，突然河中出现一个大漩涡，上面出来一个妖怪，孙悟空想打败那个妖怪，但是打不过，观音菩萨来了，收了妖怪，接着跟妖怪说，这就是你要跟着去取经的人

4. 首轮游戏

游戏开始了，饰演沙僧的孩子在岸边睡觉，师徒三人分两路渡河，悟空坐在扮演筋斗云的滚轮上进入流沙河，八戒和唐僧通过另一边的浮板渡河。就在此时，沙僧醒来，并用船阻隔他们前进。

5. 遇到问题，解决问题

初次游戏后，大家坐在一起探讨了游戏中出现的问题，共梳理出以下三个问题：

问题一：流沙河的范围有多大？

由饰演沙僧的孩子进入沙池区划出流沙河的范围。（以沙池对面的石头为界。）

问题二：角色之间可以说些什么？

在游戏中，各角色之间缺少对话或以命令式为主的话语，如"出发""过来"等。于是，孩子们坐在一起结合情境和角色特点讨论可以讲述的话语。

奕奕（八戒）：猴哥，我来帮你啦！

涵涵（悟空）：妖怪，吃俺老孙一棒！

佳佳（沙僧）：你就是猪八戒吧！你休想渡过我的流沙河。

问题三：还可以创编哪些情节？

围绕故事情节，还可以创编哪些情节画面呢？每个孩子都画出了自己的想法，将其融合后，形成了四幕。

起：悟空带头过河；承：三人遭遇沙僧；转：观音劝降沙僧；合：四人共去取经。

6. 第二轮游戏（表6）

表6

游戏现场	幼儿情节对话
	渡河前做好准备，悟空说："我们开始渡河。"
	悟空乘坐筋斗云进入流沙河
	八戒说："师父，跟我一起走。"并带着师父紧随其后从另一条路进入流沙河
	沙僧醒来后说："是谁在渡我的流沙河！"悟空和八戒开始与沙僧进行对抗
	最后，悟空来到观音菩萨面前说："观音菩萨，帮帮我们吧！"最终观音菩萨劝降了沙僧

7. 再遇问题

游戏后，孩子们再次坐在一起讲述游戏中出现的问题，如"悟空与八戒分两路过河，单边遇到沙僧不方便帮忙"。于是孩子们聚在一起合作讨论，共同绘制了故事格子，细化情节内容（图6）。

图6

8. 第三轮游戏（表7）

表7

四幕安排	活动现场	幼儿语言表达
悟空带头过河		悟空：师父，我在前面带路
三人遭遇沙僧		沙僧：你们休想渡过我的流沙河。 悟空：二师弟，快来帮忙啊！ 八戒：大师兄，我来啦！ 沙僧：看我的龙卷风。 　　　你们就这么点本事吗！ 悟空：妖怪，我们下次还会来的
观音劝降沙僧		八戒：大师兄，我们再去会会那个妖怪吧！ 沙僧：又是你们。 唐僧：悟空，快点去请观音菩萨。 观音：原来是你，沙僧。这是你的几位兄弟啊！ 　　　还有你的师父，唐僧啊！ 沙僧：他们根本就不是我的师父和兄弟。 观音：快点去，快点去和他们说对不起。你记住了，下次你再说这样的话，就把你关起来，100年也不能出来。 沙僧：师父，师兄。 观音：你们看，他之前脖子上戴的是骷髅头，现在变成佛珠了

续表

四幕安排	活动现场	幼儿语言表达
四人共去取经		唐僧：我们一起去取经吧

四、梳理中盘点收获

以《西游记》为主题的户外自主性戏剧游戏活动到此先告一段落，教师盘点整个游戏历程中，幼儿与教师的收获如下：

1. 幼儿方面
（1）语言智能的发展

在自主性戏剧活动中，幼儿围绕戏剧话题展开讨论、交流；在游戏的过程中，幼儿依据场景生发丰富的对话与情节，进而发展文学想象能力。

（2）空间、音乐智能的发展

在自主性戏剧活动中，幼儿能自编自演故事，并为表演选择和搭配简单的服饰、道具和布景。

（3）人际智能的发展

在与同伴共同游戏的过程中，能耐心倾听同伴的想法，积极参与讨论，且能够友好地与同伴协商各种想法；能根据活动的需要合作、分工，开展游戏。

（4）逻辑思考、自然观察智能的发展

在戏剧游戏中，许多的肢体动作是需要经过平日对周遭人物及自然的观察而表达出来。通过戏剧这个媒介，幼儿以肢体和语言的具体运作，实际感受与自然一起互动的情境。

2. 教师方面

户外自主性戏剧游戏剧场的建构依从生长性戏剧的建构规律，对表演空间的界定更加多元，对场景的建构更加立体，对"演"与"观"的关系更加模糊化、流动化，其表演的情节依托于场景而呈现出片段性。户外自主性戏剧具有几个特性，如图7所示。同时，我们梳理出户外自主性戏剧游戏开展的推进路径（图8）。

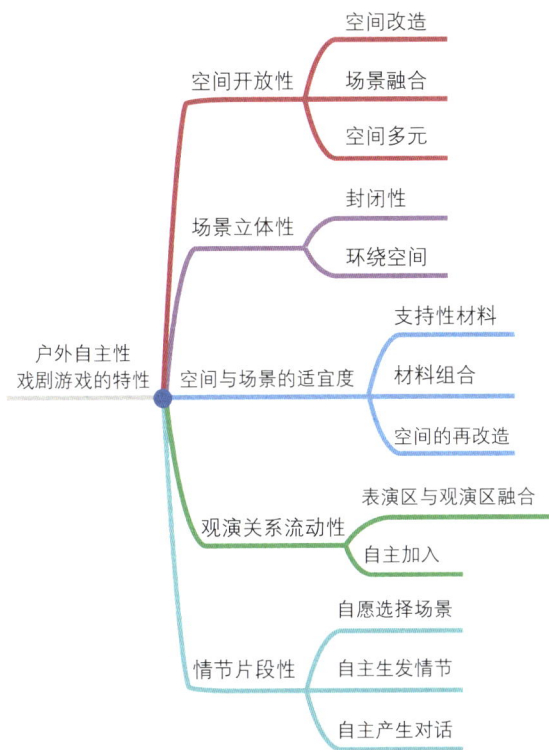

图 7

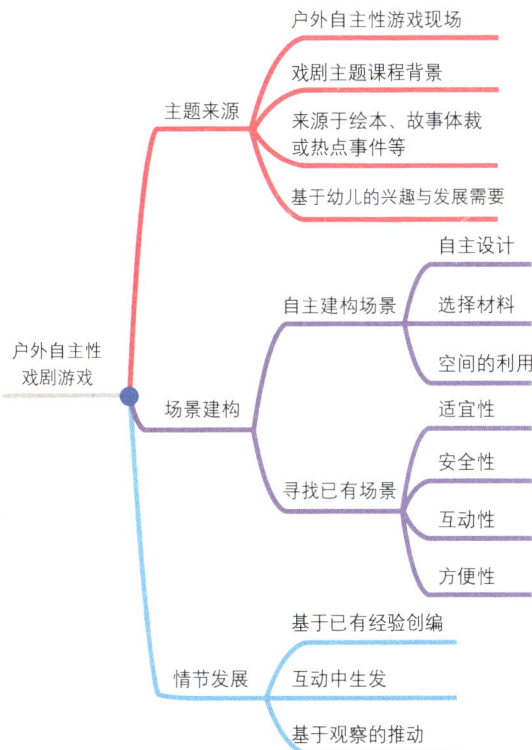

图 8

结束语：

　　幼儿在户外自主性戏剧游戏中通过主动建构、快乐体验，获得多元经验、能力、品质的生长，在丰富戏剧经验的同时，最终实现精神的自由生长。

　　教师在与幼儿共同对话、动态建构戏剧活动及进行资源挖掘的过程中，感受幼儿蓬勃的生长力，相信并支持幼儿，从而深层次改造自己的儿童观、课程观、教育观和资源观。

影出精彩　演绎成长

——《花木兰》主题背景下戏剧表演坊案例

常州市新北区薛家镇中心幼儿园　戴　烨　王蒙蒙

一、规划与准备

在《花木兰》的戏剧主题活动准备阶段，我们和小朋友一起讨论了四大工作坊的游戏内容。结合以往戏剧主题经验，幼儿分别对剧本创编坊、创意制作坊、音乐创玩坊和戏剧表演坊进行了讨论。在"戏剧表演坊我们可以玩什么"的话题讨论中，幼儿提出了自己的看法，豪豪结合上学期看到老师在表演区用手机录制视频的行为提出：我们可以把自己表演的内容拍下来，就像拍电影一样。一一听到后说："就像电影里演戏一样，我们可以把《花木兰》拍成电影给别人看。"就此，一场《花木兰》微电影的项目活动拉开了帷幕。

对接《3-6岁儿童学习与发展指南》学习与发展目标以及各领域关键经验，围绕微电影这一游戏预设了对幼儿发展的可能性（表1）。

表1

领域	主要指标	关键经验
音乐	审美体验	幼儿欣赏音乐作品时，常用表情、动作等表达自己的理解，并愿意与成人分享
	表达表现	幼儿能跟随音乐节奏和旋律的变化进行律动、舞蹈，且动作富有表现力
社会	自我认识	幼儿能大胆说出自己的喜好，并能说明自己的理由
	自我体验	幼儿敢于挑战自己，愿意尝试新的有困难的事情
	社会适应	幼儿理解规则的意义，能与同伴协商、制订游戏和活动规则
语言	前书写	幼儿愿意用图画和文字表现事物或故事，且书写姿势正确
	表达	幼儿能围绕某个话题表达自己的观点
科学	设计制作能力	正确适当地使用简单的工具和技术

二、活动过程

（一）准备阶段

讨论一：现在的区域环境适合拍微电影吗？

小朋友们围绕微电影如何拍摄进行了积极讨论。拍摄微电影需要准备什么呢？通过讨论，幼儿发现了以下问题：一是班内戏剧表演坊的空间太小了，拍摄时摄像机的位置摆放受限制，导致画面拍不全；二是空间太小也不能摆放很多的场景和道具。针对以上问题，孩子们进行了空间布局的重新规划与调整（图1），幼儿通过绘制场域图（图2）、整理场域格局与材料（图3），打造了更为宽敞的拍摄区域（图4）。

图1

图2

讨论二：电影怎么拍？

小朋友们对如何拍摄微电影提出了疑问。为丰富幼儿的相关经验，我们找到了一个关于"微电影如何拍摄"的视频给幼儿观看，并围在一起讨论自己的发现。幼儿发现拍摄微电影需要有导演、摄影师、编剧、演员和旁白等任务分工，每人在拍摄微电影的过程中都有不同的职责。如摄影师需要选择拍摄角度，准备摄影设备；编剧要创编故事剧本并担任旁白等。于是，孩子们迁移经验，对角色分工图进行了整改，增加了小导演、摄影师等角色，并明确了每个人的分工与职责（表2）。

图3

图4

表2

分工	任务
导演	组织小朋友们讨论分工角色、提前彩排拍摄内容
摄影师	调试摄影设备、拍摄微电影
演员	分工、合作演绎剧本内容
编剧	创编故事剧本并担任旁白

（二）拍摄阶段

1. 讨论分工，尝试拍摄

在准备工作都完成得差不多时，我们第一次正式拍摄也要开始啦！首先大家通过讨论展现了自己的职责，小编剧分享了自己在剧本创编坊创编的故事，小演员们明确自己表演的内容，第一次拍摄就正式开始啦！

小演员们分工扮演不同的角色（图5），结合小导演的指挥说出符合场景的台词，并结合旁白展现相应的动作和场景；小编剧在旁边结合故事内容担任旁白；摄影师举着摄影机在捕捉每一个镜头（图6）。大家认认真真地完成了首次拍摄。

图5   图6

拍摄结束后，成员们就迫不及待地开始观看表演的内容。大家发现镜头中的表演还存在着一些小问题：

若若： 视频里出现了杂物、桌子和椅子。

小姝： 外面的小朋友声音很大。

泽泽： 有的小演员声音太小了，听不清楚。

昊昊： 身体建构的小朋友也在说话。

一一： 小朋友们跑来跑去，看上去有点乱。

2. 分享交流，反思评价

结合小朋友们的意见，大家决定重新拍摄一次这个场景。基于以上的问题，小朋友们也及时根据自己的角色和任务进行了调整。如摄影师在手持摄像机时距离演员更近了，小导演会在开拍前去提醒其他工作坊的小朋友声音小一些，小演员们尽量把自己的声音放大，而身体建构的小朋友也意识到了自己要保持安静。于是，在第二次的拍摄中，小演员和工作人员显得更加敬业啦！在第二次拍摄后，孩子们将拍摄成果播放给了班级中的其他小朋友观看，大家也针对片段提出了自己的想法。

豆豆： 小演员建构出的屋顶不像真正的屋顶。

星星： 小演员的台词可以更加丰富一些。

小帆： 后面的背景比较杂乱，不美观。

妍妍： 小演员没有穿演出服，拍摄的内容不好看。

看来，其他小朋友对项目组的微电影有了更高的要求。项目组的孩子们决定采纳大家的意见，完善拍摄计划。大家发现，小观众们提出的问题大多反映在服装和舞台背景上，那如何才能呈现出更好的舞台效果呢？

3. 发现问题，探索实践

问题一：如何呈现较好的舞台效果？

策略一：制订服装坊和道具坊订单，为影片拍摄提供服务

针对以上的问题，小朋友们发现，如果要将影片拍得更美观，我们需要的是服装和场景。服装和场景要从哪里来呢？一一提出："我们班级还有道具坊和服装坊，我们可以和去年的游戏一样，给道具坊和服装坊下订单，这样服装和场景就有了。"于是，我们在戏剧表演坊设置了一份订单，服装坊和道具坊的小朋友根据戏剧坊的需要来制作相应的服装和场景道具，以此凸显角色的特征和场景的美观性。

策略二：用丝巾、积木进行简单的装饰与场景搭建

服装坊的进度似乎满足不了表演坊的拍摄进度，成员们也想到了好办法，将戏剧坊材料库中的丝巾围在身上作为古代人的服装，这样不仅方便、快捷，以物代物的装扮也让角色服饰更加富有创意。同时，小朋友们用自制的舞台场景、道具等将表演坊的表演区域重新布置，还迁移了以物代物的经验，用建构材料搭建了"木兰的家"作为表演的场景，使舞台更加丰富、多元。

策略三：用肢体动作与积木搭建相结合，构建复杂场景

在有了一定的拍摄经验后，成员们自信满满地准备拍摄片段二"各家接旨"的内容，但似乎让小导演犯了难。小导演在组织同伴选择角色时，发现场景需要建构一个集市，但是戏剧表演坊的成员不够，如果场景全部由积木搭建则显得太单调，会花费很长的时间。于是，教师在戏剧表演坊中进行了一次小型的交流会，共同探讨"如何能够更便捷地展现出热闹的集市场景呢"？大家纷纷提出了建议：我们可以用积木和小朋友的身体组合搭建，比如包子铺可以用积木搭建，但是成衣店里的衣架就可以让小朋友用身体来建构，这样就能快速方便地搭建一个集市出来。

问题二：如何拍摄复杂的场景演绎？

在小成员们进入了片段二"各家接旨"的拍摄时，小导演却犯了难，他提出该片段的内容发生在集市上，集市是一个复杂且热闹的场景，出场的人物很多，可每次上下场都是乱七八糟的。于是，我们思考："怎么才能让演员们有序地上下场呢？"

策略一：集体交流，分析剧本

基于以上问题，在游戏分享交流中，微电影项目小组的成员将这个问题抛给了班内的其他幼儿，大家共同讨论分析片段二的剧本（图7，图8）。大家表示："片段二的剧本交代了事情发生在集市上，但拍摄的视频中并没有看见集市的场景。应该先建构出集市的场景后再开始拍摄，这样就让大家看清楚故事发生在哪里。"在大家的建议下，项目组优化了拍摄计划，重新规划了演员上场顺序，建构了热闹的集市场景，细化了官兵出场的情节，丰富了"各家接旨"的对话。

图7

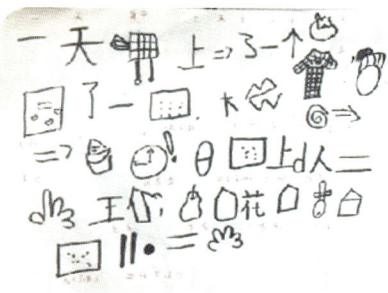
图8

策略二：教师示范，塑造支架

如何组织表演一场热闹的集市呢？我们在班级中开展了一次"逛集市"的集体活动。在教学活动中，教师化身为小导演（图9），并组织小朋友们自主选择角色，讨论确定出场顺序，小朋友们在老师的建议下，共同建构了一个热热闹闹的集市（图10）。幼儿通过观察教师的组织策略，感受小导演的组织方式。

图9　　　　　　　　　　　　　　图10

策略三：幼儿模拟，学做导演

在幼儿观察了老师的组织方式后，老师在活动中随机邀请了两位小朋友去组织其他小朋友建构出不同的热闹集市。被邀请的小朋友逐渐开始熟悉了小导演的工作流程，组织了其他小朋友演绎出不同风格的集市（图11，图12）。随后，成员们将教学活动中的经验也迁移到了戏剧表演坊中，小导演再次和小演员将剧本分析解读，并确定小演员们上下场时的顺序及方向，将片段二顺利地拍摄结束了。

图11　　　　　　　　　　　　　　图12

问题三：遇到更宏观且人数多的场景该如何拍呢？

结合班级中的教学活动，小朋友们开始进入"两军交战"的情节。在教师的组织下，表演坊的小演员们发现，班级中表演坊的场地比较小，打仗的场面应该更大一些，但是教室似乎满足不了这个条件，无法展现打仗时的大场面，这也让小摄影师没有办法拍摄到所有的小演员。

策略一：借助户外资源，完善拍摄条件

在分享交流中，表演坊的幼儿将自己的困惑对全班小朋友提了出来。小朋友结合幼儿园的场域资源给出了一个好主意："我们可以在幼儿园里找找其他地方来拍摄两军交战的场景。"于是，小朋友们一起出发去幼儿园的户外寻找场景并记录（图13~图16），待他们回到班级后进行了一场"场景推荐会"，他们对园区的4个户外体锻的场景进行了投票，并阐述了自己的投票理由，最终选择4号野战区的票数最多。他们认为：4号野战区空间很大，适合拍摄，区域中的器械可以搭建成军队阵营，中间

的大片空地可以作为战场。

图 13

图 14

图 15

图 16

　　于是，项目组成员对 4 号野战区进行了规划和重新布置（图 17，图 18），依据已设计好的规划图，大家齐心协力共同上阵（图 19），打造了"两军交战"的拍摄场景（图 20），并完成了戏剧《花木兰》战争场面的拍摄。

图 17

图 18

图 19

图 20

策略二：巧用随机资源，引发多样情节

小朋友在户外勘测战争场面的过程中，发现户外的木质房训练区很像花木兰在军营里的训练场地（图21），大家回顾了之前的拍摄内容，发现并没有花木兰的训练镜头和内容。于是，项目组的小成员们建议在此场景中，可以拍摄一段花木兰在军营中日常训练的情节。大家对这样的发现感到非常意外和惊喜，在小成员的强烈要求下，大家加演了一场"木兰的军营生活"情节片段。成员们先对器械进行了试玩，规划了拍摄的路径，摄影师跟随小演员们的步伐来捕捉镜头（图22），完成了一段木兰训练的有趣情节。

图21　　　　　　　　　　　　　　　　图22

（三）回顾阶段

1. 小观众的观后感

项目组的成员们在不断地合作交流、优化调整中完成了《花木兰》微电影的拍摄，在项目回顾与交流的过程中，将剪辑好的影片与全班小朋友分享，小观众们非常认可他们的作品。豆豆说："我觉得电影里的花木兰很棒，她用智慧让别人认不出她是女生，小演员们表演得很好。"淇淇认为："电影里演了不同的场景，小演员们合作得很好，我感觉小演员和花木兰一样得棒，为他们点赞！"

2. 项目组成员的收获

项目组的成员们也有许多的收获和成长，硕硕说："我们用服装和各种道具来当场景还有角色服饰，所以我们演的场景很漂亮！"泽泽体会到了和小伙伴合作的乐趣，他说："我和好朋友在表演坊一起合作布置场景，而且一起演花木兰，我很喜欢拍花木兰！"——拥有了更多拍摄微电影的经验，她说："我和好朋友在表演坊一起合作布置场景，而且一起演花木兰，我很喜欢拍花木兰。"

三、教师反思

　　项目组的成员们从最初的计划、模仿到自主合作表演，在不断的挑战中完成了《花木兰》微电影的拍摄。然而，完成微电影的拍摄并不是最终目的，捕捉幼儿游戏过程中每一帧的"高光时刻"才是教师应该牢牢抓住的。幼儿每个片段的讨论、质疑、思考和合作，都是他们的成长印记。作为教师，我们要善于运用各类教育资源，开发与设计丰富多元的活动，支持幼儿主动探索与合作。尊重每个孩子的想法，满足他们的需求，做幼儿游戏的支持者、合作者、引导者。